中央文史研究馆年鉴

2013

中央文史研究馆　主编

新华出版社

中央文史研究馆年鉴 ZHONGYANG WENSHI YANJIUGUAN NIANJIAN 2013

图书在版编目（CIP）数据

中央文史研究馆年鉴. 2013 / 中央文史研究馆编.
北京：新华出版社, 2015.1
ISBN 978-7-5166-1480-8

Ⅰ. ①中… Ⅱ. ①中… Ⅲ. ①中央文史研究馆－2013－年鉴 Ⅳ. ①C242-54

中国版本图书馆CIP数据核字(2015)第013791号

中央文史研究馆年鉴. 2013

主　　编： 中央文史研究馆

出 版 人： 张百新
责任编辑： 梁秋克　王晓娜
装帧设计： 朱　江

出版发行： 新华出版社
地　　址： 北京石景山区京原路8号　　**邮　　编：** 100040
网　　址： http://www.xinhuapub.com　　http://press.xinhuanet.com
经　　销： 新华书店
购书热线： 010-63077122　　**中国新闻书店购书热线：** 010-63072012

照　　排： 北京厚积广告有限公司
印　　刷： 北京智慧源印刷有限公司

成品尺寸： 210mm×285mm
印　　张： 24.75　　**字　　数：** 286千字
版　　次： 2015年9月第一版　　**印　　次：** 2015年9月第一次印刷

书　　号： ISBN 978-7-5166-1480-8
定　　价： 398.00元

图书如有印装问题请与印刷厂联系调换：010-63830316

9月，国务委员兼国务院秘书长马凯出席中秋茶话会，代表国务院向国务院参事、中央文史馆馆员和国务院参事室特约研究员致以节日的祝贺。

7月，国务院参事室主任陈进玉、中央文史研究馆馆长袁行霈，副主任方宁、王明明、王卫民出席“纪念启功先生诞辰一百周年座谈会”。

12 月，国务院参事室主任陈进玉出席首届中国春节旅游产品博览会，并发表题为《提升春节产品的文化含量》的致辞。

10月，中央文史研究馆馆长袁行霈率中央文史研究馆考察团出访法国，期间与尼斯市副市长 Muriel 女士座谈。

7 月，国务院参事室副主任方宁率中央文史研究馆考察组赴内蒙古自治区考察辽上京遗址。

11 月，中央文史研究馆副馆长冯远率中央文史研究馆采风团赴四川省采风，并与当地书画艺术爱好者进行创作交流。

前言

编纂《中央文史研究馆年鉴》，对于存史资政，更好地推进国家文化建设是一件有积极意义的事情。《中央文史研究馆年鉴（2013）》是自2009年我们首次编纂《年鉴》以来的第五部。五年来，我们通过编纂《年鉴》，力求如实记录中央文史研究馆每年的大事要闻，包括国务院领导同志的重要讲话，馆长馆员们的主要活动、代表作品和需要记录的其他重要事项。

按照惯例，书中凡涉及馆员排序之处，均以年龄为序。其中，“特载”、“中央文史研究馆大事记”的内容，均来自档案文件或新闻报道，按原文摘减收录。国务院领导同志的讲话未经本人审定。“馆长馆员主要活动与成果”、“馆长馆员作品选”的内容由本人或家属提供。

在资料的收集整理过程中，各位馆员给予了我们大力的支持和帮助，在书稿的校对出版过程中，也对我们提出了指导和鼓励。新华出版社对本书的编辑出版给予了充分的协助。在此，一并表示衷心的感谢。

在编纂过程中，收载内容可能有疏漏之处，敬请批评指正。

目录

馆长馆员主要活动与成果

馆长馆员诗文作品选

馆长馆员书画作品选

特载

推进政府决策的民主化科学化

——同国务院参事、中央文史研究馆馆员座谈时的讲话

国务院总理　温家宝

各位参事、各位馆员：

今天，是我担任总理以来第七次同参事、馆员座谈。会前，我在紫光阁为新聘的参事、馆员颁发了聘书。刚才，又听了9位同志颇有见地的发言。回顾我们一起相处的十年，大家彼此坦诚相待、共谋国是，结下了珍贵友谊。我和不少参事、馆员有书信往来。记得吕德润老先生健在时，我给他的回信中引用过一句话：“知屋漏者在宇下，知政失者在草野”。我之所以重视发挥参事、馆员的作用，喜欢面对面同大家交流，因为我们的心是相通的，大家都是为了国家和人民的利益，尽自己一份责任。我高兴地看到，政府参事工作、文史研究馆工作越来越活跃，对促进政府决策民主化科学化起到了重要作用，社会影响也越来越大。在此，我代表国务院向大家表示衷心的感谢！

近几年来，政府参事工作、文史研究馆工作有了长足发展，这是在我们党和政府深入贯彻落实科学发展观，大力推进社会主义民主政治建设大背景下发生的。我想结合当前形势以及参事室、文史馆工作，谈谈进一步推进政府决策民主化科学化的问题。

决策民主化科学化，这个问题并不是现在才提出来的。作为政治体制改革

的一个重要方面，它伴随我国改革开放的历史进程不断丰富和发展。近十年来，在党中央的领导下，各级政府在建立深入了解民情、充分反映民意、广泛集中民智、切实珍惜民力的决策机制方面进行了不懈努力。例如：政府重大决策严格按法定程序办事；实行政务公开，建立听证制度和公示制度；支持网络问政和舆论监督，增强决策的透明度和公众参与度；重视专家决策咨询作用，完善决策信息和智力支持系统；建立决策责任追究制度，健全纠错改正机制等。同时，我们所作的努力，同国家现代化建设的客观要求和广大人民群众的热切期望相比，还存在不小差距，还有很长的路要走。当前，进一步提高决策民主化科学化水平，面临许多新情况、新问题，需要我们认真研究和解决。

一、鼓励从实际出发，勇于探索和创新

1992年初，邓小平同志在南方谈话中曾指出："恐怕再有三十年的时间，我们才会在各方面形成一整套更加成熟、更加定型的制度。"二十年过去了，我们在建设中国特色社会主义进程中，积累了许多经验，也形成了一系列法规和制度。而真正形成一整套成熟的、定型的制度，还有许多工作要做。解决前进中的各种矛盾、困难和问题，抓住机遇、知难而进，需要继续发扬敢闯敢试的精神，需要善于把中央的方针政策同本地实际紧密结合起来，进行创造性的工作。我们强调决策民主化科学化，首先是鼓励解放思想、实事求是、勇于探索。在新老问题叠加、内外矛盾交织的情况下，实现经济转型、推进科教兴国、加强社会治理、提高执政能力，走前人没有走过的路，做前人没有做过的事，肯定要冒点风险。历史表明，探索的过程往往是试错的过程，失败乃成功之母，应当允许失误、宽容失败。善于总结经验，坚持不懈奋斗，我们的目标就一定能够达到。

二、讲真话、听真话，善于从各种声音中汲取智慧

为什么突出强调这个问题？因为讲真话、听真话是民主科学决策最基本最重要的前提条件。在现实生活中，滋长着一种不健康的风气，或报喜不报忧，或空话套话连篇，或会上诺诺会下谔谔。这种现象固然同干部作风有关，但究其根本原因，在于缺乏说真话、听真话的良好环境。因此，领导者和领导机关应身体力行，努力营造说真话、听真话的环境。不仅要深入实际调查研究，及时掌握真实情况，而且要畅通和拓宽言路，鼓励和保护说真话的人。韩非子说："至言忤于耳而倒于心，非圣贤莫能听。"可见，听真话比讲真话更难、更重要。领导者应有听取和包容不同意见的雅量，不要轻易把不同意见说成"噪音"、"杂音"，而应善于从不同声音特别是批评性意见中汲取智慧。因为批评性意见可以使我们头脑更清醒，更加重视那些容易被忽视的问题，有利于避免决策失误。

三、发挥网络新媒体在了解民情、汇聚民智中的积极作用

随着信息技术的快速发展，互联网不但成为人们获取信息的重要渠道，也成为党和政府联系群众的重要纽带。从门户网站到网络论坛，从博客到微博，日新月异的新媒体改变了社会舆论生态。历史上从未像今天这样，普通百姓拥有如此便捷而广泛的表达方式。近年来，网民的表达和参与，使政府更多地了解民情民意，推动了许多问题的及时公正解决。互联网已成为公众行使知情权、参与权、表达权和监督权一条不可或缺的渠道。政府要完善网络新媒体管理政策，加快形成依法管理、行业自律、社会监督、规范有序的传播秩序，引导网民不断提高自身素质，促进网络的健康发展。

四、有效发挥专家和智库的作用

面对错综复杂并且不断发展变化着的国际国内形势，决策的专业性、系统性和时效性要求越来越高，我们比以往任何时候都更加需要重视和发挥专家与智库的作用。要建立多层次的决策智力支持系统，官民学相结合，促进民间智库的发展；完善决策程序，重大问题不经咨询论证不作决策；健全相关法律和制度，保障专家能够独立发表意见。专家和智库也要增强社会责任感，不为名所动、不为利所惑、不为权所屈，独立思考、崇尚真理，使研究成果经得起实践和历史的检验。

五、加强对决策的监督和问责

各级政府担负着经济调节、市场监管、社会管理、公共服务的重要职责，决策任务重、难度大、社会关注度高。我们要结合新形势新任务，坚持好民主集中制和分工负责制，从制度上切实加强监督，改变权力过分集中而又得不到制约的现象。决策的权力应与决策的责任相对应，如果只享有权力而不承担相应责任，就难以审慎地运用好权力。必须严格实行谁决策、谁负责，谁渎职、谁受罚。近几年来，我们对造成重大安全事故和其他事故的责任者，实行问责制，所起的惩戒作用是明显的，广大干部群众的反映也是好的。政府决策在阳光下运行，既要完善法律监督和行政监督，又要重视人民群众的监督和社会舆论的监督。

各位参事，各位馆员：

推进决策的民主化科学化，不仅是领导方法和工作作风问题，还涉及政治体制改革、加强民主政治建设问题。我想就此谈点看法，同大家一起研究。

我国正处在并将长期处在社会主义初级阶段。这个阶段是社会主义从不够完善到比较完善、从不够成熟到比较成熟的阶段，需要不断探索和改革。我们不仅要深化经济体制改革，完善社会主义市场经济体制，进一步解放和发展生产力；而且要积极稳妥地推进政治体制改革，大力发展社会主义民主政治，保护人民的合法权益，充分发挥他们的积极性和创造性。这两个方面都很重要，体现了社会主义本质特征的内在要求。

党的十七大指出："要加强公民意识教育，树立社会主义民主法治、自由平等、公平正义理念。"我认为，我们推进政治体制改革，建设社会主义民主政治，也必须重视和坚持这些基本理念。

民主法治、公平正义和自由平等理念，是人类共同追求的理想和目标。在不同国家、不同民族、不同历史发展阶段，其内涵、形式、途径和结果不尽相同。我国社会主义制度的建立，为实现真正的民主法治、公平正义、自由平等开辟了广阔道路。从一定意义上说，三十多年改革开放的实践，也是对中国特色社会主义民主政治发展规律的不断探索。

发展和改革是一个相互依赖、相互促进的过程。经济的成功不可能与社会、政治和文化的成就相分离。要实现以人为本，经济社会全面协调可持续发展，就必须做到社会进步与经济发展相结合，政治体制改革与经济体制改革相结合，文化传统与时代精神相结合，学习借鉴与自主创新相结合，科技进步与精神文明相结合。

我们追求的目标不仅是经济的发展，而且是人的自由平等和全面发展，是整个社会的进步。社会活力和凝聚力来自社会成员的主动性和创造性，来自社会文化的“个性化”，来自批判思维和独立思考的精神，来自国民教育的普及。我希望，在我们的社会，有对人心、人道和人本身的尊重，每个人都有其尊严、选择和发展机会，让正义的阳光永远普照每个角落，让人间永远充满青春、奋斗和自由的气质。这是自由平等、公平正义的真谛所在。

说到公平正义，我一直认为它是社会主义制度的首要价值。如果一个社会的经济发展成果，不能真正为大众所分享，那么它在道义上是不得人心的，而且势必威胁社会稳定。必须毫不动摇地改善民生，改革分配制度，缩小贫富差距。这样做下去，并不断取得成效，人心才会平静下来，每个人才会有安全感，大家对国家的未来才会充满信心。

我们坚守法律，因为法律要求我们深深敬畏。司法必须秉持独立和公正。每个公民都必须尊重宪法和法律，同时，每个公民的自由和权利，包括言论和出版的自由，也必须得到宪法和法律的保护。真正的民主离不开自由，而真正的自由也离不开严格的政治平等。

当一个政党取得政权后，应该建设新体制来管理国家政权，而不能简单地沿袭革命时期的办法，这是对执政党及其领导人的真正考验。革命党变为执政党后，面临的最大危险是腐败。我们党之所以发展民主、健全法治，就是要把党内民主和国家政治社会生活的民主加以制度化、法律化，并使宪法和法律具有任何人必须严格遵守的不可侵犯的力量，建立一个有效制约权力、并创造条件让人民监督的制度。

如果民主法治不健全，权力得不到有效制约，有的人就会利用手中的权力侵犯甚至践踏法律。这是需要我们非常警醒的。《关于建国以来党的若干历史问题的决议》对这方面的教训作了非常深刻的总结，我们应该牢牢记取。

一个成熟的政党，必须与时俱进。我们党从革命到执政，虽然名称没有改变，但党所处的地位和环境以及所肩负的任务都发生了重大变化。党的职能和领导方法就要相应地改变，以适应新形势、新任务的要求。其中最为重要的就是依法执政、依法治国。党领导人民制定宪法和法律，党必须在宪法和法律范围内活动。要做到这一点，就必须改革与新形势、新任务不相适应的思维方式和领导方式。

在我们这样一个人口大国进行政治体制改革，实现民主法治、公平正义、自由平等，并非是一件轻而易举的事，必须在党的领导下走出一条适合国情的民主道路，必须有秩序地逐步推进。但它只能前进，不能倒退。我们相信，只要全党和全国人民不懈地奋斗，一个繁荣富强民主和谐的社会主义现代化国家，就一定会屹立在世界的东方！

各位参事，各位馆员：

未来十年，是我国现代化进程中至关重要的十年。古人云："积力之所举，即无不胜也；众智之所为，即无不成也。"我希望，各位参事、馆员和特约研究员，不辜负人民的信任与重托，继续深入实际调查研究，努力提高咨询国是水平，创作出更多的文化精品，奉献你们的智慧和力量。让我们在以胡锦涛同志为总书记的党中央领导下，为推进政府决策民主化科学化，为推进中国特色社会主义伟大事业而奋斗！

在国务院参事、中央文史研究馆馆员新春招待会上的讲话

国务委员兼国务院秘书长　马凯

各位参事、各位馆员，

同志们，朋友们：

今天，中共中央统战部、国务院办公厅在这里举办国务院参事、中央文史研究馆馆员新春招待会。首先，我代表国务院，向全体国务院参事、中央文史研究馆馆员和国务院参事室特约研究员，向全国各地的参事、馆员，向各位朋友，致以新春的问候和美好的祝愿！

同时，我也要向在刚才中华诗词吟唱会上，为我们奉献出了令人陶醉的诗篇和歌声的艺术家们表示衷心的感谢，向所有热爱、关心、支持中华诗词事业发展的朋友们表示衷心感谢！

刚刚过去的2011年，在以胡锦涛同志为总书记的党中央领导下，全国各族人民齐心协力，开拓进取，我国社会主义现代化建设取得了新的辉煌成就。广大参事、馆员和特约研究员认真贯彻落实《政府参事工作条例》、国务院《关于加强和改进政府文史研究馆工作的意见》和温家宝总理等中央领导同志的一系列重要指示精神，紧紧围绕党和政府中心工作，深入实际调查研究，察实情、讲真话、献良策，形成了一批有见地、有水平的国是咨询报告，为促进决策科学化、民主化，为促进现代化建设，做出了新的贡献。去年，还精心组织了一批有影响、有实效的社会活动，包括成功举办第二届春节文化论坛，举办“为了孩子健康快乐成长”教育论坛，组织两岸三地著名画家共同创作了66米长的画卷《新富春山居图》等，历时三年、总计1700多万字的“分省文化地图”——《中国地域文化通览》编撰工作和中国国学中心筹建工作也取得了重要进展。这些表明国务院参事室、中央文史研究馆正朝着建设有特色、高水平政府咨询机构的目标迈进。在此，向大家表示热烈的祝贺和衷心的感谢！

2012年，是实施“十二五”规划承上启下的关键一年，中国共产党将召开第十八次代表大会，抓住用好重要战略机遇期，积极应对各种挑战，实现今年稳中求进的各项目标，保持经济社会发展的良好势头，具有十分重要的意义，这需要全国各族人民的共同努力奋斗，也需要参事、馆员和特约研究员们积极履行职责，咨询国是，献计出力。希望大家继续围绕中心，服务大局，针对经济社会发展重大问题建言献策，不断提高国是咨询的质量和水平；继续深入实际，深入群众，注意发掘和推介破解社会经济发展难题的新鲜经验；继续发挥优势，各展所长，围绕加强文史研究和繁荣文化艺术两大任务，多出精品力作，助推国家文化建设；继续广交朋友，统战联谊，促进社会和谐稳定，以扎实的工作和优异的成绩迎接中国共产党第十八次代表大会的胜利召开！

现在，让我们共同举杯，祝愿伟大的祖国繁荣昌盛，祝愿全国各族人民幸福安康，祝愿各位参事、馆员、特约研究员和各位朋友，新春吉祥，身体健康，合家欢乐！

谢谢大家。

在国务院参事、中央文史研究馆馆员中秋招待会上的讲话

国务委员兼国务院秘书长　马 凯

各位参事、各位馆员、各位特约研究员，

同志们、朋友们：

今天，我们欢聚一堂，喜迎中秋佳节。首先，我代表国务院，向各位参事、馆员和特约研究员以及大家的家属，向全国参事室、文史馆的同志们，致以节日的问候！

今年以来，面对复杂严峻的国内外形势，我们坚持以科学发展为主题，坚持以加快转变经济发展方式为主线，坚持稳中求进的工作总基调，促进了经济平稳较快发展，保持了社会和谐稳定。针对经济运行中出现的新情况、新问题，我们适时预调微调，陆续出台了一系列政策措施，对增强市场信心、促进经济平稳增长发挥了积极作用。我们有信心、有条件、有能力继续保持经济平稳较快发展，保持社会和谐稳定，实现经济社会发展的预期目标。

政府参事工作、文史研究馆工作作为加强社会主义民主政治建设的一种重要形式，在推进政府决策民主化科学化进程中发挥着越来越重要的作用。一年来，参事、馆员和特约研究员们不负重托、不辞辛劳，或深入实际、调查研究，或潜心治学、精心创作，在建言献策、咨询国是和促进国家文化建设等方面又取得了新的丰硕成果。特别令人感动的是，不少参事、馆员和特约研究员，尽管年事已高，仍然心系国家、情系百姓，孜孜不倦、有所作为。这种壮心不已、胸怀天下的品格，反映出中华民族无数先贤志士的崇高精神境界，也是参事室、文史馆事业薪火相传、蓬勃发展的动力源泉。我国经济社会建设所取得的伟大成就，饱含着大家的辛勤付出和无私奉献。在此，我向广大参事、馆员和特约研究员们表示由衷的感谢和崇高的敬意！

当前我国正处在加快现代化建设的关键时期，同时也面临着复杂多变的国

际政治经济形势，政府工作更加需要重视发挥专家和智库的作用。希望参事室、文史馆进一步适应新形势、新任务的要求，在总结近年来实践经验的基础上，继续拓宽工作思路、丰富工作内容、创新工作方法。要进一步发挥位置超脱、阅历深厚的优势，察实情、讲真话，及时反映和提出对科学决策有重要参考价值的社情民意和对策建议。要进一步发挥人才荟萃、智力雄厚的优势，以举办论坛和讲座、编辑出版著作、创作艺术精品等多种形式，助推文化建设，服务社会大众。要进一步发挥统战联谊、广交朋友的优势，加强同海内外智库和文化机构的交流与合作，博采众长、为我所用，为建设有特色、高水平政府咨询机构做出新的努力。

各位参事、各位馆员、各位特约研究员：

中秋佳节，既是大团圆的传统节日，也是登高览胜、怡然唱和的大好季节。杜甫有诗云："会当凌绝顶，一览众山小"。这是一种气度，也是一种境界。中华民族在走向复兴的伟大征程中，要始终保持高瞻远瞩、坚定自信、勇往直前的气度和境界。展望未来，中国特色社会主义伟大事业前程似锦，政府参事工作、文史馆工作任重道远。让我们在以胡锦涛同志为总书记的党中央领导下，奋发努力，开拓进取，以更扎实的行动和更优异的成绩迎接党的十八大胜利召开！

祝大家中秋快乐，身体健康，阖家幸福，万事如意！

缅怀和学习启功先生

——在国务院参事室、中央文史研究馆纪念启功先生诞辰100周年座谈会上的讲话

国务院参事室党组书记、主任　陈进玉

各位贵宾、各位馆员、各位参事、各位朋友：

今天，我们在这里召开座谈会，纪念我国著名教育家、古典文献学家、书画家、文物鉴定家和杰出的爱国民主人士启功先生诞辰100周年。他生前曾长期担任中央文史研究馆领导职务，为发展政府文史研究馆事业作出了宝贵贡献。党和国家领导同志十分敬重启功先生。在他担任中央文史研究馆副馆长、馆长的16年间，曾同李鹏、朱镕基、温家宝三任国务院总理有过亲切交往。得悉今天举办启功先生百年诞辰纪念座谈会，温家宝总理专门委托我们转达他对启功老先生亲属的问候。国务委员兼国务院秘书长马凯同志，原定出席今天座谈会，因今天上午有重要公务不能出席，他为此专门写了一封亲笔信。这封信对启功先生平凡而高尚的一生作了高度评价，并指出启功先生永远值得我们敬重、缅怀和学习。

记得2004年教师节，当时我担任国务院副秘书长，陪同国务院领导同志到北师大启功先生家中看望他。启功先生渊博的学识、幽默的谈吐、充实而简朴的晚年生活，其印象之深刻，我至今难忘。

启功先生是中国共产党的亲密朋友。他热爱祖国，热爱人民，对社会主义事业充满热忱和执着追求。从1989年4月起，他先后担任中央文史研究馆副馆长、馆长。在启功先生主持中央文史研究馆工作期间，由于他的威望和努力，中央文史研究馆工作活跃，馆员队伍不断壮大，文史研究、艺术创作、存史资政均取得一批丰硕成果，为弘扬中华民族优秀传统文化，促进国家文化建设发挥了积极作用。去年，马凯同志在纪念中央文史研究馆成立60周年时，曾把

中央文史研究馆的“馆员风范”概括为五句话，这就是：“心忧天下的爱国情怀，淡泊名利的道德境界，老骥伏枥的进取精神，敢于直言的铮铮风骨，倾心公益的古道热肠。”我认为，启功馆长就是具有这种“馆员风范”的杰出代表。

启功先生在他 90 多年的人生旅途中，经历了国家由乱而治，见证了中华民族从困顿走向复兴。正是我们伟大的时代，造就了启功先生这样的大师。

我们今天纪念启功先生，就是要进一步认识和研究他的学术成果和艺术成就。启功先生博学多才，是公认的诗书画三绝。在文物研究与鉴定方面，他造诣精深。如他对《兰亭帖》、《旧题唐张旭草书四帖》、《平复帖》、《诸上座帖》等历代书法名帖所做的鉴别、考证、研究、释解，无不显示他眼光独到，考究精严；他自幼苦习书画，遍访名家，形成了既有深厚传统、又独具风格的书法艺术。在《论书绝句》、《书法概论》等著作中，他还结合自己的创作感受，对书法理论进行了探讨；他又是一位优秀的诗人，有深厚的国学基础，精研诗词声律，在诗词理论研究和诗词创作上均有所建树。他的诗风真挚率性，诙谐自如，是不可多得的精品。

我们今天纪念启功先生，就是要进一步继承和发扬他的学术思想和治学精神。他以传统的家学熏陶为根基，广泛涉猎，兼取诸多名师所长。他治学严谨，不拘旧格，实事求是，敢于挑战公断定论，往往能取得独创性成果。如他对历代相传的《曹娥碑》是否王羲之手迹所进行的辨别。他谦以自牧，勤奋不倦，九旬高龄仍每日习书不辍，终生都不愿以书法家自居。他的这种兼收并蓄、追本溯源的学术精神和谦虚谨慎、一丝不苟的治学态度，令人仰止。

我们今天纪念启功先生，就是要进一步学习和弘扬他的人格操守和道德境界。他品格高洁，始终怀着一颗赤子之心，时刻关心国家建设和民生疾苦；他尊师重道，拿出自己 100 多幅书画作品义拍，款项尽数捐给北京师范大学，以恩师陈垣先生书斋名义成立“励耘奖学金”，资助生活贫困的优秀学子；他热心公益，为教育事业和公益事业题字从不索酬，为企业题字所得润酬也多交给北师大，作奖助学生之资；他待人以宽，律己以严，从不靠自己的社会地位和艺术成就寻求物质享受，数十年如一日，粗茶淡饭，安贫乐道；他教书育人循循善诱，如春风化雨，不仅把学识，更把做人的道理言传身教给一代代学子。

我们敬爱的启功先生，离开我们已经七年了。过去的七年，在党中央、国务院的领导下，通过广大馆员的共同努力，中央文史研究馆在加强文史研究、繁荣艺术创作等方面均取得了显著成绩。近几年，我们还先后成立了中央文史研究馆书画院、《中华书画家》杂志社、中华诗词研究院，目前正在筹建中国国学研究与交流中心。由中央文史研究馆联合地方文史研究馆共同编撰的34个分卷、共1600万字的《中国地域文化通览》也将于年内面世。不少馆员尽管年事已高，仍关心国家大事，情系普通百姓，积极参与国家文化建设，并为促进政府决策科学化、民主化作出了宝贵努力。所有这些，如果启功先生在天有灵，也会感到欣慰。

同志们，朋友们，今年我们将迎来党的十八大胜利召开，中国正站在新的历史起点上。让我们紧密团结在以胡锦涛同志为总书记的党中央周围，同心协力，各展所长，为促进社会主义文化的发展繁荣作出新的贡献！

提升春节产品的文化含量

——在首届中国春节旅游产品博览会开幕式上的致辞

国务院参事室党组书记、主任　陈进玉

各位领导、各位嘉宾、各位朋友：

大家上午好！今天，首届中国春节旅游产品博览会在人文景观与自然风光引人入胜的台儿庄古城隆重开幕，这是一项具有开创意义的活动，也是贯彻落实党的十八大精神、弘扬中华优秀传统文化的一大举措。我代表国务院参事室、中央文史研究馆，向首届年博会的召开表示热烈的祝贺！

春节，是中华民族最盛大的传统节日。春节的各种习俗集中反映了中华民族的集体记忆，形成了底蕴深厚的春节文化。在不同历史发展阶段，春节节庆文化从来都是通过相应的春节节庆产品表现出来的。如果没有鞭炮、春联、年货、年夜饭、包饺子等节庆产品与节庆活动，春节文化所蕴含的团圆、欢乐、祈福、孝义和慈善等文化内涵将失去其应有的载体。因此，春节文化是春节产品的灵魂，春节产品是春节文化的载体，弘扬春节文化将有助于繁荣春节经济。

春节文化与春节经济是共生共荣的。一段时间内，有的地方热衷于搞所谓的“文化搭台，经济唱戏”，结果往往是忽视文化的作用而片面追求短期经济效益。对这种功利化的做法，广大群众用脚投票做了选择。因为仅仅把节庆文化当做牟取短期经济利益的工具，势必导致节庆文化建设和节庆经济发展的双重失利。可喜的是，近年来我国春节文化建设受到了高度重视并取得了新进展。事实表明，春节文化弘扬得越好，春节经济就越繁荣；春节经济繁荣了，春节文化也能得到大力弘扬。

当前，大力提升春节产品的文化含量，是增加春节年味、繁荣春节经济的突破口和重要抓手。众所周知，在农耕文明基础上形成的春节，蕴含着中华儿女极为丰富的人伦情感和极其深厚的文化内涵。当今中国已进入中等收入国家行列，正朝着全面建成小康社会的目标迈进。随着经济条件的不断改善，人们对于春节产品的文化需求也越来越高。“吃顿饺子就算过年”的时代一去不复返了，吃出文化、穿出文化、玩出文化已成为中国百姓过年的普遍追求。在经济全球化、信息化的大背景下，多元文化的交互碰撞也日益明显，圣诞节、情人节等西方节日已对春节等传统节日形成了强冲击。我曾说过，传统节日的精髓就是两个字：爱和乐。我们的春节产品只有在这两个字上做足文章，与时俱进地满足人们发展变化着的审美期待和情感抒发需求，春节经济才能真正繁荣起来。

提升春节产品的文化含量，需要各地从现实经济社会发展水平出发，在整理、发掘和提高民俗风情的基础上进行大胆探索和创造。近年来，大家一定会对哈根达斯推出的冰淇淋月饼记忆犹新，它将中国传统文化和典型西式食品有机结合，做成迎合中国人消费习惯的月饼，商业上取得了很大成功。这种立足传统的全新创意应该给我们的春节产品设计带来深刻启迪。我国的台湾、香港、澳门保留和创新了许多年味很浓的节庆产品与服务，很值得内地借鉴。新加坡被誉为亚洲之最的春节游行盛典“妆艺大游行”，马来西亚为满足多民族同时过春节的“混搭”风格，韩国风靡全球的宣扬传统文化的电视剧产品等，也都是通过提升产品文化含量进而提高产品竞争力的典型事例。我们丰富春节产品，应该也能够从这些海内外成功的案例中汲取智慧和灵感。

我们欣喜地看到，作为第三届春节文化论坛新增设的一个重要环节，首届年博会已经迈出了关键的第一步。在山东省委、省政府的高度重视下，山东省旅游局和枣庄市政府有关部门克服时间紧、任务重的困难，出色地开展了各项筹备工作。年博会不仅集中展示了具有中国地方特色的春节文化产品，还重点展示了台湾的观光旅游业和精致伴手礼等富有宝岛特色的文创产品，同时还汇集了法国、意大利、澳大利亚、韩国等海外优质旅游产品，可谓亮点纷呈，美不胜收。

各位嘉宾，各位朋友！

弘扬春节文化、繁荣春节经济，是我们构建优秀传统文化传承体系的一项重要课题。包括春节文化在内的传统文化论坛和年博会这样的活动，应该坚持办下去。国务院参事室、中央文史研究馆将继续与大家一道，为积极弘扬祖国优秀传统文化，为扎实推进社会主义文化强国建设贡献自己的力量！

最后，祝首届年博会圆满成功！

心香一瓣

——纪念启功先生百岁冥诞

中央文史研究馆馆长　袁行霈

今年7月26日是中央文史研究馆第六任馆长、北京师范大学中文系教授启功先生百岁冥诞。中央文史研究馆今天在人民大会堂隆重举行纪念座谈会，共同回忆我们的老馆长为祖国的文化、教育事业做出的卓越贡献，以及他作为中央文史研究馆的一面旗帜，所发挥的巨大作用。

启功先生经历了民国建立、军阀混战、抗日战争、国内革命战争、新中国成立、改革开放等许多重大历史事件，是在这个历史大转折时期出现的不可多得的学者、诗人和艺术家。他上承清末民初的传统，在学术和艺术两方面取得独特的成就，在教书和育人两方面都有楷模意义。启先生的影响不限于生前，也不限于今天，还会延续到将来。七年前他的逝世在社会各界和国内外所引起的震悼，充分证明了他卓越的地位。而七年来他一直是人们津津乐道的话题，不论谁讲学术史，都不能不讲到他；不论谁讲艺术史，都不能不讲到他；不论谁讲教育史，都不能不讲到他。他不仅是历史的见证者，也已成为历史的一部分。

启先生首先是一位杰出的学者。学问的博大精深，令人叹为观止。他的学术领域涉及中国的文学史、艺术史、历史学、语言学、文字学、佛学、民俗学、敦煌学、文物鉴定学等许多学科。而对清朝典章制度之熟悉、对书画碑帖鉴定之精湛，堪称独步当代。他熟谙古典文献，其学问既来自各种典籍，也来自他本人的见闻和实践，所以他的学问是活的学问，已经化到他的生活之中。在启先生那里，人即学问，学问即人，一言，一笑，一举手，一投足，莫不透露着学问的真谛。

启先生作为书法家的地位是公认的，他是上世纪七八十年代以来书坛的领袖和旗帜。他的书法有深厚的传统根柢，他目验的古代书法精品既多，且有深入的研究，又自出机杼，戛戛独造，法度严整，满纸生辉，形成典雅与遒劲相结合的独特风格，如千仞之高岗，又如云中之白鹤；如霜下之松柏，又如拈花之少女，其外形可效而得其仿佛，其丰富的文化内涵则难以企及也。

启先生的诗作，无疑是诗歌史上的创新，无论是题材还是语言，都别具一格。他说唐诗是喊出来的，宋诗是想出来的，我看他的诗是流出来的，随手拈来，皆成妙趣。他的诗中多有深刻的人生体悟，可见其豁达的胸襟和悲悯的情怀，这是最为动人之处。他曾将自己的诗集称为“俚语”，其实是十分高雅的，是放下了身段的高人与雅士之作。一味的高雅固然不易，而俚俗的外表与高雅的天骨融而为一更难。明代高启《独庵集序》曰：“诗之要，有曰格、曰意、曰趣而已。格以辨其体，意以达其情，趣以臻其妙也。”启先生的诗可谓格、意、趣三者具备，其格高、其意深、其趣真，实在不可多得。

我还要称启先生为教育家，它有独特的教学方式，那是浸润式的，像春雨一样润物细无声的循循善诱。他既授人以知识，又启人以智慧；既教人治学，又教人立身。“学为人师，行为世范”，这两句话不仅成为北师大的校训，也是一切做教师的人应当遵守的准则。

启先生一生坎坷，幼年孤露，青年失学，中年遭难，直到“文革”结束进入老年后才得到施展才能的机会，可惜又患上颈椎病、高血压、心脏病、黄斑病变、前列腺炎，百病缠身，几无宁日。但他坚韧地忍受着各种苦难，笑对人生，泰然处之，时时处处以其特有的诙谐为别人带来快乐。他有菩萨的心肠、深邃的目光、严正的态度和看破红尘的笑容，可敬亦复可爱，可畏亦复可亲。他的言谈有时是饱经沧桑的警策，有时是儿童般的天真与调皮，有洞见，有禅机，有诙谐，有诗意，只需跟他一席谈话，便永难忘却。

1999年启功先生被聘为中央文史研究馆馆长，同时我被聘为副馆长。在就任之际的馆员会上，他说自己“何德何能，获此殊荣”，而我更是深感惭愧。

启先生受到馆员们的爱戴，声望很高。他带领馆员们做了一些在当时的条件下力所能及的事情。我作为他的副手，遇事辄向他请示，遵照他的意思办理，出差前后都向他汇报。虽然我早在1978年就到小乘巷他的寓所拜访过他，并得到他所赐绘画，但我不敢多打搅他，只是把他的著作一部部找来拜读，从中汲取知识和智慧。从1999年开始到他逝世一共六年，是我跟他接触最多的一段时间。我向他说：我不敢自称是您的入室弟子，但现在有机会向您好好学习了。的确，六年近距离的接触好比跟他读了“研究生”，专业的学习不多，但如何做人，处处以他为榜样。人们都知道他的和气，只有近距离接触过他的人才知道和气后面的刚正。刚正，这在今天是多么难得的品德啊！

可惜启先生没有活到期颐之年，否则7月26日将是为他祝寿的日子，现在只能从心底祝祷他在天之灵得大自在。言不尽意，上面这番话，难免肤浅，希望诸位能从中感受到一点我对启先生的崇敬之情。

谢谢大家！

弘扬春节文化 繁荣春节经济

——在第三届春节文化论坛上的致辞

中央文史研究馆副馆长 冯 远

尊敬的夏耕副省长，

各位嘉宾、同志们、朋友们：

今天，第三届春节文化论坛在美丽的江北水乡、运河古城、文化名城枣庄市隆重举行，首先，我代表国务院参事室、中央文史研究馆向拨冗出席论坛的各位领导、嘉宾和各位朋友表示热烈的欢迎和衷心的感谢！

举办春节文化论坛，弘扬中华优秀传统文化，是国务院领导交办给我们的一项重要工作。近年来，我们组织专门力量，在全国范围内进行了较为深入的调查研究，先后举办了第一届春节文化论坛、春节文化的传承与创新座谈会和第二届春节文化论坛，围绕春节文化建设开展了一系列卓有成效的工作，受到了社会各界的广泛关注。结合以往工作成果和当今春节文化现状，我们于今年11月份又邀请有关专家，召开了一次筹备会议，研究确定了本届春节文化论坛的主题——弘扬春节文化，繁荣春节经济。我相信，在大家的共同努力下，本届论坛一定会有新的突破和新的收获。

下面，我谈三点意见：

一、继续举办第三届春节文化论坛是贯彻落实党的十八大精神的一大举措

党的十八大报告指出：“让人民享有健康丰富的精神文化生活，是全面建成小康社会的重要内容。”春节，是我国喜庆时间最长、活动内容最多、节日氛围最浓、影响范围最广、全国各族人民最为重视的盛大传统节日。搞好春节文化建设，是一项重大民生工程，对于倡导富强、民主、文明、和谐，倡导自由、平等、公正、法治，倡导爱国、敬业、诚信、友善，积极培育社会主义核心价值观，具有润物细无声的重大作用。举办本届论坛，就是要以实际行动贯彻落实党的十八大精神，以春节文化建设为抓手，为构建优秀传统传承体系献计出力。

二、我们期待既富有传统文化底蕴又突显现代文明特征的春节新文化

春节如果没有了团圆、欢乐、祈福、孝义和慈善等传统底蕴，也就失去了春节的固有价值；春节如果不能很好地满足人民群众随着工业化、城镇化和信息化带来的文化新需求，就必将失去生生不息的活力。只有将古老传统与新时代内涵熔铸一体，人民群众参与春节文化的热情才会充分调动，创造的源泉才会充分涌流。近年来兴起的短信拜年就是一个有力的证明。据统计，今年春节期间，全国拜年短信发送量突破320亿条，涌现出了大量饱含着真情和智慧的优秀原创短信。近年来，短信微信拜年、低碳过年等已经成为我国春节靓丽的人文景观，只要将新的文化潮流引导好，将新的文化手段运用好，我们所期待的春节新文化就一定会实现。

三、春节文化论坛要说实话、出实招、见实效

论坛不能光说不练，不能坐而论道，要紧密联系实际，成果要落到实处。回顾前两届论坛，我们先后提出了“让中华民族的盛大节日更加丰富多彩”、“建设春节新文化”等主题，正式出版了《百家录话——怎样过好春节》等三本论文集，将理论探讨与实践操作有机结合，为春节文化建设提出一些非常务实的意见和建议。在此基础上，第三届春节文化论坛又有了新的推进，在主办单位上，联合国家旅游局共同主办，进一步增强了论坛的科学性和指导性；在论坛主题上，融入了“春节经济”这一关键词，很好地契合了当前文化建设和经济社会发展的趋向；在论坛内容上，增加了首届中国春节旅游产品博览会这一新环节，延伸了论坛平台，促进了产业发展，增强了论坛实效。我希望与会代表说实话、出实招、促实效，为春节文化建设贡献真知灼见。

同志们，朋友们！

数千年以来，中华民族之所以能够薪火相传、弦歌不绝，究其根本原因，就在于我们拥有维系国脉民魂的优秀文化。这种优秀文化的力量，不仅蕴藏在中华民族创造历史的伟大实践中，也集中体现在春节、清明、端午、中秋等传统节日的习俗之中。包括春节在内的传统节日文化如何传承与创新，是等待我们去共同完成的一篇大文章，值得坚持不懈地做下去。让我们在党的十八大精神的鼓舞下，以高度的文化自觉和文化自信，继续致力于春节新文化建设，为弘扬中华优秀传统文化，为构建社会主义文化强国，作出自己新的更大的贡献！

谢谢大家！

中央文史研究馆2012年大事记

2月1日，中共中央统战部和国务院办公厅举行国务院参事、中央文史研究馆馆员新春招待会。国务委员兼国务院秘书长马凯，全国政协副主席、中央统战部部长杜青林，全国政协副主席张榕明出席招待会，与参事、馆员欢聚一堂，共贺新春。马凯国务委员代表国务院向各位国务院参事、中央文史馆馆员、国务院参事室特约研究员和全国各地的参事、馆员致以新春问候和美好祝愿。

马凯国务委员说，过去一年里，广大参事、馆员和特约研究员认真贯彻落实《政府参事工作条例》和《关于加强和改进政府文史研究馆工作的意见》，深入实际调查研究，察实情、讲真话、献良策，形成了一批有见地、有水平的国是咨询报告，组织了一些有影响、有实效的社会活动，为促进决策科学化、民主化和国家现代化建设，为弘扬优秀传统文化做出了新的贡献。2012年是实施“十二五”规划承上启下的关键一年，中国共产党将召开第十八次代表大会。希望广大参事、馆员和特约研究员继续围绕中心、服务大局，积极建言献策，不断提高国是咨询的质量和水平；继续深入实际、深入群众，注意发掘和推介破解经济社会发展难题的新鲜经验；继续发挥优势、各展所长，围绕加强文史研究和繁荣文化艺术两大任务，多出精品力作，助推国家文化建设；继续广交朋友、统战联谊，促进社会和谐稳定，以扎实的工作和优异的成绩迎接党的十八大胜利召开。

国务院参事室主任陈进玉，中央文史研究馆馆长袁行霈，国务院参事室副主任方宁、王明明、王卫民，中央和国家有关部门负责同志，国务院参事、中央文史研究馆馆员、国务院参事室特约研究员出席招待会。

4月13日至20日，应剑桥大学出版社的邀请，中央文史研究馆馆长袁行霈访问英国，出席伦敦书展及“剑桥中国文库”首发式，并就中国文化走出去进行考察。

袁行霈馆长作为第一主编的《中华文明史》（四卷本）涵盖了文学、历史、考古、宗教、经济、制度、教育、科技、艺术、民俗、社会生活等众多领域，是一部跨学科的学术著作。全书历时六年撰写完成，2006年由北大出版社出版。随后，在美国著名汉学家、华盛顿大学教授康达维（David Knechtges）的主持下，历时五年翻译成英文，今年由剑桥大学出版社出版，并入选首批“剑桥中国文库”。

为庆祝《中华文明史》英文版的出版，剑桥大学出版社特邀袁行霈馆长、康达维教授和英国著名汉学家、剑桥大学教授麦大维（David McMullen），于4月16日就该书进行高端对话。康达维教授、麦大维教授和剑桥大学东方文化学院荣誉教授鲁唯一（Michael Loewe）充分肯定了《中华文明史》的意义，他们对《中华文明史》在文明分期上所做的创新，以及运用新的考古资料等方面所做的努力深感兴趣。

首发式和高端对话由剑桥大学出版社总裁 Stephen R.R. Bourne 和剑桥大学基金会主任 Michael O’Sullivan 共同主持。近百位国内外学者和新闻出版界人士参加了这次活动。

7月16日至22日，国务院参事室副主任方宁带队，中央文史研究馆舒乙、杨天石、白少帆、赵仁珪、吴静山、尼玛泽仁、赵德润七位馆员一行，赴内蒙古自治区进行文化考察。内蒙古自治区人民政府副主席刘新乐接见了考察组一行，内蒙古自治区文史研究馆馆长张建华，自治区政府研究室（参事室）巡视员王海滨陪同考察。

考察组先后召开了行前专谈会、行前准备会、“红山文化聚落遗址与元上都遗址未来保护与发展座谈会”、内蒙古文史工作座谈会等专题会议。考察期间奔波数千公里，通过实地察看、听取介绍、参观展览、座谈交流等方式，较为全面地掌握了内蒙古红山文化聚落遗址、元上都遗址、辽上京遗址等重要文化遗址的相关情况。考察组还与内蒙古文史研究馆、全国文史书画研究北方基地、内蒙古自治区人民政府参事室等单位进行了座谈，并就内蒙古文化遗址的保护与发展问题提出了建设性的意见和建议。

7 月 13 日，国务院参事室、中央文史研究馆在人民大会堂举行“纪念中央文史研究馆第六任馆长启功先生诞辰 100 周年座谈会”，深切缅怀他卓越的学术成就和艺术贡献，追思他高尚的道德品质和人格风范。

国务委员兼国务院秘书长马凯在致信中指出，启功先生博学多才，德望兼备，治学严谨，诲人不倦。其书清秀，其诗清趣，其画清逸，其文清新，其心清静，其人清正，值得我们尊重、缅怀和学习。国务院参事室主任陈进玉，中央文史研究馆馆长袁行霈和七位启功先生生前好友先后发言，全面回忆了启功先生为发展政府文史研究馆事业所作的贡献，以及从教、治学和艺术生涯。启功先生亲属，部分国务院参事、中央文史研究馆馆员和北京师范大学师生代表参加座谈会。

6月15日，国务院总理温家宝在中南海紫光阁向新聘任的中央文史研究馆馆员杨福家、梁晓声、叶嘉莹、王永炎、刘大钧、陈来、吴静山、李燕、李小可和国务院参事徐一帆、邓小虹、何星亮、杜学芳、邓小南颁发聘书，并同参事、馆员座谈。

中央文史研究馆馆长袁行霈，中央文史研究馆馆员程大利，国务院参事任玉岭、吴宗鑫、牛文元、张洪涛、汤敏、石定环、姚景源，先后就文化“走出去”、改革分配制度、建设集约型城市、西部大开发、改善宏观调控等问题建言献策。

在听取发言后，温家宝总理讲到，这是他担任总理以来第七次同参事、馆员座谈，回顾与参事、馆员一起相处的十年，大家彼此坦诚相待、共谋国是，结下了珍贵友谊。政府参事工作、文史研究馆工作越来越活跃，对促进政府决策民主化科学化起到了重要作用。他代表国务院向大家表示衷心感谢。

在谈到进一步推进决策民主化、科学化时，温家宝总理强调，要鼓励从实际出发，勇于探索和创新。首先是鼓励解放思想、实事求是、勇于探索。要讲真话、听真话，善于从各种声音中汲取智慧。专家和智库要增强社会责任感，独立思考、崇尚真理，使研究成果经得起实践和历史的检验。推进决策民主化科学化，不仅是领导方法和工作作风问题，还涉及政治体制改革、加强民主政治建设问题。党的十七大指出：要“加强公民意识教育，树立社会主义民主法治、自由平等、公平正义理念”。建设社会主义民主政治，必须重视和坚持这些基本理念。我们追求的目标，不仅是经济的发展，而且是人的自由平等和全面发展，是整个社会的进步。未来十年，是我国现代化进程中至关重要的十年。古人云：“积力之所举，即无不胜也；众智之所为，即无不成也。”希望各位参事、馆员和特约研究员继续深入实际调查研究，努力提高咨询国是水平，创作出更多的文化精品。

国务委员兼国务院秘书长马凯、全国政协副主席杜青林以及有关部门负责人出席座谈会。

8月29日，冯远被聘任为中央文史研究馆副馆长。在见面会上，国务院参事室主任陈进玉宣读了国务院的聘任决定，并介绍了冯远同志的情况。陈进玉主任说，冯远同志熟悉党的路线方针政策，政治立场坚定，行政管理经验丰富，工作能力突出，是优秀的专家型领导干部。他品行端正，谦虚谨慎，在文化艺术界口碑很好。中央文史研究馆馆长袁行霈主持会议并讲话。国务院参事室副主任方宁、王卫民出席会议。

袁行霈馆长对冯远副馆长履新表示祝贺和欢迎。冯远副馆长表示，在今后的工作中，将继续认真学习、领会文史馆工作的性质和职责，保持谦虚谨慎的工作态度，积极建言献策，为文史馆事业的发展尽自己的一份力。

冯远副馆长1952年1月生于上海，江苏无锡人，汉族，中共党员。著名画家，历任中国美术学院副院长，文化部教育科技司司长、艺术司司长，中国美术馆馆长，中国文学艺术界联合会副主席、书记处书记等职务。现任中国文学艺术界联合会副主席、中国美术家协会副主席。

9月24日，中共中央统战部和国务院办公厅举行国务院参事、中央文史研究馆馆员中秋招待会。国务委员兼国务院秘书长马凯与参事、馆员们欢聚一堂，喜迎中秋佳节。

马凯同志首先代表国务院向国务院参事、中央文史馆馆员和国务院参事室特约研究员致以节日祝贺。马凯国务委员指出，政府参事、文史研究馆工作是加强社会主义民主政治建设的重要形式，在推进政府决策民主化、科学化进程中发挥着越来越重要的作用。长期以来，各位参事、馆员和特约研究员们不负重托，深入实际、调查研究，潜心治学、精心创作，在建言献策、咨询国是和促进国家文化建设等方面取得了丰硕成果，为我国经济社会发展做出了积极贡献。当前我国正处在加快现代化建设的关键时期，同时也面临着复杂多变的国际政治经济形势，参事室、文史馆要在总结近年来实践经验的基础上，继续拓宽工作思路、丰富工作内容、创新工作方法，进一步适应新形势、新任务的要求。要继续发挥广大参事、馆员和特约研究员位置超脱、阅历深厚的优势，察实情、讲真话，及时反映和提出对政府科学决策有重要参考价值的社情民意和对策建议；进一步发挥人才荟萃、智力雄厚的优势，以举办论坛和讲座、编辑出版著作、创作艺术精品等多种形式，助推文化建设，服务社会大众；进一步发挥统战联谊、广交朋友的优势，加强同海内外智库和文化机构的交流与合作，为建设有特色、高水平的政府咨询机构做出新的努力。

国务院参事室主任陈进玉在招待会上致辞。中央文史研究馆馆长袁行霈主持招待会。中央和国家有关部门负责同志，国务院参事、中央文史研究馆馆员、国务院参事室特约研究员出席招待会。

10月8日至17日，应德国慕尼黑孔子学院和法国格勒诺布尔第二大学孔子学院的邀请，中央文史研究馆馆长袁行霈、国务院参事室原副主任陈鹤良，中央文史研究馆馆员孙机出访德国、法国。

访问期间，孙机先生分别在慕尼黑孔子学院和格勒诺布尔第二大学孔子学院作了题为“古代中国——一个充满创造活力的国家”的演讲，以七项发明为例，介绍了中国古代物质文明的伟大成就，在孔子学院师生和当地汉学家中产生了重要反响。

代表团先后拜访了马赛市政府、普罗旺斯·阿尔卑斯·蓝色海岸大区议会议院和尼斯市政府，分别与马赛市主管文化副市长 Daniel Hermann 先生、大区议会议员 Florence Rey 先生和尼斯市主管文化副市长 Muriel Marland - Militello 女士座谈，了解马赛市 2013 年欧洲文化之都项目筹备情况和城市建设情况，尼斯市的历史传统和文化古迹保护情况。袁行霈馆长介绍了中央文史研究馆的基本情况，双方就进一步加强文化交流，共同举办画展和学术讲座等话题进行了探讨。

10 月 11 日至 20 日，中央文史研究馆副馆长冯远带队，中央文史研究馆馆员杨天石、程熙、马振声、白少帆、吴静山、李小可、程大利七位馆员一行赴四川省采风，考察游览海螺沟、峨眉山自然景观，与当地书画艺术爱好者进行创作交流。

采风团受到四川省人民政府的周到接待，四川省人民政府副秘书长张晋川，四川省人民政府副秘书长、四川省人民政府参事室主任蔡竞，四川省文史研究馆馆长何天谷介绍了四川省经济、社会和文化建设的发展情况，并就推动四川省文化建设与发展与采风团进行了座谈。

此次采风辗转甘孜、雅安、乐山地区，依次考察了荥经县云峰寺，石棉县安顺场红军强渡大渡河纪念馆，海螺沟冰川雪山、原始森林，泸定县泸定桥，峨眉山报国寺、大佛禅院、金顶景区、万年寺，乐山大佛，大邑县刘氏庄园、建川博物馆等人文景观及爱国教育基地。原生态的自然景观和浓重的人文景象，是馆员们艺术灵感的源泉，他们触景生情，各展才艺，为当地留下了珍贵的墨宝。此次采风活动为馆员陶冶了情操，激发了创作热情，积累了大量的创作素材。

11月15日至17日，国务院参事室党组召开国务院参事、中央文史研究馆馆员和机关处级以上干部会议，传达学习贯彻党的十八大精神。国务院参事室党组书记、主任陈进玉传达了党的十八大精神和习近平总书记在十八届一中全会上的重要讲话精神，对学习贯彻十八大精神进行了部署，提出了明确要求。中央文史研究馆馆长袁行霈，国务院参事室副主任方宁、王明明、王卫民，中央文史研究馆副馆长冯远和46位国务院参事、20位中央文史研究馆馆员出席会议，并进行分组学习讨论。

大家一致表示，坚决拥护胡锦涛同志所作的十八大报告，坚决拥护新一届中央领导集体，紧密团结在以习近平同志为总书记的党中央周围，以更加强烈的责任感、更加饱满的精神状态、更加扎实的工作作风，做好调查研究、建言献策，为全面建成小康社会作出新的更大贡献。

12月5日，中央文史研究馆副馆长冯远赴天津市出席“彩绘天津文史研究馆馆员书画展”。天津市委副书记、市长黄兴国会见了专程来津出席开幕式的冯远副馆长一行。黄兴国代表天津市委、市政府对冯远一行来津表示欢迎，对中央文史研究馆长期以来给予天津市的关心和支持表示衷心感谢。黄兴国市长说，天津市委、市政府高度重视发展文化事业，中央文史研究馆人才荟萃，在推动社会主义文化大发展大繁荣中发挥了重要作用，希望继续关注支持天津，为天津市发展多提宝贵意见。

冯远在开幕式致词时说，近年来天津市经济社会发展取得令人瞩目的成就，综合实力跃上新台阶，滨海新区开发开放加快推进，文化改革发展取得新成效。天津市文史研究馆馆员为推动天津文化建设、繁荣文艺创作作出了应有贡献。相信通过艺术家们精彩的笔墨，能够让更多的人了解天津、感知天津、热爱天津。

12月27日，由国务院参事室、中央文史研究馆、国家旅游局、山东省人民政府共同主办的“第三届春节文化论坛暨首届中国春节旅游产品博览会”在山东省枣庄市台儿庄古城开幕。国务院参事室副主任方宁，中央文史研究馆副馆长冯远，中国旅游协会秘书长蒋齐康，山东省委宣传部副部长刘宝莅，中央文史研究馆馆员舒乙、陶思炎，国务院参事何星亮，国务院参事室特约研究员谭小英，山东省旅游局局长于冲，山东省政府参事室主任邵靖，枣庄市市委书记陈伟、市长张术平出席论坛。

方宁副主任在论坛开幕式上表示，举办第三届春节文化论坛是国务院参事室、中央文史研究馆贯彻落实党的十八大精神，扎实推进社会主义文化强国建设的一个举措。论坛以“弘扬春节文化，繁荣春节经济”为主题，首次尝试在论坛期间同时举办首届春节旅游产品博览会，以推动春节文化理论研究与文化产业实践相结合，促进春节文化研究成果的转化。他希望以春节文化为核心的中国节日文化研究不断深化内容，持续进行下去。

冯远副馆长在致辞中说，搞好春节文化建设是一项重大民生工程，对于积极培育社会主义核心价值观，具有润物细无声的作用。在谈到论坛倡导的“既富有传统文化底蕴又突显现代文明特征的春节新文化”时，他强调，春节文化建设，应着力满足人民群众随着工业化、城镇化和信息化进步产生的文化新需求。今天，短信微信拜年、低碳过年等已经成为我国春节靓丽的人文景观，只有引导新的文化潮流，运用新的文化手段，春节新文化才会实现。

论坛共收到了29篇论文，有9位专家学者在会上发言。论坛热烈活跃，求真务实。共有来自北京、山东等地的专家学者，部分地方参事室、文史研究馆负责同志，以及在开展春节文化活动方面有特色的地方政府代表共50余人参加了本届论坛。与前两届论坛相比，本届论坛更加注重春节文化理论研究与文化建设、产业发展实践的融合，融入了“春节经济”的概念，增加了首届中国春节旅游产品博览会这一新内容，延伸了论坛平台，促进了产业发展。有来自 14 个国家、80 余个境内外城市的 500 多家企业参加了博览会。

讣告

中央文史研究馆馆员，中国新闻社原编辑，无党派人士戴巍光先生因病医治无效，于9月16日0时58分在北京逝世，享年90岁。

戴巍光先生逝世后，温家宝、李克强、张德江、朱镕基、马凯等国务院领导同志均对戴巍光先生的去世表示哀悼，向家属表示慰问。9月18日上午9时，戴巍光先生遗体告别仪式在八宝山殡仪馆文瑞厅举行。

馆长馆员主要活动与成果

袁行霈 馆长

一、1月，在《北京大学学报》第一期发表《关于中国地域文化的理论思考》。

二、2月，出版《盛唐诗坛研究》（第一著作人，与丁放合著），该书系国家社科基金项目，结项评为优等，并入选国家哲学社会科学成果文库。

三、2月，参加教育部国家教育改革咨询委员会会议。

四、3月，出席中华书局百年庆典，并代表学者讲话。

五、4月，赴伦敦参加国际书展，并在《中华文明史》英译本新书发布会上演讲（代表原书作者）。

六、6月，主编的《中国文学史》四卷本，进行第二次修订，主持修订工作会议，布置各卷修订工作。

七、6月，赴中共中央办公厅调研室讲课。

八、6月，北京大学国学研究院举办成立20周年庆典，代表国学研究院汇报北大国学院20年来的业绩，总结办院的经验，受到一致好评。全国人大常委会副委员长韩启德、全国政协原副主席罗豪才，教育部部长袁贵仁，国务院参事室主任陈进玉，北大党委书记朱善璐等出席，国内外专家近百位参加。同日，《光明日报》头版头条发表报道，题为《为了中华文化之树常青——北京大学国学研究院教授群体纪事》。

九、6月，主编的《国学研究》第28卷出版。

十、11月，主持北大国际汉学家研修基地主办的“北京论坛”分论坛“文明的构建：语言的沟通与典籍的传播”。

十一、12月，主编的《国学研究》第29卷出版。

十二、2012年，多次主持北大国际汉学家研修基地主办的外国著名汉学家学术报告。

冯远 副馆长

一、3月，出版大型个人画集《二十一世纪中国艺术家·冯远》（人民美术出版社）。

二、4月26日，“笔墨尘缘——冯远绘画作品展”，在中国美术馆举行。

三、5月26日，“笔墨尘缘——冯远绘画作品展（上海巡展）”在上海美术馆举行。

四、8月29日，被国务院聘任为中央文史研究馆副馆长。

五、9月，在清华大学美术学院招收博士研究生王巍。

六、9月，在中国艺术研究院招收博士研究生赵晨。

七、12月24至26日，在中国文艺家之家主持召开“中华文明历史题材美术创作工程”草图观摩暨评选工作会。

八、2012年创作中国画作品《天边》、《母子图》。

饶宗颐 馆员

一、2月，香港大学举办“饶宗颐学术馆及学术馆之友创立八周年庆典”，庆典期间，受聘为“山东大学名誉教授”和“《泰山通志》主编”。

二、4月，《书法六问：饶宗颐谈中国书法》由人民美术出版社出版。

三、6月，饶宗颐文化馆开馆，展出90件包括文玩、独立与合作书画作品等，为文化馆开幕“开笔”，以敦煌白描手法和泼墨运色画《荷花四屏》。

四、6月，由国家文物局、香港特别行政区政府民政事务局、上海文化发展基金会星空文化艺术专项基金、西泠印社、香港大学、上海美术馆主办的“上海因缘”饶宗颐教授上海书画展在上海市美术馆开展，共有70余幅书画艺术作品亮相展览。此次展览是香港为庆祝回归15周年举办的系列文化活动之一。五、11月，“艺聚西泠：饶宗颐社长书画艺术特展”在浙江省美术馆开幕，共展出38件作品，包括27件画作和11件书法作品，其中不少作品为首次公开展出。在画作方面，包括西北山水、取材敦煌线描人物画的白描人物、巨幅墨荷、景物写生等，而书法作品则包括前人诗文、自作诗词以及临摹摩崖碑刻等内容。在杭州市期间，被授予“杭州市荣誉市民”称号。

六、12月，获法兰西学院铭文与美文学院颁授外籍院士荣衔，是该校创院近130年来首位亚洲汉学家获此名衔。

七、12月，香港大学饶宗颐学术馆举行“《上海藏战国楚竹书字汇》及《饶宗颐书道创作汇集》发布会”，前者集战国时期楚地以竹、木或白色丝织类为书写载体的手书墨迹“简帛书”，后者集饶宗颐上世纪60年代至今，约1680件创作，首四册涵括甲骨、大、小篆等书体，后八册收纳匾额、对联、手卷等形式书法作品。

程莘农 馆员

一、8月26日，由中国中医科学院北京国际培训中心、中国中医科学院国医大师程莘农院士学术思想和临床经验传承工作室、北京大诚中医针灸医院主办的“国医大师程莘农院士学术思想传承大会”在北京市国子监举行。

中国卫生部副部长、国家中医药管理局局长王国强在致辞中表示，程莘农院士在针灸临床、教学、科研以及国际合作与传播方面取得了极为丰硕的成果，为中医针灸的传承、发展、创新做出了突出的贡献。

王国强副部长和北京市中医药管理局局长赵静分别向中国中医科学院针灸医院和北京大诚中医针灸医院授予“北京中医药薪火传承‘3+3’工程建设单位——程莘农名老中医工作室”牌匾，并进行了《中国针灸学（第五版）》中、英文版修订发行仪式。

全国政协副主席孙家正、国务院侨务办公室副主任何亚非、全国政协文教体卫委员会副主任张秋俭等领导及中医学者200余人参加了研讨会。

二、8月31日，由北京科学技术出版社出版的《中华针灸宝库·贺普仁临床点评本》（明清卷）新书发布暨版权推介会在中国国际展览中心举行。中国中医科学院资深研究员马继兴，卫生部副部长、国家中医药管理局局长王国强为本书联合作序。

吴小如 馆员

一、8月，《〈名作欣赏〉精华读本：先秦文学名作欣赏》（第一作者，约21万字，与王富仁等合著）、《〈名作欣赏〉精华读本：魏晋南北朝文学名作欣赏》（第二作者，约22万字，与施蛰存等合著）、《〈名作欣赏〉精华读本：明清文学名作欣赏》（第一作者，约21万字，与梁归智等合著）由北京大学出版社出版。

二、9月，《吴小如讲杜诗》，（约24万字）由天津古籍出版社出版。

三、9月，《看戏一得：吴小如戏曲随笔》（约24万字）、《红楼梦影：吴小如师友回忆录》（约26万字）、《旧时月色：吴小如早年书评集》（约28万字）、《莎斋闲览：吴小如八十后随笔》（约35万字）、《含英咀华：吴小如古典文学丛札》（约31万字）由北京大学出版社出版。

四、参与撰写《中国文学名家名作鉴赏辞典系列：陶渊明诗文鉴赏辞典》，该书已于5月由上海辞书出版社出版。

五、11月，由吉林省文化厅主办的“学者书家——吴小如书法作品展”在吉林省博物院开展，展览为期五天，展出作品66幅。

六、5月18日，北京大学举办“《学者吴小如》出版座谈会暨吴小如先生九十华诞庆祝会”。该书由好友和门人倡议编辑，共收录48篇文章，由四个部分组成：创发新义，金针度人；唐碑晋字几人看；先生教我怎样读书以及山高水长师生情。

叶嘉莹　馆员

一、1月，《大家小书：名篇词例选说》（约13万字）由北京出版集团公司、北京出版社出版。

二、4月，《〈名作欣赏〉精华读本：宋元文学名作欣赏》（第一作者，与袁行霈合著）由北京大学出版社出版。

三、4月，《迦陵诗词曲联选集》由线装书局出版。

四、在南开大学举办“小词中的修养境界”系列讲座，分别以“小词修养境界之所在—词之缘起与美感特质”、“张惠言词中的儒家修养”、“张惠言与王国维词论之比较——温庭筠、欧阳修、秦观词释例”、“王国维三层境界说与接受美学”、“词之显微结构与双重特征——南唐二主词之境界探微”、“词之潜能与读者反应——冯延巳、王国维词释例”为题。

五、3月7日，在南开大学汉语言文化学院举办题为“论古典诗歌的美感与吟诵”的讲座。

六、3月17日，在国际图书馆部级领导干部培训班上，作题为“中国古典诗歌的美感特质与吟诵时间”的讲座。

戴　逸　馆员

一、继续担任国家清史编纂委员会主任，自2002年起，连续第十年主持编纂清史，目前已有95%的稿件到位，全书定稿时间预计为2015年。

二、5月，《史海寻踪——戴逸传》（高亚鸣著）由江苏人民出版社出版。

三、《清代黑龙江将军与东北边疆治理——〈清代黑龙江将军传丛书〉序》刊于《清史参考》（第32期）。

陈尧光　馆员

一、8月，作为第一译者，与黄育馥、孟军合作翻译的《无鸟的夏天》（韩素音著，约30万字）由上海人民出版社出版。

汤一介　馆员

一、6月，《可贵的是要有奉献精神》收于朱善璐主编的《北大学者论北京精神》，北京大学出版社。

二、《启蒙在中国的艰难历程》刊于《北京大学学报》第2期（此文第三部分又以《中国社会的“启蒙”将如何进行下去》，刊于《新华月报》2012年

8 月 20 日版）。

三、《论儒家的“礼法合治”》刊于《北京大学学报》第 3 期。

四、《儒释道“三教归一”问题》刊于《中国哲学史杂志》第 3 期。

五、《传承文化命脉，推动文化创新——儒学与马克思主义在当代中国》刊于《中国哲学史杂志》第 4 期。

六、《论儒学与普遍价值问题》刊于《中国文化研究》第 3 期。

七、《北京大学哲学系的创建、成就与展望》刊于《北京日报》11 月 15 日。

八、The Coexistence of Cultural Diversity: Sources of the Value of Harmony in Diversity Institute of cultural Interaction Studies , Kansai University March 31.

九、《汤一介：事不避难，义不逃责》刊于《儒风大家》第 2 期。

十、《“哲学工作者”汤一介》刊于《新闻周刊》12 月 17 日。

十一、《在平等交流中求同存异，在理解对话中追求创新》刊于《中国人民大学学报》第 3 期。

十二、《汤一介：反本才能开新》刊于人民日报·人民网，7 月 13 日。

主要活动情况

一、4 月 6 日，接待台湾大成至圣先师孔子第 79 代孙孔垂长来北大访问。

二、5 月 20 日，去济南山东大学主持庞朴教授的博士生吕鹏博士论文答辩。

三、8 月 27 日，参加中国国学中心战略规划及其内容建设座谈会，在会上以《儒学与马克思主义》作了发言。

四、10 月 3 日，在中国人民大学接受“吴玉章人文社科终身成就奖”。

五、10 月 27 日，接受北京大学哲学系授予的“北京大学哲学系终身教育奖”。

六、由汤一介主编的九卷本《中国儒学史》获北京市第十二届哲学社会科学优秀成果奖的特等奖和新闻出版部署第四届中华优秀出版物奖。

王　尧　馆员

一、1月，译作《萨迦格言》由当代中国出版社出版，原书作者萨迦班智达，即萨班・贡噶坚参，是藏族学者、诗人，被称为雪域三大文殊化身之一。

二、6月，《王尧藏学文集》由中国藏学出版社出版，五卷内容分别为：敦煌本吐蕃历史文书吐蕃制度文化研究、吐蕃金石录藏文碑刻考释、吐蕃简牍综录藏语文研究、敦煌吐蕃文化译释、藏汉文化双向交流・藏传佛教研究。

欧阳中石　馆员

一、1月4日，《书法教育体系的根基是文化》发表于《人民日报・海外版》。

二、4月1日，欧阳中石、欧阳启名合写《浅论中国戏曲成熟的标志"程式化"》发表于《中国京剧》。

三、5月1日，《中国文化是什么》发表于《中国收藏拍卖年鉴》。

四、10月25日，《谈个人素养文化》发表于《中国政协》。

五、10月20日，欧阳启名、欧阳中石合著《中国戏曲表演体系研究》由文化艺术出版社出版。

六、12月，诗词书法集《中华颂》由中共中央党校出版社出版。

孙　机　馆员

一、主编的《中国国家博物馆展品中的100个故事》于2012年1月由文物出版社出版。

二、3月，去香港看一件石椁。鉴定后，确认是北朝晚期入华的粟特人之物。经交涉洽商，此石椁已入藏国家馆。

三、一季度，有一件据称是汉代的玉镜台，在拍卖行报价两亿多。鉴于此事在报纸上发了不少新闻，闹得沸沸扬扬，乃于4月11日在《文物报》发表了《镜台》一文，将我国的镜台从其最初出现直到近代的发展历程，结合出土文物作了较清楚的阐述。使误说不攻自破，从而平息了这场争论。

四、6月，论文集《仰观集》出版。此书被评为“2012年度文化遗产十佳图书”。

五、7月9日，在国家博物馆百年馆庆上被授予“学术成就与特殊贡献奖”。

六、10月间，随中央文史研究馆袁馆长一行出访德、法两国。在德国慕尼黑与法国的格勒诺尔两地之孔子学院作《古代中国——一个充满创造活力的国家》讲演。

程毅中 馆员

一、本年主要工作是参与《中国地域文化通览》的审读评议，参加会议约十次。

二、3月，《清平山堂话本校注》，由中华书局出版。

三、《三国演义》与宋元话本刊于《文学遗产》第2期。

四、《写在〈清平山堂话本校注〉之后》刊于《书品》第3期。

五、《梳理版本源流 呈现宋本原貌——读〈太平广记会校〉》刊于《光明日报》7月1日。

六、《十年磨剑出精工》刊于《光明日报》（节录）8月14日、《古籍整理出版情况简报》7、8期。

七、《我印象中的吴晓铃先生》刊于《中国社会科学报》9月24日学林版。

八、《关于完成〈古本戏曲丛刊〉的建议》刊于《古籍整理出版情况简报》第9期。

重要活动：

一、1月，写出关于苏州评弹的调研报告，送呈国务院领导，并发表于《国是咨询》第1期。

二、3月，参加中华书局百年纪念的系列活动。

三、4月，参加全国古籍整理出版规划领导小组的十年规划和2012年古籍出版资助项目的评审会议。

四、4月9日，中国出版集团公司召开成立十年纪念大会，授予首批“编辑名家”荣誉称号。

五、4月16日至19日，参加新闻出版总署的中华大字库工程评审会议。

六、4月24日至27日，参加中央文史研究馆组织的河北采风活动，写诗五首。

七、5月17日，参加《学者吴小如》出版座谈会。

八、6月16日，参加北京大学古小说研究会举办的“中国古代小说前沿问题国际研讨会”，提交论文《宋元小说家话本的文体和艺术传统》。

九、7月，参加启功先生百岁纪念活动，写出《启功先生对诗体的继承和发展》文稿。

十、8月19日，参加哈尔滨“当代诗词创作和理论研讨会”。

十一、8月23日至25日，参加《中华医藏》工作会议及全国古籍保护工作会议。

十二、9月9日，为新闻出版总署举办的古籍编辑培训班讲授《古籍的校勘和标点》。

十三、10月18日至21日，参加中华吟诵学会高端论坛，提交论文《苏州弹词与格律诗的吟诵》。

十四、11月13日，参加武汉“当代诗词创作和理论研讨会”并作发言。

十五、12月10日，参加《中华再造善本》提要稿评审会议。

资中筠 馆员

一、1月8日，与章诒和杨照三人对话（广西师大出版社北京分社“理想国”主办）。

二、1月19日，参加乐平基金会理事会议。

三、2月1日，参加中央文史研究馆吟诗晚会。

四、2月8日，参加中央文史研究馆《炎黄春秋》座谈会。

五、2月24日至25日，参加美国“中华医学基金会”北京研讨会。

六、2月28日，参加乐平基金会常务理事会会议。

七、2月29日，参加《民主与科学》杂志召开的“科学与文化”讨论会。

八、4月16日，出席河北电视台“读书”栏目“十大影响力书”颁布仪式《资中筠自选集》并致辞。

九、4月21日至25日，赴武汉“绿公司”与中国企业家俱乐部主办“思想的盛宴”并讲话；23日，在华中理工大学作讲座。

十、5月16日至17日，赴苏州领奖：《不尽之思》获“在场主义散文”奖，出席颁奖仪式并讲话。

十一、5月22日，接受中央财经频道制作的《货币》纪录片采访。

十二、5月31日，在中国青年政治学院作讲座。

十三、7月10日，参加乐平基金会会议。

十四、7月17日至24日，赴香港参加书展，18日，作为主讲人讲话。

十五、8月17日至18日，参加上海新华媒体读书会。

十六、8月19日至23日，赴天津参加“海泰杯”第二届非职业钢琴演奏国际比赛，获老年组一等奖。

十七、9月8日，参加“马奈草地城市思想者沙龙”并作讲座。

十八、9月22日至25日，赴贵阳“行知讲坛”作讲座。

十九、10月21日至27日，在南京金陵图书馆、南京工业大学、南京大学中美研究中心作讲座，在先锋书店与读者见面。

二十、11月16日，参加北大宪政中心及炎黄春秋“改革共识”座谈会。

二十一、12月14日至18日，赴三亚参加“财经国际论坛”（《财经》杂志举办）。

沈　鹏 馆员

一、2月6日，应邀出席中共中央元宵佳节文艺联欢晚会。

二、2月18日，江西省沈氏宗祠联谊总会授予沈鹏“爱心赤子”荣誉称号并颁发证书。

三、3月2日至13日参加“两会”。5日在“两会”上提出提案：建议中小学停止“三好学生”评比，以杜绝不良风气，改变培养少数尖子的教学理念与制度，要相信每个学生都能成才，“天生我才必有用”，各有所长，平等对待每个学生。此提案为教育改革课题之一。6日晚上应邀参加在全国政协礼堂三楼大厅举行的全国政协新闻出版界、中国新闻文化促进会研讨联谊会。

四、3月15日，在总政八一射击场为“中国国家画院（2011）沈鹏导师书法工作室创作集训”讲课答疑。

五、3月20日，在北京西西友谊酒店出席《中国印论类编》学术座谈会并讲话。

六、3月29日，委托夫人殷秀珍在江苏无锡百年老校堰桥中学成立“沈鹏书法艺术学校”挂牌仪式上讲话。

七、6月15日，参加温家宝总理与参事馆员座谈。

八、7 月 13 日，出席国务院参事室、中央文史研究馆在人民大会堂举行的纪念启功诞辰 100 周年座谈会，作题为《学而能思》的发言。

九、7 月 29 日，出席在北京中华民族艺术珍品馆举行的庆祝中国人民解放军建军 85 周年共和国将军名家书画展开幕式，宣布开幕并剪彩。

十、7 月 14 日，在总政八一射击场为沈鹏书法创作研究班授课。

十一、10 月 5 日至 12 日，去江苏参加南菁中学建校 130 周年，捐助学金 100 万元，捐赠母校“沈鹏艺术馆”艺术品价值过亿元。

十二、10 月 7 日，在江苏省南菁高级中学建校 130 周年庆祝大会上荣获“回馈母校、造福桑梓”突出贡献奖。

十三、11 月 28 日，中国国家画院沈鹏书法创作研究班结业作品展开幕式在中国国家画院美术馆举行，举办结业晚会。

十四、12 月 3 日，中国国家画院沈鹏书法创作研究班结业作品展闭幕。

十五、1 月 7 日，《中国书画报》第 10 版刊登题签“赵国柱书法作品”。

十六、1 月 22 日，得联句：龙孙吐节存高远　凤羽摩云振大千。

十七、1 月 27 日，《人民日报》第 4 版报道：为 15 集大型文化纪录片“王国维”题片名“书王国维三字，颇有惶恐。”《中华诗词》01 期封二刊载题耑“三馀吟”和书自作词［清平乐·澳门威尼斯赌场］。

十八、2 月 1 日，《中国文物报》第 6 版刊登诗书《寒山寺题壁》及两幅照片。2 日，《光明日报》第 09 版刊登《壬辰元日撰联龙孙凤羽》。18 日，出席“纪念伟大的人民音乐家聂耳诞辰 100 周年北京巡演音乐会”，演出后书写：

“呐喊强音振聩聋，救亡崛起众劳工。

纵身大化洪波里，浪挟天风曲未终。”

十九、2 月 23 日，《光明日报》第 12 版刊登《季子风》。25 日，《人民日报海外版》第 07 版刊登题签“中国文房四宝之乡”。《中华诗词》02 期封二刊载题耑“三馀吟”和书自作诗《答友人》。

二十、3月13日，《人民日报》第8版刊登对话《精品力作从何而来》。

二十一、3月14日，《中国书画报》第6版刊登书法作品两幅、近照6幅、诗词10首以及文章片断若干。21日，《人民日报》第21版刊登书自作诗《聂耳诞辰百年音乐会》。“两会特刊”《环球快讯》3月号刊载书自作诗《寒山寺题壁》和草书辛弃疾［西江月·夜行黄沙道中］。《中华诗词》03期封二刊载题耑“三馀吟”和书自作诗《雨夜读》（附隶书“絮落泥中定，篁抽节上生”），04页刊载《壬辰开岁日四家漏夜联句》（龙孙吐节存高远，凤羽摩云振大千）。

二十二、4月10日，《人民政协报·人民政协报书画院特刊》头版刊登书蔡邕《笔论》句。19日，《江阴日报》A05版刊登《季子风》。21日，《美术报》第53版刊登题标“韩跃进画展”。28日，《江阴日报》A08版刊登题耑“江阴城管”。《艺术镜报》第16版刊登题标“韩跃进画展”。

《中华诗词》04期封三刊载题耑“三馀吟”和书自作诗《壬辰感事》。

《国际书法》总第2期刊载题耑“兰亭小学”。《美术观察》第04期刊载题词“由现象深入本质，从微观宏视古今。《美术观察》二百期成绩卓著，书以志贺。”《中华辞赋》第2期刊载行书《致石印文函》。

二十三、5月10日，《张壁古堡》报眼刊登题词“天上奎星，人间张壁”。同日《法制晚报》A16版刊登题签“女娲补天”。17日，《人民日报海外版》02版刊登诗书《题邱阳〈黄河魂〉》：

咆哮奔腾到眼前，黄流万里五千年。

狂涛协力丹青手，激荡鱼龙动九天。

邱阳先生画黄河魂酣畅淋漓，写意深刻，真杰作也。诗（书）请两正。

二十四、5月18日，《介休报》第4版刊登题耑“介休市书法家协会”。24日，《北京晚报》头版泣书题耑“房山痛”。从第2至第11版均用“房山痛”作题耑。25日，《北京晚报》第9至第15版均用“房山痛”题耑。30日，《生活晨报·艺术收藏周刊》第20版刊登《沈鹏咏晋诗选》22首、书自作诗《晋祠宋塑宫女》。山西出版传媒集团·山西人民出版社出版《诗咏五台山》刊载《七三初度·过五台山·清凉胜地牌楼》4首和诗书《过五台山·清凉胜地牌楼》。《中华诗词》05期封二刊载题耑“三馀吟”和草书《跋西南联合大学罗庸撰〈闻一多生平事略手稿〉》。

二十五、6月6日，《书法导报》第19版刊登隶书《景山古槐三首之三》（古槐毁去易）。7日，《快乐老人报》第13版刊登《过长沙橘子洲》。8日，《北京日报》第20版刊登扇面草书“自强不息，厚德载物”。12日，《人民日报海外版》07版刊登《挽周汝昌联》。16日，行书“月亮”搭乘神舟九号上太空；同日《中国书画报》刊登消息：为李延声“神工”一书题签并赋诗“草根沃野赛名花，香彻寻常百姓家。兰叶游丝描不足，绵长悠远踵增华。”同日《团结报》第6版刊登行书《挽周汝昌先生联》：

由来一梦，宿世红楼梦中客

已去空斋，当今脂砚斋主人

《中华诗词》06期封三刊载题耑“三馀吟”和书自作诗《阴晴》。

《中华辞赋》第3期刊载《挽周汝昌联》（由来已去）。《书简》总第18辑封二刊载2月22日给胡抗美的手札；首页刊载贺壬辰龙年书联“龙孙凤羽”。《名家》第三期刊载行草《十六字方针》、《江阴红豆（之一）》、题签“将军缘”和图版两幅。《邵玉祥书法作品回乡展》刊载题标“邵玉祥书作展”。《美术观察》第6期刊载草书作品4幅。《神工：李延声国家级非物质文化遗产传承人写真》（第一集）刊载书自作诗《七绝》（草根沃野赛名花），为李延声写真题字“废纸三千犹恨少，新诗半句亦矜多。”

二十六、7月6日，《人民日报海外版》07版刊登《神舟九号升天和霍老原玉》。11日，《学习时报》第4版刊登书自作诗《七绝·寒食》。13日，《光明日报》第12版刊登《学而能思——纪念启功先生百年诞辰》。

二十七、7月17日，《京华时报》A32版刊登题签“九龙墨宝真迹”。18日，《书法导报》头版刊登书自作诗《荣生君赠〈八十后作〉印章》（王荣生赠另一枚为“仁者寿”，释文“烂漫原砂七宝妆”应为“烂漫硃砂七宝妆”）。

二十八、7月20日，《人民日报海外版》第16版、《人民海军》04版刊登《朝饮木兰之坠露》；《江阴名贤通讯》第5期刊载《华西村》（“务农不废千里目”应为“务农不废千程目”）、《登江阴黄山要塞》。21日，《中国社会科学报》第12版刊登书自作诗《登滕王阁》。27日，《北京晚报》第11至第14版题耑“房山痛”。29日，《北京晚报》第24版刊登《朝饮木兰之坠露》，第4版刊登书法作品在“共和国将军名家书画展”展出。《中华诗词》07期封三刊载题耑“三馀吟”和书自作诗《读李汝伦诗》（释文“知”应为“訾”），第18页刊载《挽周汝昌先生联》：

“由来一梦，宿世红楼梦中客，

已去空斋，当今脂砚斋主人”。

《共和国将军和名家书画集》刊载题标“庆祝中国人民解放军建军85周年共和国将军名家书画展”和草书中堂少陵《观公孙大娘舞剑器行》。《激流勇进》刊载题词：

“上世纪40年代末我从生活书店的韬奋著作中学得马克思主义初步知识，希望三联书店继续为民主、科学、启蒙而作出贡献。”

二十九、8月1日，《书法导报》第11版刊登《学而能思——纪念启功先生诞辰百年》。3日，《中国艺术报·中国书法学报》头版刊登《学而能思》。15日，《书法导报》第13版刊登书自作诗《荣生君赠〈八十后作〉印章》（王荣生赠另一枚为“仁者寿”），第21版刊登行草蔡邕句“书者，散也。欲书先散怀抱，任情恣性，然后书之。若迫于事，虽中山兔毫，不能佳也。”。同日《中国书画报》第4版刊登点评连辑书法作品“部分草书间隔较大而能贯气，开合有度，所谓计白当黑，是为难得。”21日，《光明日报》第13版刊登书少陵诗《春夜喜雨》。22日，《书法报》第8版刊登草书蔡邕句“书者，散也。欲书先散怀抱，任情恣性，然后书之。若迫于事，虽中山兔毫，不能佳也。”25日，《美术报·画家周刊》第35版刊登题耑“开元美术馆”。29日，《书法导报》第28版刊登书自作诗《韩亨林先生书〈白云山记〉读后得四言十韵》。《沈一丹书法作品集》刊载《朝饮木兰之坠露》、庚寅冬题耑“沈一丹书历代女子诗词”、辛卯夏题耑“沈一丹书唐诗”。《沈一丹中国画集》刊载壬辰题耑“沈一丹临八十七神仙卷”、为沈一丹临任伯年群仙祝寿图题跋。《中华诗词》08期封三刊载题耑“三馀吟”和书自作诗《溽暑》（释文“稍”应为“肯”）。《中华辞赋》第四期刊载《沈鹏诗八首》。

三十、9月14日，《文艺报》第6版刊登刊头“新天”。同日，《光明日报》第14版刊登《志在探索——〈三馀再吟〉馀话》、书法作品4幅、诗作选11首。15日，《北京支部生活》总第714期封二刊载诗书《寒山寺题壁》。19日，《书法报》第31版刊登题签“罗钟书法展览”。26日，《中国艺术报》第8版刊登书自作诗《潘絜兹纪念》。28日，《文艺报》第6版刊登书自作诗《山村春晓》。同日题耑“五山会所”、“华影会”、“常德日报”。29日，线装书局出版《三馀再吟》；《文艺报》第6版刊登书自作诗《山村》；《光明日报》04版刊登题耑“诗词中国”。30日，《将军书画艺术》第22期刊载题标“庆祝中国人民解放军建军85周年共和国将军名家书画展”、题耑“东港市民公园”和书自作诗《山村》。《江阴颂》再版印刷。《“红酒之约”》刊载书自作诗《题邱阳画黄河魂》。外文出版社出版《中国书画·沈鹏·姚治华》。

《庆祝中国澳大利亚建交40周年中国名家书画展》刊载书自作诗《姑苏寒山寺题壁》（钟声回荡夜迟迟）。

三十一、10月1日，《芷兰书画》第2版刊登《志在探索——〈三馀再吟〉馀话》、书法作品3幅。3日，《书法导报》第19版刊登隶书自作诗《景山古槐三首之三》。12日，《新华每日电讯》第13版刊登书自作诗《二〇〇九年六月十六日上午十一时天大暗》。16日，《人民日报海外版》第07版刊登《七绝二首》；《江阴日报》刊登刊题“名家”。20日，《北京晚报》头版、第24版和第25版刊登题词（原大）“书为心画。书法的轨迹折射人的心灵活动。北京晚报办专刊，担负着普及书法与提高大众审美情操的使命。让现代生活多多融入高尚文化，发扬真善美！”。24日，《书法报》第16版刊登题签“罗公染书画”。31日，《书法报》第18版刊登《沈鹏诗词选刊》，书自作诗《整理旧相册》、《五律罗丹雕塑思想者》、《七绝》。

《中国航班》9-10期刊载联句“雾移风卷”。《书简》第10期刊载《朱祥林〈浮生小记〉序》、《介居书简》（致刘征、李一）、书自作诗《返故里之一》、书《古诗十九首》之十五（生年不满百）、题签“浮生小记”。《中国国家画院沈鹏书法创作研究班教学文献集》刊载题词“十六字方针”（弘扬原创）、书自作诗《跋自书行草〈古诗十九首〉》、多幅讲课照片。《心定如山》刊登题耑“定山寺”。《嘤嘤其鸣·赵金光诗词选》刊载书赵金光诗《钱塘观潮》。

三十二、11月3日，《大公报》B11版刊登题词“大世界大视野大手笔，公天下公平心公舆论”。5日，《当代美术精品》01版刊登《漫笔》。14日，《书法导报》第11版刊登《漫笔》。23日，《新华每日电讯》第14版刊登近作《悼友人·秋吟（十三首）》、书自作诗《迎春花》。27日，《中国文化报》第4报刊登《观京剧〈范进中举〉赠张建国君》。《中国国家画院沈鹏书法创作研究班作品集》刊载行草书《十六字方针》。

三十三、11月8日，《北京晚报》第24版刊登题耑“莫言一斗阁”和《漫笔》。21日，《新华每日电讯》第14版、《光明日报》第04版刊登书自作诗

《末日》。24日，《中国社会科学报》A—08版刊登诗书一幅、题字“风神”、近作诗7首。25日，在《北京晚报》“墨缘”栏目讨论会上作书面发言（未出席）。26日，《北京晚报》第6版刊登“如今书法的‘有用’一面常常得不到正常发挥，原因也在对‘无用’的一面理解不足，甚至有不少的偏差。很希望全社会来思考，首先从理论上研究。其意义，当超出书法这一现象之外，之上。”29日，《北京晚报》第24-25版刊登沈鹏签字的在“北京晚报特邀专家学者研讨书法文化”会上的书面发言全文。

“至少不能把艺术局限在‘技’的层面。”

“书法作为一种文化现象有着淡化的趋势”。

三十四、《盛世元典2012年秋季大型书画拍卖会》刊载“沈鹏书法专场”。首届《书法》杂志论坛宣传页刊登书自作诗《寒食诗》。中央文史研究馆书画院编《庆祝中国澳大利亚建交40周年中国名家书画展》刊载草书《寒山寺题壁》。《中国国家画院书法篆刻院2013癸巳年》书历刊载行草自作词[沁园春·吴哥古窟]。《纪念郑成功收复台湾350周年暨郑成功纪念馆建馆50周年国际书法展作品集》刊载书自作诗《访台湾咏延平王》。《名贤研究》总第9期刊载题词“忠义之邦，幸福江阴”。

方立天 馆员

一、6月23日，“什刹海论坛2012佛学季”开幕，出席论坛开幕式，并发表了题为“我与中国佛教研究”的主题演讲，通过自身的经历讲述了与佛教的因缘。

二、9月6日，北京市委、市政府召开庆祝教师节大会，获“北京市人民教师奖”。北京市人民教师奖是北京市教师的最高荣誉奖，4年评选一次。

三、10月21日，出席在北京什刹海书院举行的“2012元代北京佛教学术研讨会”。

四、11月3日，应邀参加由中国人民大学与国家汉办举办的“第三届世界汉学大会”，作为嘉宾评委参与点评。

五、12月1日，由中国人民大学出版社、中国人民大学佛教与宗教学理论研究所、中国人民大学宗教高等研究院、中国人民大学哲学院、中国人民大学国际佛学研究中心举办的“中国佛教与中国哲学的现代诠释——《方立天文集》出版座谈会”在中国人民大学举行。中央统战部副部长朱维群、中央文史研究馆副馆长冯远、中国人民大学校长陈雨露出席会议。

继旧版六卷本《方立天文集》出版后，近期推出的新编《方立天文集》，收录了著名佛教学家、中国哲学史家方立天教授迄今为止所撰写的绝大部分著作，并根据著作的性质，分别按中国佛教、魏晋南北朝佛教、法藏与《金师子章》、佛教哲学、中国佛教哲学、中国佛教与传统文化、中国佛教文化、中国文化与中国宗教、中国古代哲学、杂著等不同内容，统编为10卷12册，约500万字。

李学勤 馆员

一、1月，《李学勤讲演录》由长春出版社出版。

二、8月，《史记五帝本纪讲稿》由三联书店出版。

三、12月，《二十世纪中国学术大典·历史学》由福建教育出版社出版。

四、论文《从〈系年〉看〈纪年〉》发表于《光明日报》（2月27日）。

五、论文《清华简〈系年〉解答封卫之谜》发表于《文史知识》（第3期）。

六、论文《谈新出现的妇妌爵》发表于《文博》（第3期）。

七、论文《由清华简〈系年〉论〈纪年〉的体例》发表于《深圳大学学报》

（第 2 期）。

八、论文《新整理清华简六种概述》发表于《文物》（第 8 期）。

九、论文《中国青铜时代与古代文明》发表于《中国社会科学报》（8 月 29 日）、《新华文摘》（第 21 期）。

十、论文《试谈楚季编钟》发表于《中国文物报》（12 月 7 日）。

十一、论文《由沂水新出盂铭释金文“总”字》发表于《出土文献》（第 3 期）。

十二、论文《论清华简〈说命〉中的卜辞》发表于《华夏文化论坛》（第 8 期）。

傅璇琮 馆员

一、3 月 4 日，在北京师范大学国际学术交流中心主持国家重大项目“百年来中国古籍整理与古文献建设研究开题论证会”。

二、3 月 10 日至 12 日，参加由南京大学在南京国际会议大酒店举办的“全唐五代诗编纂会议”，任项目第二主编。

三、4 月 25 日至 28 日，参加由上海古籍出版社举办的“《续修四库全书提要》编撰会议”，任全书主编。

四、5 月 21 日至 22 日，在中国职工之家参加国家新闻出版总署举办的“经典中国国际出版工程项目评审”，任文学艺术组负责人。

五、8 月 28 日至 31 日，在中国职工之家参加中宣部举办的“国家哲学社会科学二〇一二年成果文库评审会议”，任文学一组召集人。

六、10 月 26 日至 28 日，在西南大学重庆国学院参与国学论坛研讨，并受聘为重庆国学院名誉会长。

七、10月28日，作为《中国古籍总目》主编，应邀参加国家新闻出版总署主办的“《中国古籍总目》出版新闻发布会”，并接受新闻出版总署颁发的奖赏证书。

八、《宋才子传笺证》（共5卷，300万字）由辽海出版社出版。

九、《国粹经典》（共100册，15万字）由泰山出版社出版。

十、《中国古籍总目》（共5卷）由中华书局、上海古籍出版社合作出版。

傅熹年 馆员

一、全年本职工作为进行《社会人文因素对中国古代建筑的影响》研究专题，尚未结束。

二、专著《中国古代建筑工程管理和建筑等级制度研究》，约60万字，由建筑工业出版社出版。

三、论文有《学术研究与艺术鉴赏的完美结合》，为纪念启功先生百岁诞辰而作，约6600字，发表于《中国书画家》2012年特刊。

四、本年曾参加数次由首规委组织的北京市若干建筑方案的评审工作。

五、曾为中国工程院院士书画社写字数幅，参加赴香港和西安的展览。

侯德昌 馆员

一、3月，人民出版社出版《道德箴言——侯德昌书法选》，国务院参事室主任陈进玉作序。

二、9月，参加在国家博物馆举办的“中原行”中国当代著名画家作品展。

三、绘画、书法作品12幅入选《名家书画》。

王　蒙 馆员

一、1 月 8 日，在中央党校新疆班讲课。

二、2 月 28 日，赴新疆参加《地域文化通览》新疆卷编辑座谈会，并与新疆文史馆参事馆员座谈现代化与少数民族地区文化建设。

三、3 月 4 日，出席《新疆好新疆美术作品展》开幕式。

四、3 月 30 日，在总后勤部政治部讲课。

五、4 月 13 日至 17 日，赴伦敦出席伦敦书展中国主宾国活动，并与英国主流作家玛格丽特・德拉布尔会谈。

六、5 月 19 日，在解放军艺术学院讲《延安文艺座谈会七十年》。

七、5 月 31 日至 6 月 3 日，出席第二十二届中国书博会暨王蒙新作《中国天机》首发式。

八、7 月 5 日，在中央党校新疆班讲课。

九、9 月 6 日，在总后勤部司令部讲课。

十、10 月 9 日，在国防大学研究生院讲课。

十一、11 月 5 日至 12 月 4 日，赴澳门大学，出任该校首届驻校作家。其中 11 月 22 日，出任中国图书馆学会年会主讲嘉宾。

十二、12 月 13 日至 17 日，赴中国海洋大学参加“驻校作家十周年”及相关活动。

靳尚谊 馆员

一、5 月 11 日，出席在河南省郑州市国际会展中心举行的“中国当代著名画家中原行”大型采风活动启动仪式，并赴洛阳考察。

二、7月24日至31日，2012年英国伦敦奥运会期间，应伦敦市长办公室的邀请，北京国子监油画艺术馆在伦敦奥林匹亚展览西厅举办“2012中国油画艺术展”，本次展览意在用油画艺术的形式向奥运观众展示当代中华文化的风采。参展作品《一个朋友的肖像》用西方古典主义油画技法表现出了东方文化中含蓄而内敛的人文精神。10月26日至11月6日，“2012中国油画艺术展”——归国展在中国美术馆举行。

三、11月23日，出席在中央美术学院美术馆举办的“中央美术学院造型艺术研究所油画高研班（2010—2012）创作汇报展”。

四、12月26日，北京文化艺术基金会设立的“靳尚谊专项基金”正式成立。专项基金将以扶植培养中国青年油画艺术家发展创作为重点，每年定期资助青年艺术家的艺术研究及展览、深造，推荐优秀作品参加国际性展览与艺术交流活动。捐赠给基金会的新作《培培》以120万元起拍，最终以505万元成交。

舒　乙 馆员

一、2月份和法国驻华大使白林一起考察北京西郊贝家花园，向国务院提出馆员建议，建议在其基础上建立“中法文化交流纪念馆”，得到国家领导人批复，已责成北京市人民政府具体落实，并逐步实施。

二、4月中下旬去新疆考察，向国务院提出馆员建议，认为新疆的关键问题是人才问题，建议大幅度增加援疆人员工资待遇，得到国家领导人的批示，责令有关部门落实并得到逐步实施。

三、9月份去甘肃考察，向国务院提出馆员建议，建议对敦煌莫高窟等文保单位要确定“保护第一、利用第二”的原则，不得用行政手段强行命令随意增加旅游人数，得到国家领导人批复，国务院已下令通知，在全国范围内实行此原则，以利文物的保护。

四、12月去山东济南出席第三次春节文化论坛，此次论坛由中央文史研究馆和山东人民政府共同主办，做主旨发言，并为此于春节时期曾到四川阆中、山东淄博、枣庄等地考察春节活动。

五、5月到法国波尔多、巴黎做文化考察，确定2013年5月去巴黎办个人画展。

六、发表《哭老大罗老》、《巴黎之道》、《北线首都群奇迹》等散文38篇。

七、创作《卢森堡公园》、《老钟》、《还须种竹高拂云》等画作35幅。

八、做公共演讲20次，其中为中央电视台4频道《文明之旅》栏目做专场录像，讲《北京带藏字的石碑和藏式建筑》、《冰心》、《老舍》、《春节的吃、喝、玩、乐》以及《中国园林之特征》等专题。

九、12月31日被任命为中国公共外交协会副会长。

杨天石　馆员

一、1月5日至8日，赴英国伦敦牛津大学参加中国抗日战争国际讨论会，发表报告《绥远抗战与蒋介石对日政策的转变》。

二、1月9日至13日，赴奥地利维也纳大学参加中国辛亥革命国际讨论会，发表报告《孙中山的社会选择与百年中国的发展道路》。

三、1月23日至28日，赴苏州、常熟、江阴等地进行学术访问，参观南社纪念馆、翁同龢纪念馆等处。

四、2月7日至10日，赴西安交通大学作学术演讲。

五、2月18日至20日，赴深圳作学术演讲。

六、2月21日至25日，赴重庆，在红岩纪念馆作学术演讲，接受访谈。

七、3月12日， 接受台湾记者唐一宁为搜狐网站关于蒋介石的节目采访。

八、3月14日至16日，赴香山饭店参加《中国地域文化通览》编撰会议。

九、3月21日，出席三联书店为台湾版《中国文化知识丛书》座谈会并发言，第二天，《北京青年报》曾予报道。

十、3月22日，参加中华书局成立100周年纪念大会。

十一、3月25日至27日，赴香山饭店参加《中国地域文化通览》编撰会议。

十二、3月27日，为中国科学院研究生院讲课。

十三、4月5日，赴腾讯网站演讲。

十四、4月12日至15日，赴深圳进行学术演讲。

十五、4月26日至27日，赴江苏周庄参加南社学术讨论会。

十六、5月5日，应邀参加北京大学杰出校友座谈会。

十七、5月7日至10日，参加《中国地域文化通览》编撰会议。

十八、6月7日，赴杭州浙江大学参加蒋介石与近代中国国际讨论会。在开幕式作主题报告。

十九、6月15日，赴人民大学为宜兴市干部训练班讲课。

二十、7月7日至8日，参加北京新文化运动纪念馆展出方案论证会。

二十一、7月16日至22日，赴内蒙古赤峰、呼和浩特作文化考察。

二十二、7月22日，参加广西师范大学出版社关于杨奎松四卷本《革命》一书的座谈会。

二十三、7月27日，在国家博物馆讲《蒋介石日记——中国近现代历史研究的富矿》。

二十四、8月11日，出席腾讯历史沙龙第1期。

二十五、8月19日，赴厦门、金门，为中日历史研究班讲课。

二十六、9月13日至14日，参加台北“国史馆”所举办的学术讨论会。

二十七、9月18日，为首都图书馆拍摄纪录片。

二十八、9月19日至20日，参加《中国地域文化通览》编撰会。

二十九、9月22日，接受上海电视台访问，谈卫立煌。

三十、9月26日至29日，赴重庆，参加王光祈讨论会，后赴成都在西南民族大学、四川大学演讲。

三十一、10月11日至20日，赴四川采风。

三十二、10月24日，参加国家图书馆《东京国际军事庭审判日本甲级战犯庭审记录》出版座谈会并发言。

三十三、10月27日至30日，赴杭州，作《蒋介石其人》的学术演讲。赴莫干山作学术考察。

三十四、11月4日，赴朝阳区图书馆作学术报告。

三十五、11月8日，为中国科学院研究生院上课。

三十六、11月9日，参加社科院文学研究所关于白先勇的学术讨论会，发表报告。

三十七、11月14日，接受上海图书馆杨敏关于民国报刊的采访。

三十八、11月15日，为中国科学院研究生院上课。

三十九、11月18日，接受上海电视台采访，谈蒋经国。

四十、11月20日至21日，陈其美之孙陈泽祥自美国来访，谈陈其美与韩国独立运动。

四十一、11月29日至12月2日，参加上海复旦大学举办的“现状与未来·档案典藏机构与近代人物”学术研讨会，发表学术报告。

四十二、12月2日，接受上海电视台访问，谈吴国桢、孔祥熙、抗战期间的中日谈判。

四十三、12月5日，受聘为国家图书馆民国文献保护工作专家委员会顾问，出席委员会第一次会议。

四十四、12月6日，出席凤凰网“名博”聚会。

四十五、12月8日，受聘为北京断代史顾问，出席断代北京史编写会议。

四十六、12月10日，参加中国社科院老干局科研著作立项评审会。

四十七、12月18日至20日，为广西文史馆、参事室作报告：我怎样当好馆员。

四十八、本年，为中国科学出版社、台湾中研院近史所、中信出版社及国家清史编纂委员会等审核稿件6部。

杨福家 馆员

一、在全国各地作22次演讲，其中包括：3月14日，在上海应用技术学院作题为《强国必先强教》的专题报告；9月5日，在上海青年管理干部学院作题为《科学与文史》的主题讲座；9月27日，在重庆师范大学“重庆市2012年科学道德和学风建设宣讲教育报告会”上作报告。

二、《年轻人怎样成长——在上海青年干部管理学院的演讲》刊于《解放日报》（9月22日），《新华文摘》（第24期）转载。

三、《中国高等教育须力戒浮躁》刊于《中国科学报》（10月10日）。

四、《杨福家办学记》（李静著）刊于《瞭望东方周刊》（第49期）。

韩美林 馆员

一、2011年12月26日至2012年2月8日，“韩美林艺术大展”在中国国家博物馆举行，这也是中国国家博物馆首次举办大规模个人作品展。在开幕式上，中国文化部部长蔡武、中国国家博物馆馆长吕章申、中国文联副主席冯骥才等致贺词。时任全国政协主席贾庆林、国务委员刘延东也到国博参观了韩美林艺术大展。展览展出了富有激情和创造力的作品《天书》，其在文字史、书法史、文化史上都具有较高的学术价值。展览展陈面积6000平方米，包含绘画、书法、雕塑、陶瓷新作3200余件。

二、2月8日，“韩美林艺术大展”在中国国家博物馆闭幕，向国家博物馆捐赠20件多个门类的艺术作品，并举办“大变革时代与韩美林艺术学术研讨会”，中国文联副主席冯骥才、文化部副部长王文章、著名书法家欧阳中石、中国国家博物馆馆长吕章申、中国文联副主席冯远等40余位学者、美术理论家出席研讨会。研讨会旨在从专业的角度和理论的高度对韩美林的作品进行回顾和总结，探讨在新时代变革中韩美林作品与时代的关系，以及对中国当代艺术的影响，并客观思考韩美林艺术的得失。

三、2月，在中国国家博物馆举办《天·地·人·艺》主题讲座。

四、4月，在广东省深圳市南方科技大学举办《艺术与人生》主题讲座。

五、4月，作品参展广州美术学院“第二节广东当代陶艺大展”。

六、6月，作品参展中国美术学院“第八届中国当代青年陶艺家作品双年展”。

七、6月，作品参展雕塑杂志社“2013中国雕塑年鉴展”。

八、7月，作品参展中国国家博物馆“中国百年雕塑作品展”。

九、9月，作品参展国家画院“艺术·经典——中国国家画院美术作品展览”。

十、11月22日，中国价值城市颁奖典礼在北京举行，荣获2012年度中国城市再设计思想家奖。

十一、12月5日，与全国政协副主席郑万通、全国政协副主席王志珍、中国美术家协会分党组书记吴长江先生等出席由中国美术家协会在中华世纪坛举办的“首届中国当代陶瓷艺术大展”并致辞。

十二、12月，参加解放日报第59届文化讲坛——“城市建筑的文化品质”，主讲发言。

十三、12月，作品参展中国美术家协会陶艺委员会“首届中国当代陶瓷艺术大展”。

杜廼松 馆员

一、会议和活动

1. 听取参事室和文史馆组织的有关党的十八大的传达报告，并参加学习讨论，精心作了发言。

2. 岁末参加中央国家机关组织的党外人士迎新年联欢会。

3. 支持文史馆网站工作，为其撰写《从燕园到故宫——学习与研究的点滴体会》等文论。

4. 为中央文史研究馆和全国书协组织的，光明日报出版社出版的《全国书法名家楹联大展作品集——道德的力量》撰书并书写钟鼎文楹联。

5. 为庆祝党的十八大胜利召开，故宫博物院与南京博物院在故宫神武门联展书画作品，应邀参展了作品。

6. 4月参加文化部中国文化传媒集团《艺术市场》杂志有限责任公司成立大会，作为嘉宾并为获奖书画家颁奖。

7. 参加中国文物学会组织的2012年的老年专家的重阳节活动，并在北京国子监看了“大成礼乐”等古代经典表演。

二、有关学术活动

1. 4 月下旬参加了北京大学举办的“北大考古 90 年”和“考古专业 60 年”的隆重庆典活动。事前接受了活动组采访，并在庆典时受到采访。

2. 受台湾郎世宁艺术博物馆邀请，进行学术交流。

3. 为北京大学传媒学院高级研究班讲古文字和青铜器艺术等专题。

4. 参加故宫博物院学术委员会组织的“09—11 年科研与出版成果评奖”会议。对院内所报研究课题进行审读，并研究讨论。

5. 对有关刊物来稿进行审读后，提出意见。

6. 2012 年先后发表了一些论述，例如：

《文艺评论：感悟杏坛弦歌》，克拉玛依日报，5 月 9 日。

《青铜器总序言》，载《故宫青铜器馆》图集，故宫出版社，8 月。

《宣德炉不是一个传说，〈宣德炉研究——故宫藏宣铜器的整理与研究〉的科学视角》，《中国文物报》，11 月 3 日。

《谈虢国墓地新出铜器》，载《虢史与虢文化研究》，河南科学技术出版社。

专著《大师说器：杜廼松说青铜器与铭文》，上海辞书出版社，10 月。

金鸿钧 馆员

一、1 月至 3 月，创作《香远益清》（6 尺工笔重彩荷花鸳鸯），为 2013 年个人回顾展做准备。

二、2 月 12 日，参加中国和平统一促进会书画家联谊会，主持联席会议讨论全年工作。

三、3 月，创作“白荷蜻蜓”“清露”二幅作品入选《中国画史·荷花精品集》画册。

四、4 月，向馆领导申请中央文史研究馆作为 2013 年“金鸿钧从艺 60 年回顾展”主办单位。获准后，又向中国美术馆申请使用一楼圆厅，为2013年从艺60年回顾展举办展地。

五、6月7日至15日，上半年多次参与“中国画传承的危机及对策”调研小组活动，参与调研和发言起草工作，6月7日完成定稿。

六、6月17日至19日，到京西宾馆参加中国和平统一促进会第8届2次理事大会，受到贾庆林主席接见。

七、6月24日，去钓鱼台芳菲园参加“海峡两岸关系协会书画交流分会”成立大会，接受聘书被聘为创会理事。

八、8月16日，被中国美术家协会聘任为“2012全国中国工笔画展”评委会委员，参加评选工作。

九、9月9日，赴江苏常州市参加著名工笔花鸟女画家刘菊情画展开幕式及艺术研讨会，并在开幕式和研讨会上做了发言。

十、9月17日，创作《春色满园》（120cm×240cm）参加由中央文史研究馆和广西文史研究馆在第九届“中国——东盟博览会”期间举办的“美丽广西”中国画展，并出版大型画册。

十一、9月，线装书局出版《美的使者——金鸿钧工笔重彩花鸟艺术论文集》，大16开，330页。

十二、10月28日，为中央文史研究馆书画院举办的“中华书画艺术鉴赏研习班”（第七期）做讲座：“历代工笔花鸟画的发展，代表画家和风格流派”。

十三、10月至次年2月，创作“松鹤长春”大画（145cm×360cm），准备个展。

十四、12月，光明日报出版社出版个人画集《百年东方美术——金鸿钧作品集》，8开，发表作品25幅。

十五、12月，《德泰艺术·视界》第4期“名家聚焦”栏目发表张晓军、贾秀娟文章：“鸟语花香画中人——工笔花鸟画家金鸿钧专访”。同时发表薛永年文章《形真、境洞、意新——评金鸿钧的工笔花鸟画》。发表作品12幅。

陈高华 馆员

一、4月，《元代江南禅教之争》刊于《隋唐宋辽金元史论丛》（第2辑）。

二、《元代的诸路释教总统所》刊于《文史》（第3辑）。

金默如 馆员

一、提名为“寥廓而隽永 错落而别致”的书画作品在“艺术镜报”发表刊登。

二、参加保利艺术品拍卖公司举办的“王雪涛诞辰100周年”画展，展出作品并出版画册。

三、收藏报出版“中国著名画家金默如——花鸟画作品选”专刊。

四、中国嘉德拍卖公司出版2013年金默如作品台历。

樊锦诗 馆员

一、2月16日至20日，随“发现中国——考古讲座小组”前往埃及进行文化交流和学术考察，在中国驻埃及大使馆、开罗中国文化中心发表专题演讲：《中国的世界文化遗产地——敦煌莫高窟》。

二、2月20日至25日，随“发现中国——考古讲座小组”前往希腊进行文化交流和学术考察。在希腊雅典贝纳基中心发表专题演讲：《中国的世界文化遗产地——敦煌莫高窟》。

三、5月13日至16日，应邀参加为庆祝香港特别行政区成立15周年、香港大学百年华诞，由香港驻伦敦经济贸易办事处、国际敦煌项目以及大英图书馆在大英图书馆会议中心共同举办以“敦煌与香港：通往古代及现代中国之门”为主题的研讨会，并作了主题发言：《敦煌莫高窟艺术表现的东西方贸易和文化往来——兼谈敦煌莫高窟保护》。

四、8月19日至22日，应邀参加由日本神户大学美术史学部举办的“敦煌·丝绸之路国际学术研讨会”，并作学术报告：《从莫高窟壁画看日中文化交流》。

五、8月23日，应邀参加由日本创价学会和东洋哲学研究所联合举办的“法华经——和平与共生的启示展”的开幕式，并在神户市国际文化交流中心做专题演讲：《敦煌石窟中见到的东西贸易与文化交流》。

六、11月1日，应邀参加上海博物馆举办的“‘博物馆的文化’力量——国际博物馆馆长高峰论坛”，并发表主题演讲：《满足人民文化需求，充分展示敦煌文化艺术魅力》。

七、11月18日至27日，应邀赴土耳其开展文化交流活动，参加由中国文化部、土耳其文化旅游部和中国驻土耳其大使馆共同举办、敦煌研究院和中国对外文化集团公司共同承办的“印象敦煌——中国文化大展”开幕式，并发表演讲：《敦煌壁画中所见到的东西方贸易和文化往来》。

王永炎　馆员

一、3月17日，北京市中医药管理局、东城区国家中医药综合改革试验区办公室在北京市国子监彝伦堂举办了以“明礼求学、奉师传道”为主题的“金世元、王永炎医药圆融联合收徒拜师会”。中国中医科学院黄璐琦研究员等9位优秀中青年中医药专家，共同拜王永炎院士、金世元主任药师为师。卫生部副部长、国家中医药管理局局长王国强，国家中医药管理局副局长吴刚，中国中医科学院党委书记王志勇，北京市中医药管理局副局长屠志涛，国医大师路志正等出席了拜师仪式。

二、3 月，与张伯礼、张允岭合作主编的《中医临床丛书：今日中医推拿》由人民卫生出版社出版。本书选取了推拿专科常见的且推拿治疗疗效较为确切的十个病证，即颈椎病、腰椎间盘突出症、急性腰扭伤、肩关节周围炎、膝关节骨性关节炎、中风、乳痈、痛经、小儿肌性斜颈和小儿腹泻，基本反映出推拿学科今日的发展情况和疗效水平。

三、10 月，主编的《中药上市后临床再评价设计方法与实施》由人民卫生出版社出版。本书力图在中药上市后临床再评价研究领域体现出实用性、先进性、科学性、系统性，尤其着力于在突出中医特色方面能有所创新。

四、11 月，《中医名家名师讲稿丛书：王永炎中医心脑病证讲稿》（郭蓉娟、张允岭整理）由人民卫生出版社出版。本书分绪论篇和各论篇，绪论篇为内科学原理，阐述了王永炎教授对中医内科学原理方面长期思考的心得与认识；各论篇为心脑病证，设有中风、胸痹心痛、心悸、头痛、眩晕、不寐、昏迷、癫痫、痿证、痉证、癫狂、郁证、颤振、厥证、痴呆 15 个病证，每一病证按“概述”、“病因病机”、“临床表现”、“鉴别诊断”、“辨证论治”、“转归预后”、“预防护理”、“小结”、“现代研究”梳理编写。

五、5 月 5 日，2012 中国脑卒中大会在北京市举行，在“中西医结合卒中论坛”作题为《面对学科发展问题的思考》的演讲。

六、全年在《中国中药杂志》发表论文六篇，分别为《基本药物制度下大中药产业发展的若干思考》、《中医药临床实效研究——中药注射剂注册登记式医院集中监测方案解读》（与杨薇、谢雁鸣合著）、《中药调剂关键技术体系构建思考》（与翟华强、王燕平、金世元合著）、《以六艺之学强化中药调剂人员道德责任的思考》（与翟华强、王燕平、金世元合著）、《中药处方脚注的继承与发展》（与翟华强、王燕平、金世元合著）、《略论中药斗谱的合理设置》（与翟华强、王燕平、金世元合著）、《构建饮片质量保障体系，确保中药临床疗效》（与肖永庆、张村、李丽、江云、许冬瑾、顾振荣合著）、《关于中药上市后的风险评估与风险管理的思考》（与余学庆、谢雁鸣合著）。

杨延文 馆员

一、《画界》（三月号）刊发画作《海湾》《节日的悉尼》。

二、2 月 3 日，《人民政协报》刊发画作《林隐》《心潮》。

三、4 月 8 日，中央电视台发现之旅频道播出“岁月丹青——画家杨延文专题纪录片”（30 分钟，由中央新闻纪录电影制片厂、中国国家画院联合录制）。

四、6 月，中国国家画院主编，中国文联出版社出版的《聚焦西部 10 年中国画作品集》刊发画作五幅，分别是《小放牛》《涛声依旧》《高原人家》《黄土情》《月牙泉》。

五、6 月 24 日，由百雅轩文化艺术机构主办的“苦瓜家园——2012 年吴冠中师生作品展”在 798 艺术中心开幕，展出画作十幅，分别是《安锡古桥》《乡村码头》《咏梅》《寻梅》《与梅共语》《花知否》《秦皇岛外打渔船》《乱花渐欲迷人眼》《春风杨柳小教堂》《西班牙广场》。

六、7 月 9 日，《北京商报》D4 版刊发《画家杨延文访谈录》。

张立辰 馆员

一、陈是吾撰文《艺术是我们家庭的中心问题——张立辰合家谈话录》，刊发于《中国画画刊》（第二期）。

二、8月8日，由中央美术学院、东营市文联主办的“中央美院张立辰中国写意画高研班作品邀请展”在山东省东营市长青美术馆开幕，展览展出了中央美术学院张立辰中国写意高研班的近百幅部分师生作品。

三、9月27日，由中央美术学院中国画学院、东港市委、市政府主办的“中央美术学院张立辰先生中国写意画精神高级研究班东北写生基地挂牌仪式暨师生作品展”在东港市图书馆举行。丹东市委、市政府部分领导同志及中央美术学院部分师生出席仪式。

四、11月20日，“中央美术学院中国画学院张立辰中国写意画创作高级研究班毕业作品展”在中央美术学院开幕，与中央美术学院院长、中央文史研究馆馆员潘公凯，中央美术学院中国画学院院长唐勇力，中央美术学院博士生导师、著名美术理论家邵大箴出席开幕式，并发表讲话。展览展出作品120件，均为学员新作。

五、12月1日，《中央美术学院中国画学院张立辰中国写意画高级创作研究班毕业作品集》由北京工艺美术出版社出版。

马振声 馆员

一、1月14日至20日，应白俄罗斯共和国工商会之邀，在白俄罗斯明斯克举办“庆祝中白建交20周年——中国名家书画展”。中央文史研究馆书画院院长马振声任团长，作品《行吟图》、《戈壁行》参展。

二、4月至8月，中央文史研究馆书画院由马振声院长带队，先后赴云南西双版纳、丽江、昆明等地进行了3次采风写生活动并组织创作，创作国画作品《吉祥雨》。

三、6月，“继往开来”——纪念毛泽东同志《在延安文艺座谈会上的讲话》发表70周年暨中央文史研究馆书画院成立5周年书画展在广东、黑龙江、安徽举行。马振声院长率艺委会专家分别出席了以上三地书画展开幕式，并对展出的作品进行评审。

四、8月赴东欧参观考察。

五、9月，马振声先生出席由中央文史研究馆书画院和广西壮族自治区文史研究馆联合主办的“美丽广西——庆祝第九届中国—东盟博览会中国画展”活动，作品《牧春图》参展。

六、10月27日至11月3日，由马振声院长带队，中央文史研究馆书画院一行在澳大利亚墨尔本市维多利亚州艺术家协会美术馆举办“庆祝中国·澳大利亚建交40周年——中国名家书画展”，作品《傣家女》、《金秋硕果》参展。

七、12月28日至29日，马振声先生参加中国美术家协会蒋兆和艺术研究会理事会会议。

郭怡孮 馆员

一、继续担任中央美术学院教授，造型艺术研究所博士生导师。

二、继续担任中国画学会会长，中国美术家协会中国画艺术委员会主任，中国和平统一促进会书画联谊会会长，中国国家画院中国画院副院长，中国艺术研究院中国画院名誉院长。

三、4月，中国画学会与潍坊市人民政府联合主办第二届中国画节，为第二届中国画节作品集撰写序言。会议期间举办了中国画高峰论谈。参与筹备工作，并出席开幕式。

四、4月，中国画学会举办《河山新貌，盛世丹青——两岸画福建活动》，参加了写生、展览和研讨活动。

五、6月，《万里黄河颂》画卷创作启动仪式在北京钓鱼台国宾馆举行新闻发布会，此创作预计历时两年完成，将组织当代优秀艺术家倾力合作，从黄河源头到入海口深入生活，写生创作，是美术界的一项大工程。

六、7月，中国画学会工作年会在北京召开，在会上做主旨发言。

七、创作百幅册页，为出版《百花谱、色彩鉴》一书做准备。

八、赴广州参加广州美院方楚雄先生教学研讨会，并在广州美术学院作学术报告。

九、12月，参加北京电视台2013年春晚节目《美丽中国》花鸟画百花齐放的组织和创作工作。

十、在太原举办个人画展。

刘梦溪 馆员

一、学术活动

1月1日，应邀担任国家图书馆文津讲座主讲嘉宾，演讲题目为《元旦开篇——文化与传统漫谈》。

5月4日，为文化部机关干部讲传统文化问题。

8月23日，记者长篇访谈对话《如何填补时代的价值缺失——访中国艺术研究院中国文化研究所所长刘梦溪》在上海《社会科学报》刊出。

8月25日，应大连图书馆之邀，为其主办的文化讲座讲《国学和国民教育》。

8月26日，为新闻出版研究院主办的国家机关中层研讨班演讲，题目为《中国传统文化价值理念的现代意义》。

9月6日，出席中美第三届文化论坛，担任中方主讲嘉宾，以《“将无同”——文化融合是人类未来的大趋势》为题报告论文。

9月25日，为中国艺术研究院新入学博硕士研究生讲第一课，讲题为《修身从知耻开始》。

9月27日、28日，赴曲阜出席世界儒学大会第五届年会，提交的论文为《国学与国民教育》，在27日全体会上发表；28日为孔子诞辰日，参加孔庙祭孔大典，担任学者献礼嘉宾。

10月11日，随国务院参事室陈进玉主任等莅北京实验二小，出席“国学润心田”活动。

10月12日，应胡德平会长之邀，赴植物园参加曹雪芹艺术节开幕仪式。

10月18日，出席中国艺术研究院祝贺莫言获诺贝尔文学奖座谈会，发言略谓：莫言的作品触及到了乡土中国社会经络的痛阈，写出了人性的挣扎与坚韧。尽管诺贝尔奖有自己的潜台词，但这一次莫言的获奖，是给一个真正的中国作家的，是给纯粹的中国文学的。

10月23日，为北京第二实验小学教师讲国学的意义。

10月25日，应北京外国语大学之邀，为该院师生讲“中国文化如何走出去”。

11月10日，应邀担任深圳读书月论坛主讲嘉宾，讲题为《读书与修身》。

12月13日，2012年两岸人文对话在北大举行，大陆中华文化促进会和台湾太平洋文化基金会共同举办，北大协办。双方各5位学者与会，大陆方面为许嘉璐、刘梦溪、葛兆光、金灿荣、何亮亮；台湾方面为钱复、傅佩荣、包宗和、陈哲明（公孙策）、郑贞铭。文促会常务副会长王石主持，北大周其凤校长致辞。对话开始，与傅佩荣教授为第一组合，发言题目为《“将无同”——人类的未来将走向文化融合》。下午各组合研讨完毕，许嘉璐、钱复总结。

二、发表论文

《信仰与中国文化的特性》，连载于2月17日、23日《中国纪检监察报》，2012年《新华文摘》第9期全文转载。

《漫谈中国传统文化的价值理念》，载3月5日《人民政协报》“国学版”。

《一国之内也应尊重文化差异》，载3月8日上海《社会科学报》。

《慈禧的第二次杀机和陈三立的“倒后复帝”活动》，载6月24日《上海书评》。

《国学与国民教育》，载7月9日《科学时报》。

《中国传统文化价值理念的现代意义》，分上下两篇，载《紫光阁》杂志第10期、第11期。

《“将无同”：人类未来大趋势》，载12月31日《光明日报》“国学”专版。

宋雨桂 馆员

一、6月22日至24日，保利•康桥艺术节在沈阳市举行，作为六场艺术活动之一，“中国当代美术大师宋雨桂书画精品展”与“中国现代美术大师徐悲鸿、张大千、齐白石作品特展”等活动在保利康桥营销体验中心举行。

二、7月13日，由中国对外文化交流协会、中国文化艺术发展促进会、北京奥林匹克促进会共同举办的“创意城市•2012伦敦美术大展”暨“2012（伦敦）奥林匹克美术大会北京特邀展”在中国美术馆开幕，受邀与百余位艺术家为画展创作作品130余幅。之后作品将赴伦敦，在巴比肯艺术中心举行的“创意城市•2012伦敦美术大展”暨“2012（伦敦）奥林匹克美术大会”中展出。

白少帆 馆员

一、继续担任中央文史研究馆与上海市文史研究馆主办的《世纪》杂志顾问一职。

二、4月25日至27日，与中央文史研究馆馆员程毅中、赵仁珪先生赴河北省保定市文化考察。

三、8月19日至22日，出席由中华诗词研究院在黑龙江省哈尔滨市举办的“文史馆馆员‘当代中华诗词创作与研究’理论研讨会”。研讨会就中华诗词的当代审美取向、建立中华诗词的当代声誉、促成中华诗词的大众阅读等问题进行了讨论。

四、11月13日，“当代中华诗词创作与研究理论研讨会”在湖北省武汉市举行。与中央文史研究馆馆员程毅中、赵仁珪等先生出席研讨会，探讨如何进一步推动中华诗词的传承、繁荣和发展，研究如何发挥文史馆馆员在弘扬中华诗词中的引领作用。

五、12月8日，出席由《北京大学研究生学志》和湖南理工学院文学院在北京大学举办的“《中国新时期学术热点研究》研讨会”。

王立平 馆员

一、作为来宾参加了党的十八大开幕式和闭幕式。

二、5月在香港举办了两场《红楼梦》专场音乐会，由著名指挥家阎惠昌指挥，香港中乐团演出了根据王立平创作的87版的电视连续剧《红楼梦》音乐主题改编的《红楼梦》小提琴协奏曲（香港著名女小提琴家姚珏演奏）、《红楼梦》大提琴协奏曲（旅德著名华裔大提琴家李垂谊演奏）和王立平改编的《红楼梦》民族管弦乐组曲中的三首乐曲。音乐会获得成功并受到好评，两场音乐会的票全部提前售完。

三、赴美国专程观摩音乐剧，在纽约、洛杉矶、拉斯维加斯、旧金山等地观看了九场音乐剧、音乐会和大型表演，还会见了当地相关专家和专业人士。

四、继续创作音乐剧《红楼梦》音乐。

五、在国家大剧院举办《音乐与生活》讲座。

六、在国家大剧院演出《梦系红楼》王立平作品音乐会。

七、应邀为纪念北京人民艺术剧院建院60周年原创剧目《甲子园》创作音乐。并获最佳音乐创作奖。

八、参加中国摄影家协会第八次代表大会，并当选大会主席团成员，经大会选举连任中国摄影家协会理事。

九、参加第十一届全国政协第五次会议，并参加全部四次常委会会议。

十、随全国政协代表团陪同政协副主席张梅颖访问南美洲巴西、秘鲁、委内瑞拉。

薛永年 馆员

一、主要活动

2月，被聘为《中国书法》编委。

3月，在京主持中国美术家协会理论委员会主办“为中国美术立言”的首届“高端论坛”——“美术理论与文化强国”研讨会，发表论文《美术理论与文化自觉》。

3月，应邀赴深圳为坪山新区美术馆首届美术大讲堂演讲《中国画鉴赏》。

3月，应邀为中国美术馆举办的《邓拓捐赠中国古代绘画精品特展》举行讲座：《邓拓收藏与清代非主流绘画》。

5月，在北京人民大会堂出席由国务院参事室、中央文史研究馆主办的“启功先生诞辰100周年座谈会”，发表缅怀文章《世范人师有典型》。

7月，出任李可染画院副院长，在京出席李可染画院成立大会。

9月，赴澳门出席澳门艺术博物馆举办的《云林宗脉——新安画派书画学术研讨会》，发表论文《戴本孝的一画论与枯淡风》。

9月，自书诗词11件参加澳门艺术博物馆的《龙集壬辰——学者书法展览》。

9月，应邀担任《故宫画谱》主编，开始主持编写工作。

10，赴苏州出席“当代中国画大展研讨会”。

11月，赴上海出席上海博物馆建馆60周年 “翰墨荟萃——美国藏中国五代宋元书画珍品展”开幕并参加《翰墨荟萃——图像与艺术史国际学术研讨会》，发表论文《关于九歌图的几个问题》。

11月，在京出席关山月美术馆、中国美术家协会理论委员会及中国近现代美术研究中心共同主办的《关山月与20世纪中国美术——纪念关山月诞辰100周年国际学术研讨会》，任研讨会主席之一并发表论文《天人之际的画中探索——从＜侵略者的下场＞到＜绿色长城＞》。

11月，经读者推荐、投票和专家评审，获“2012年度美术报年度人物”称号，获奖词称“作为新中国成立后的第一代专业美术史家，几十年来薛永年致力于中国书画史尤其是明清文人画的研究。尤为可贵的是，他还始终保持着对美术史作为一个整体学科的反思和自觉。今年3月‘为中国美术立言——首届美术理论与文化强国’研讨会上，发表了《美术理论强国战略与文化自觉》的论坛综述，呼吁美术界要站在文化战略的高度认识美术理论建设。文章从失语失信于批评标准、国际语境与文化自觉、构建当代的中国美术理论等几个方面进行了论述，在美术界产生了重要影响。”

本年，还多次参加了中央文史研究馆《中国地域文化通览》的审稿会议、中央文史馆书画院 “中国画传承与保护”课题的各地调研活动。

二、发表论文情况

2月，《中国画的现状与发展》（据在黄公望故里行的讲座整理），刊于《中华书画家》2月号（总28期）。同月，《金石全形拓与缶庐博古图》，刊于《与古为徒——吴昌硕书画篆刻学术研讨会论文集》，澳门艺术博物馆，2012年2月。

3月，《美术理论：强国战略与文化自觉》，刊于《美术观察》第6期总202期；并刊于《光明日报》3月30日，题为《美术理论与文化自觉》；又发表于《美术报》4月14日第八版，改题为《美术批评失语失信》；又转载于《雅颂风》艺术月刊5月号。同月，《卷轴书法形制源流考略序言》，刊于《卷轴书法形制源流考略》，上海社会科学院出版社。《书画鉴考与美术史研究序》以《开拓书画鉴藏研究的新生面——书画鉴考与美术史研究》为标题，重发于3月17日18版。

4月，《新时期美术史研究论评》，刊于《画院》4月号总第013期。

5月，《扬州八怪的款题与印章》，刊于《中国书法》5期，总229期。同月，《徐邦达与书画鉴定学》，刊于《荣宝斋》5期，总第90期。

6月，《饶宗颐先生的学者画》，刊于《陶铸古今——饶宗颐学术艺术展暨研讨会纪实》，故宫博物院编，故宫出版社。

7月，《明末清初金陵画坛研究序》，刊于吕晓著《明末清初金陵画坛研究》，广西美术出版社。同月，《洋风姑苏版研究序》，刊于张烨《洋风姑苏版研究》，文物出版社。同月，《奉常祖孙——“二王”的艺术蹊径》，刊于《南宗正脉：画坛地理学》，北京大学出版社。同月，《世范人师有典型》，刊于《国是咨询》（内部）第5期，总第129期。

8月，《宋代画院研究序》，刊于《美术研究》第3期。

9月，《故宫画谱序》，刊于《中国历代名画技法精讲：故宫画谱》，故宫出版社。同月，《十年崛起与传统重光》，刊于《人民日报》9月2日第8版副刊。

12月，《百年山水论雄才》，载于《当代中国画》第6期，总46期。

12月，《高碑回望与云齐——赵望云三题》，载《赵望云研究文集》下卷，人民美术出版社。

杨力舟 馆员

一、5月，参加“中原行采风活动”，赴河南省采风写生，创作反映南水北调工程的画作《安居》。9月，“中国当代著名画家中原行作品展”在中国国家博物馆开幕，展出画作《安居》。

二、10月，应邀出席由中国画学会、大同市人民政府、中国美术家协会中国画艺术委员会在山西省大同市举办的“和谐大同·2012全国中国画名家作品展”，并致辞。

赵仁珪 馆员

一、专著

《土水斋诗文选》，线装书局，5月。

《启功诗文选赏析》，文物出版社，6月。

二、主编

《以观沧海——启功百年诞辰纪念文集》，文物出版社，6月。

三、论文

《元伯与东坡》，北京师范大学学报，第5期。

《启功的文化价值》，光明日报，7 月 16 日。

《嘲戏与幽默——启功先生诗词论之一》，人民政协报，5 月 14 日。

《典雅与寄托——启功先生诗词论之二》，人民政协报，5 月 28 日。

《性情与智慧——启功先生诗词论之三》，人民政协报，6 月 11 日。

《伴我孤吟诗万首——启功先生的题画论书诗》，中国文化报，8 月 9 日。

《读启功先生落花四首等诗》收入《以观沧海——启功百年诞辰纪念文集》。

《赵仁珪：当下教育无法“复制”启功》，艺术评论，7 月 30 日。

《如何向启先生学习当教师》，社史研究，第 1 期。

《启功自述》，读者欣赏，10 月号。

四、诗词

《谒元上都遗址》（外三首），内蒙古文化，第 3 期。

五、记者采访

《赓续传统，守正容变——赵仁珪先生谈当代旧体诗词创作及普及》，人民政协报，4 月 2 日。

《启功：“坚净居”里“坚净翁”》，生活周刊，第 29 期。

《说不尽的启先生》，中国文化报，7 月 26 日。

《笑呵呵的先生傲铮铮》，Timeout 北京，9 月 14 日。

《师者启功》，光明日报，7 月 30 日。

《启功百年忆启功》，新华每日电讯，7 月 20 日。

刘大钧 馆员

一、3月，专著《周易纳甲筮法》由上海学林出版社出版。本书是刘大钧关于民间最为流行的周易占卜方法——纳甲筮法（又称铜钱卦）的讲座记录，通过婚恋、疾病、官运、求财等实例讲述了纳甲筮法的占卜原理及方法。通过《周易纳甲筮法》读者可以深刻领会周易作为卜筮之书的特点，并进而学习周易刚健、包容、谦恭、变通等哲学精髓。

二、6月8日至10日，“第五届心理分析与中国文化国际论坛”在澳门大学举行，论坛由国际分析心理学会（IAAP）、国际沙盘游戏治疗学会（ISST）、澳门大学（UM）、澳门城市大学（CUM），以及华人心理分析联合会（CFAP）举办。作大会报告“《易经》中的易象及其意义”，报告从卦象以及卦变入手，结合对荣格心理分析之“共时性”原理的阐释，以《易经》中的“时物”为总结，彰显格物致知的道理。

三、6月25日，“刘大钧教授载誉归来与中国经学研究前瞻座谈会”在山东大学举行，山东大学校长徐显明讲话，副校长樊丽明主持座谈会，副校长娄红祥出席座谈会。徐显明校长对刘大钧教授获聘为中央文史研究馆馆员表示热烈祝贺，并表示中央文史研究馆馆员既是一种职务，更是一种崇高的荣誉，对于这种荣誉，山东大学师生要一起分享并给予最高的尊重。

四、11月9日至13日，与山东大学易学与中国古代哲学研究中心一行8人，参加台湾中华易经学会、台湾师范大学国文系在台北市主办的“第五届海峡两岸青年易学论文发表会”，两岸易学界老中青三代学者100余人共襄盛举。

陈祖武　馆员

一、参加中央文史研究馆《中国地域文化通览》审读工作。

二、参加国家社科基金年度评审及重大招标项目答辩会议。

三、参加国务院新闻办对图书推广小组评审会议。

四、参加国家新闻出版总署经典中国国际出版工程初审及终审会议。

五、所著《清代学术源流》纳入国家哲学社会科学成果文库，于3月由北京师范大学出版社出版。

六、1998年旧著《清儒学术拾零》纳入明清史学术文库，于11月由故宫出版社再版。

李　燕　馆员

一、主要文化活动

5月6日至7日，策划和组织了《国韵流香大写意·京剧骨子老戏专场》。此次演出有四大亮点，贯穿一条主线：从京戏和国画两种艺术形式的同时呈现，突出中华民族的写意美；以舞台演出和绘画作品的同时展现，显示出中国传统艺术对艺术家修养的全面要求。

演出当天，主办方展出了大写意国画宗师李苦禅先生课图稿真迹，这些力作都是从未面世的。观众们仔细地欣赏着这些精品，体会出苦禅先生的功力和他对教学的认真态度。

表演家蓝天野先生与央视主持人张腾岳，青年新秀何云伟、徐德亮以小品形式穿插其间，中国戏曲学校50年代的学生刘长琦、李长春等人到会捧场，由叶派小生马玉琪、萧长华嫡孙萧润德二位主演。两场演出爆满，吸引了许多年轻人。

6月11日，为济南李苦禅纪念馆建馆24周年，策划和组织了《薪火相传——

李燕书画展》个人画展，并带领自己的学生参与其中，以示传承之意。

9月1日至10日，在北京荣宝斋策划并举办了《苦禅大课堂——李苦禅书画稿展览》，为展览撰写了序言。展品多为首次面世，且均为画稿，生动简练。突出强调了基本功在绘画学习过程中的作用，以提示青年人要打好基础方能创新。此展为期10天，每天上、下午皆聘请1-3位苦禅老人弟子或文化界知名人士开办学术讲座，群众反映作品震撼、讲演生动深刻。“开课”（开幕）之时，国务院参事室副主任方宁等有关领导亦光临会场以示支持。馆员舒乙先生也到场讲了一课，颇受欢迎。

10月，故乡山东高唐参与第七届中国（高唐）书画博览会，期间以中国大陆画家身份参加了台湾著名老画家李奇茂艺术馆在高唐落成开馆的隆重仪式。与专程赴会的中国国民党副主席蒋孝严愉快交流，为促进台海两岸的文化活动做出了积极的努力。

为迎接此次海峡两岸的文化艺术交流活动，作为高唐李苦禅艺术馆的副馆长对展馆内容做了部分调整，同时在馆内举办《艺趣——李燕书画小品展》，热情邀请台湾书画家参观交流。

二、发表的文章与绘画作品

文章：

《繁荣文化，意在信仰》发表于人民出版社主办的《新华月报》2012年增刊。

《漫谈我的漫画》发表于《法制晚报》。

《我的斋号禅易居》发表于全国政协书画室主办的《画界》。

绘画作品：

《中华圣祖黄帝造像》、《净土荷乡理羽图》、《和平起飞》等10余幅作品发表于《中华书画家》（中央文史研究馆主办“国家艺术类大型专业期刊”2012年11月总37期）。

个人画集《大美为真·中国国家画院研究员作品选·李燕》收集李燕先生书画作品64件以及所撰《序》与《写意艺术》（河北美术出版社出版发行）。

尼玛泽仁 馆员

一、2月，被聘为中国友联画院艺委会委员。

二、4月，参加由中国美协组织的四川地震灾区“大美四川”艺术采风活动。

三、7月，参加由中华文化促进会组织的英国伦敦“美术与奥林匹克同行”美术活动，被聘为伦敦“奥林匹克美术大会”艺术指导委员会总顾问。

四、8月，参加由中央文史研究馆书画院组织的东欧艺术采风。

五、11月，参加由全国政协组织的书画界委员赴非洲艺术考察活动。

六、12月，由中国国家画院组织到美国迈阿密参加国际艺术博览会，作品《雪尽马蹄轻》、《白云依然》、《白云深处春色浓》等中国写意画参展。

七、出版个人书画集《尼玛泽仁美术书法精品汇编》。

八、投入大型工笔画《南海观自在菩萨》的创作。

李小可 馆员

一、2月9日至10日，参加“李家山岭南邀请展——从写生到心境的创造历程”。

二、2月9日至19日，在深圳市关山月美术馆举办“藏迹——李小可版画作品展”，并向关山月美术馆捐赠版画作品10幅。

三、参加全国政协“文房四宝”调研活动。

四、荣获北京画院评选的“年度社会贡献奖”。

五、创作10米长巨幅西藏题材作品《远古的回声》，创作7米长巨幅黄山题材作品《黄山天下无》。

六、带领30余名学生到安徽省黄山、山西省王莽岭等地采风写生。

七、被聘为第四届中国美术家协会中国画艺术委员会委员。

八、为纪念李可染诞辰105周年，策划、组织、编辑出版画集《所要者魂——李可染》。

九、7月11日至20日，在中国美术馆举办“水墨家园——李小可水墨作品展”。

十、8月29日至9月3日，作品《雪》参加由北京市文史研究馆、中国美术家协会、中国美术馆在中国美术馆举办的“人文·北京——中国山水画邀请展”。

十一、8月25日至9月5日，赴美国参加《这里是北京》美国ICN入网开播仪式及“北京风云中国画展”展览，期间多次参观美国大都会博物馆、古根汉姆博物馆、纽约现代美术馆、华盛顿国家美术馆等，并拍摄8000余文艺复兴至当代艺术、后现代艺术，特别是印象派以及各类艺术风格的经典名作。

十二、8月19日至29日，随统战部赴西藏自治区采风、写生。

十三、策划、组织于10月12日至16日在山东省高唐县李苦禅纪念馆举办的“山川乡国情——李小可艺术工作室作品展”。

十四、策划、组织于10月25日在北京市京伦饭店举办的“李可染艺术基金会官网上线新闻发布会”。

十五、策划、组织于2012年12月5日至2013年1月9日在北京画院美术馆举办的“临风听禅——李可染的世界（牧牛篇）”，参与编辑画集《临风听禅——李可染的世界·牧牛篇》。

十六、策划、组织于12月6日至10日，在广州市白云国际会展中心举办的“山川乡国情——李小可艺术工作室作品展”。

霍　达 馆员

一、三幕话剧剧本《海棠胡同》，《北京作家》第2期。

二、《霍达作品精选》，长江文艺出版社出版。

三、散文《听海》获中国散文学会授予优秀散文奖。

四、长篇小说《穆斯林的葬礼》，北京十月文艺出版社新1版第30、31次印刷，新2版第1、2、3、4次印刷。

五、《茅盾文学奖全集·穆斯林的葬礼》，人民文学出版社第1版第15、16、17、18、19次印刷。

程大利 馆员

一、3月，接受《藏画导刊》专访《静、淡、慢——由“逸”说开去》，各报刊转载。

二、4月，由国家画院，中国画学会，徐州市委、市政府联合主办的《传承·拓展——程大利师生作品展》在徐州美术馆展出。展出师生作品150件，由江苏美术出版社出版同名画集。新华社、人民日报、光明日报及各专业报刊均作报道。

三、4月，温家宝总理与中央文史研究馆馆员、国务院参事座谈，会上作了题为《中国画传承的危机与对策》的发言。后发表于《国是咨询》。

四、5月，率国家画院学生赴大别山写生；6月，赴广西壮族自治区柳州市写生；完成《大别山写生册》和《柳江即景写生册》。

五、参加国家画院举办的《南北对话——中国当代画家创作成就展》，展出作品4件，编入天津人民出版社出版的同名画集。

六、《中国艺术报》（10月19日）刊登作品10幅及文章《我的笔墨观》，栏目标题为《笔精墨妙壮山河——程大利山水画欣赏》。

七、参加全国政协艺术家团赴阿联酋、土耳其、南非三国考察写生，做《土耳其写生册》和《南非写生册》。

龙　瑞　馆员

一、1月14日，“返本开新——龙瑞、范扬、曾来德山水画作品展”开幕仪式暨学术研讨会在北京绥风艺术馆举行。

二、3月18日，以“正本清源　贴近文脉”为主题的“龙瑞、张复兴、程振国、曾来德中国山水画精品展”在北京市红博馆开幕，画展由文化部中外文化交流中心中国山水画创作院主办，展出了龙瑞、张复兴、程振国、曾来德的50余幅国画精品。

三、4月26日，由文化部、中国美术家协会、中国国家画院、中国美术馆主办的“山水家园——龙瑞作品展”在中国美术馆开幕。全国政协副主席郑万通、中央统战部副部长黄跃金、全国政协副秘书长蒋作君、中国文联副主席胡振民、文化部副部长王文章、致公党中央副主席李卓彬、民革中央副主席何丕洁、国家博物馆馆长吕章申等出席开幕式。王文章在开幕式的讲话中，对龙瑞长期以来坚守中国画的笔墨传统、不断开拓中国画的表现语言、力图创新的求索精神给予了高度评价。展览展出了龙瑞近年来创作的山水画130余幅，其中不乏画幅数米的鸿篇巨制。

四、5月18日，出席由中国美术家协会、江苏省文化厅在江苏省美术馆新馆举办的“第四届全国中国画展”开幕式及学术研讨会。

五、6月30日，北京海润嘉和文化艺术有限公司主办的“艺海掇英——

2012龙瑞、范扬、唐辉中国画精品展”在山西省太原市文联大厦开幕，画展为期7天，展出作品50余幅。

六、9月20日，出席在山东省临沂市展览馆举办的“杜石山水画展”，并致贺词。为画展题词。

七、10月28日至11月4日，“龙瑞袁学军师生书画展”在北京市大钟寺瑞博堂美术馆举办，展览展出作品60余幅，包括龙瑞和袁学军的书画、绘画作品。

八、12月22日，北京睿画廊举办的“龙瑞山水画新作展”在北京睿画廊开幕。

潘公凯 馆员

一、1月16日，由中央美术学院、中国美术家协会、宁波文学艺术界联合会主办的“静水深流——潘公凯作品展”在宁波市美术馆开幕。展览展出约40幅现代写意风格水墨作品，其中以大写意花卉题材为主，尤以表现荷塘夜色情景的居多。其中《高松雪迹图》和《古藤迎春图》特为本次展览创作。在开幕式上，向宁波市美术馆捐赠个人作品《春深荷香图》。

二、4月12日，应邀赴湖南师范大学作题为“现代艺术的边界”的讲座。结合自己在美国学习时发表的论文《论西方现代艺术边界》阐释了艺术与生活的边界问题。

三、9月24日，由潘公凯发起的“中国美术现代之路”学术课题在中国美术馆举办了成果发布会，同时还举办了课题第八次学术研讨会。“中国现代美术之路”课题从1999年启动，潘公凯带领学术团队耗时10余年进行理论建构的重大学术课题，该课题对中国近代以来的美术历程及其中涌现的诸多问题进行了系统回顾和梳理，给20世纪中国美术作出了明确的现代性定位。在课题成果新书发布会上，《中国现代美术之路》、《“四大主义”与中国美术的现代转型》、《现代性与中国文化自主性》、《自觉与中国现代性的探寻》、《中国现代美术之路图鉴》等书推出。9月10日至10月8日，“中国现代美术之路”展览在中国美术馆展出，展示了课题组的研究成果。

四、11月15日，出席由北京大学艺术学院、中央美术学院主办的讲座“跨文化视野看水墨”，与美国艺术家克里夫·罗斯共同讨论他们的艺术创作，讲座由北京大学艺术学院教授彭锋主持。

陶思炎 馆员

一、研究成果

1. 出版专著2种：

中国镇物，上海：东方出版中心，4月版（403千字）；

中国祥物，上海：东方出版中心，4月版（431千字）。

2. 发表论文9篇：

在《民族艺术》、《民俗研究》、《东南大学学报》、《文明》、《社会科学报》、《美术与设计》、《中国艺术报》、《艺术学界》等杂志和报纸发表《论民俗艺术传承的要素》、《从清明柳俗谈柳的文化象征》、《中国园林景观建筑中的民俗观》、《春节文化符号的释读》、《“非遗”保护面临的威胁与对策》、《略谈书法与民俗艺术》等学术文章。

3. 完成国家社科基金项目1项：

主持的国家社科基金项目《民俗艺术学研究》于12月24日通过结项（编号：艺规结字【2012】087号）。

4. 获奖2项：

论文《论民俗艺术学的研究对象与学科特点》，获江苏省哲学社会科学界第六届学术大会优秀论文一等奖（编号：JSSKL2012W017）。

论文《略论江苏的纸马艺术》，获第二届江苏省文艺评论三等奖（2012、12）。

二、主要活动

1.4月，到柬埔寨吴哥窟作文化艺术考察。

2.6月，到香港科技大学访问、交流。

3.12月，在台儿庄参加第三次春节文化论坛。

4.12月，在阆中参加中央文明办和央视“中华长歌行·春节”节目的拍摄。

陈　来 馆员

一、重要活动

1.1月7日至8日，两岸清华“气论与中国哲学”研讨会在清华园举行，作开幕致辞。

2.1月10日，参加在人民大会堂举行的商务印书馆“中华现代学术丛书”发布会并发言，严隽琪副委员长出席。

3.3月8日至9日，参加“复旦大学中华文明国际研究中心成立仪式暨中华文明再认识”论坛，发表主题演讲“三代的文明演进与精神气质”。

4.4月5日，在清华大学大礼堂主讲新人文讲座“传统与现代”。

5.4月7日，在北京大学参加“儒学的复兴——欢迎孔垂长先生暨两岸学者研讨会”并作“儒学复兴的运势”发言。

6.4月15日，在北京大学守仁中心参加邓广铭105年纪念会。

7.4月28日，参加在国际饭店举行的北京市政府参事文史馆馆员聘书颁发仪式，接受了郭金龙市长发予的文史馆馆员聘书。

8.4月29日，在湖南长沙参加中南大学第二届杰出校友颁奖典礼，接受“杰出校友”荣誉称号。颁奖词是：“陈来（清华大学国学研究院院长，当代著名哲学史家）他是新一代的人文大师，以最前沿的思想，最深厚的学养，最透彻的目光，最传神的笔触，为往圣继绝学，替国学写春秋，给中国思想文化勾画最真最确的轨迹，让古老的儒家学说、道家智慧、禅宗颖悟，重新惊艳世界，启迪未来。”

9.5月5日，在好苑建国酒店为中央国家机关团工委、青联主办的“名家谈文化”系列第一期主讲“孔子、儒学对当今世界社会管理的意义”。

10.5月14日，在清华近春园中组部班主讲“儒家思想与现代社会”。

11.5月19日，在山东大学儒学高等研究院讲演“儒学的现代命运”。

12.5月21日，在尼山论坛发言“新人文主义应该具有道德意识”。

13.5月22日，在曲阜师大发言“朱子学在东亚”。

14.6月2日，参加中国人民大学主办的“全球化时代的传统价值、德性与当代社会国际会议”，并作首场报告“孟子的德性论”。

15.6月8日至10日，参加浙江大学主办的“沟通与创造——中西哲学对话”国际研讨会，并作首场报告“柏林论民族主义”。

16.6月11日，在杭州师范大学诚恕讲堂主讲“整理国故运动中的胡适”。

17.6月14日，在国务院参事室参加中央文史馆新聘馆员座谈会。

18.6月15日，在中南海紫光阁参加中央文史馆新聘馆员颁发聘书仪式，接受了温家宝总理颁发的聘书。

19.6月19日至23日，赴台参加台湾中央研究院主办的第四届国际汉学会议，发表报告“梁启超的私德论及其儒学特质”。

20.8月10日至13日，在南通安惠国际中心参加首届国际东西方研究学会年会并发表报告“全球化时代的多元普遍性”。

21.8月17日，在清华团委学习班讲“近代国学的发生与演变”。

22.8月24日，在吉林大学哲学学院作名家讲坛，主讲“近代的国学观念与国学研究”，在吉林大学青年文化书院讲演“孔子与当代中国”。

23.8月25日至26日，参加吉林大学哲学院主办的“当代中国哲学史研究研讨会”并作主题发言“二十世纪儒学的学术研究及其意义”。

24.8月28日至29日，在北京会议中心参加国务院参事室“中国国学中心展陈规划研讨会”并发言。

25.9月18日至20日，在京西宾馆参加国家社科基金重大项目招标评审，任第三组召集人。

26.9月22日，在大连图书馆白云讲座主讲“中日韩三国儒学的历史文化特色”。

27.10月18日，参加北大“华人哲学家大会”并作报告“荀子政治哲学的人性公理”。

28.10月19日，在民族饭店参加山东大学和清华大学、北京师范大学协同创新中心揭牌仪式。

39.10月22日，《光明日报》头版刊登纪念北大哲学系百年文章《中国百年哲学的微缩景观》，其中提到“改革开放后在北大哲学系看冯友兰书，听张岱年课”成长起来的中年学者陈来，现在已经出任中国哲学史学会会长、清华国学研究院院长。2009年至2010年，三联书店出齐了12种《陈来学术论著集》，表明学界对与共和国一同成长起来的学人学术成就的充分认可。

40.10月24日下午，在中南大学科技大楼国际报告厅作专场报告会“孔子与当代中国”。

41.10月23日至25日，参加在湖南大学岳麓书院举办的“传承与创新：

朱子学国际学术研讨会”，作首场主题报告“朱子对洪范皇极的解释”。并最后作大会总结。

42. 10月27日，上午在北京大学大讲堂参加北京大学哲学系百年系庆活动。

43. 11月2日，在中国人民大学国学馆参加首届全国高校国学院院长论坛并致辞。

44. 11月3日上午，参加清华大学国学院主办赵元任先生120周年诞辰纪念会并致辞；下午出席赵元任先生12年诞辰纪念展览揭幕剪彩并致辞；晚上出席赵元任纪念音乐会并致辞。

45. 11月11日至20日，应韩国学术协会（KARC）的邀请，担任第14届（2012年度）“杰出学者特别演讲”（A Series of Special Lectures by Distinguished Scholars）主讲人，对韩国进行了学术访问和系列讲演。11月15、16日两天陈来教授进行了两场演讲，题目分别是“中国文明的哲学思维基础”和“中华文明的价值观与世界观”。讲演之前，11月13日韩国最大的报纸《朝鲜日报》以半版篇幅发表了陈来教授的访谈，在访谈中陈来教授对中国国学热的起因、儒学的特征、儒学与社会主义市场经济、强调儒学道德价值的现代意义、儒学的天下观等问题作了阐明。11月19日陈来教授在成均馆大学作了“儒家的政治哲学”的讲演。

二、著书：

1. 《北京·国学·大学》，北京大学出版社，7月。

2. 《竹简五行篇讲稿》，三联书店，7月。

3. Chen Lai’s Four Essays on Wu Xing Manuscrips, Contemporary Chinese Thought, winter 2011-2012, Vol.43 No.2（陈来《五行四论》英译专号）。

三、论文：

1.《冯友兰的教育实践与教育思想——以其在清华大学为中心》，《中国学术》，第30辑。

2.《逍遥游与庄子的人生观》，《商丘师范学院学报》，5月。

3.《何心隐及其思想》，《文史》，第三辑。

4.《关于儒学和马克思主义》，《光明日报》，4月9日。

5.《陈来：确立中国文化的自主性更需有世界眼光》，《文汇报》，3月26日。

6.《生气流行：朱子哲学中气论的影响》，《澳门理工学报》，4期。

7.《“独立之精神、自由之思想”与大学精神》，《清华大学学报》，6月。

8.《孔子、儒学与治国理政》（上），《紫光阁》，8月。

9.《孔子、儒学与治国理政》（下），《紫光阁》，9月。

10.《王阳明的拔本塞源论》、《学术界》，11月。

11.《西周春秋時代的宗教观念与伦理意识》，载《中国史新论》（思想史分册），台湾联经/中研院，9月。

梁晓声 馆员

一、3月，专著《郁闷的中国人》（28万字）由光明日报出版社出版。

二、9月，专著《恰同学少年》（15万字）由江苏人民出版社出版。

三、创作一部30集现实题材电视剧，以一北京到地方挂职干部，参与地方内陆港建设为主要内容。

馆长馆员诗文作品选

《中国地域文化通览》总绪论

袁行霈

在亚洲的东部，有一片960万平方公里的土地和广袤的海疆，这就是我们中华民族的家。延续了几千年而从未中断过的中华文明，就是在这里发祥并繁荣起来的。

早在《尚书·禹贡》和《山海经》中已有关于中国地域的描述，它们记载了各地的山川、土地、动物、植物、农产、矿产，还记载了一些神话，可以视为有关地域文化的发轫之作。此后出现了许多舆地之书，东汉班固《汉书·地理志》和北魏郦道元《水经注》影响尤为深远。前者记载了西汉的疆域、户口、物产、风俗等；后者通过对《水经》的注解，记录了众多的河流及沿岸的风物，保存了丰富的地理和人文信息。

本书对中国地域文化的研究，重视古代的传统，但就观念、方法、论述的范围、传世文献和考古资料的运用诸方面而言，都跟古代的舆地学有很大区别。本书注重中国文化的空间分布和地域差异，将历时性的考察置于地域之中，而重点在于各地文化的特点和亮点，以及各地文化资源的开发利用。

近二十年来国内学术界出现了不少新的学术生长点和热点，地域研究便是其中之一。本书仅从“地域”这个特定的角度切入，至于中国文化的一般问题则不在本书探讨的范围之内。本书限于传统文化的范围，然而希望以古鉴今，面向未来，有助于当前和今后的文化建设。

一、多源同归与多元互补

打开中国地形图不难发现，自西向东，由高到低，形成三级落差很大的阶梯，其地貌呈现巨大的差异：第一级阶梯是世界上海拔最高的青藏高原，平均海拔在四千米以上，其顶端是喜马拉雅山。青藏高原以东、以北，下降为第二级阶梯，大多为海拔两千至一千米的高原和盆地，主要有云贵高原、黄土高原、内蒙古高原，以及四川盆地、塔里木盆地、准噶尔盆地等。再向东下降为第三级阶梯，即大兴安岭、太行山、巫山及云贵高原东缘以东的地区，为海拔一千米以下的丘陵和二百米以下的平原，主要有东北平原、华北平原、长江中下游平原、东南沿海丘陵[1]。如果从北向南看，则包括了寒温带、温带、亚热带、热带几个气候不同的地区。在幅员如此广大的国土内，从西到东，从北到南，地貌、气温、降水量和生态都有明显的差异。海上则有包括台湾岛、海南岛和南海诸岛在内的许多岛屿，这些岛屿与陆地共同构成中国人十分辽阔而又丰富多彩的生存环境。

在这种自然环境中形成的中国文化，明显地呈现出地域的差异，这些差异乃是统一的中国内部的地域差异，是文化多样性的表现，呈现了丰富多彩的面貌。这是我们对中国地域文化的一个基本认识。

中国文化具有多个发源地：

黄河流域。黄河发源于青海巴颜喀拉山北麓的卡日曲，其干流流经四川、甘肃、宁夏、内蒙古、陕西、山西、河南、山东，全长 5464 公里，流域面积

1 参见《世界地图集》图 7 中华人民共和国说明，中国地图出版社 1987 年版。

75.24万平方公里。黄河有众多的支流，这些支流为中华民族的先民提供了优越的生存环境，特别重要的有渭河、汾河、伊洛河、湟水、无定河，在这些支流的两侧分布着数量众多的古文化遗址，例如黄河上游的马家窑文化，黄河中游的仰韶文化—中原龙山文化，黄河下游的大汶口—龙山文化，证明黄河是中华文明最重要的发祥地[2]。标志着中华文明肇始的夏代[3]，文化已相当发达的商代和周代，这三代的疆域均位于黄河流域，可见黄河在中华文明史上的重要地位。

长江流域。长江发源于青海唐古拉山北麓的各拉丹冬冰峰下，其干流流经西藏、四川、云南、重庆、湖北、湖南、江西、安徽、江苏、上海，全长6300余公里，流域面积达180.72万平方公里。其间分布着许许多多古文化遗址。二十世纪以来新的考古资料证明，长江上游的三星堆文化，长江中游的屈家岭文化，长江下游的河姆渡文化和良渚文化，在陶器、青铜器、玉器的制作，以及城市的建筑等方面都已达到相当发达的程度[4]。老子、庄子、屈原的出现，以及近年来在湖北、湖南出土的大量秦汉简帛和其他文物，证明了当时的楚文化已达到可以与黄河流域的文化并驾齐驱的辉煌程度。毫无疑问，长江跟黄河一样是中华文明的摇篮。

除了黄河、长江以外，辽河流域文化、珠江流域文化，都可以追溯到很早，

---

2 参见侯仁之主编《黄河文化》第一编第一章第四节，华艺出版社1994年版，第29页。袁行霈、严文明、张传玺、楼宇烈主编《中华文明史》第一卷第一章《中华文明的曙光》，北京大学出版社2006年版，第67—73页。

3 上世纪的考古发现，特别是二里头文化的发现，证实了夏朝的存在。参见袁行霈、严文明、张传玺、楼宇烈主编《中华文明史》第一卷第二章《中华文明的肇始》，北京大学出版社2006年版，第95—127页。

4 关于长江流域旧石器和新石器时期的遗址，考古学界有许多发掘报告和研究成果。季羡林主编《长江文化研究文库》中《长江文化议论集》收有陈连开、潘守永《长江流域是中华文明的重要发源地》一文，对此有简明的综合介绍，湖北教育出版社2005年版，第21—41页。另外，此文库中严文明《长江文明的曙光》，李天元、冯小波《长江古人类》，赵殿增、李明斌《长江上游的巴蜀文化》，张之恒《长江下游新石器时代文化》均有综合性的介绍，本文有所参考。关于这些文化的年代，考古界的说法不尽一致，大致距今都在3000年以上，早的可达五六千年以上或更早。

而且特点鲜明，对中华文明的发展起了重要的作用，也应视为中华文明的发祥地。

总之，黄河、长江是中国文化的主要发源地，在历史长河中，又广泛地吸取了其他地区的文化因素，逐渐交融，深度汇合，就像“江汉朝宗于海”一样，随着中国大一统局面的建立、巩固和发展，发源于不同地区的文化先后汇为中国文化的大海，我们称之为多源同归[5]。

中国文化又是多元互补的文化，以汉族为主体，自周、秦到明、清，在各个历史阶段随着民族的融合，吸取了多个少数民族的文化因素，56个民族共同创造出中华民族灿烂辉煌的文化。中国的疆域是各族共同开拓的，少数民族对东北、北部、西北、西南边疆的开发做出了重要的贡献[6]。

汉族的先民主要生活在黄河中下游地区，一般说来仰韶文化和龙山文化是汉族先民的文化遗存。传说黄帝之后的尧禅让于舜，舜或出自东夷[7]；舜禅让于禹，禹或出自西羌[8]，这表明了上古时期民族融合的趋势。到了汉朝以后，“汉”遂成为民族的名称，汉族的文化也成为中华民族文化的主体。

汉族在发展过程中，吸取了各少数民族的文化成分以丰富自己。赵武灵王推行胡服骑射，唐代吸取新疆一带少数民族的音乐歌舞，都是很好的例证。中国古代的政治家、作家、书法家、画家中，出身少数民族的可以举出不少，例如唐代的宰相长孙无忌其先出自鲜卑拓跋部；元代著名作家萨都剌是回回人；元代著名书法家康里巙巙是康里部色目人；清代的著名词人纳兰成德是满族人，

5 苏秉琦有“多源一统”的说法，见其《关于重建中国史前史的思考》，《考古》1991年第12期。此所谓“多源同归”的提出受其启发，又与之不尽相同，更强调各个源头的文化之间动态的交融、汇合。

6 参见《中国大百科全书·民族》“中华民族”条，中国大百科全书出版社1986年版，第573—574页。

7 《孟子·离娄下》：“孟子曰：舜生于诸冯，迁于负夏，卒于鸣条，东夷之人也。”杨伯峻《孟子译注》，中华书局1960年版，第184页。

8 汉陆贾《新语·术事第二》：“大禹出於西羌”，中华书局《诸子集成》本，1954年版，第4页。《史记·六国表》：“禹兴於西羌”。中华书局点校本，1962年版，第686页。

他们为中国文化的发展做出了重要贡献。另一方面汉族又对各少数民族文化产生重大的影响，有的少数民族入主中原时托黄帝以明正朔，如鲜卑拓跋部建立北魏，自称是黄帝之子昌意之后[9]。北魏孝文帝推行的改革，促进了鲜卑人与汉人的融合[10]。一些曾经入主中原的少数民族，如蒙古人在很大的程度上自觉学习汉人的文化。元朝至元四年（1267）正月，世祖下令修建曲阜孔庙，五月又在上都（今内蒙古境内）新建孔子庙[11]。元朝开国功臣耶律楚材，为保存汉族典章制度与农耕文化做出卓越的贡献[12]。满人入主中原前，努尔哈赤、皇太极在政权建设、社会发展等方面就已注意吸收汉文化，学习儒家典籍[13]，入关以后对汉族文化的吸取就更多、更自觉了，《全唐诗》和《四库全书》的编纂就是最好的证明。

各民族的文化互补，是中华文化不断发展的重要动力，也是形成中华民族凝聚力的重要因素。例如，内蒙古等北方草原的游牧文化雄浑粗犷，与汉族的农耕文化可以互补[14]。新疆各族的文化，以及新疆在丝绸之路上对中外文化交流所起的作用十分重要。藏传佛教影响广泛，藏族文化丰富多彩，在中华民族文化中的地位值得充分重视。壮族在少数民族中人数最多，其文化品格和文化成就同样值得充分重视。

总之，各地的文化交融，以及汉族与少数民族的文化交融，使中国文化既具有多样性又具有统一性。多样统一，乃是中国文化的一大特点，也是中国文

9《魏书》卷一《帝纪第一·序纪》："昔黄帝有子二十五人，或内列诸华，或外分荒服。昌意少子，受封北土，国有大鲜卑山，因以为号。……黄帝以土德王，北俗谓土为托，谓后为跋，故以为氏。"中华书局 1974 年版第 1 页。

10 参见田余庆《北魏孝文帝》，收入《中华文明之光》上，北京大学出版社 2004 年第 2 版，第 338—344 页。

11 《元史》卷六《世祖本纪》：至元四年正月"癸卯，敕修曲阜宣圣庙。""五月丁亥朔，日有食之，敕上都重建孔子庙。"中华书局点校本，1976 年版，第 113 页、114 页。

12 见《元史》卷一百四十六《耶律楚材传》，中华书局点校本，1976 年版，第 3455—3464 页。

13 参见史革新《略论清朝入关前对汉文化的吸收》，《炎黄文化研究》第 2 辑，大象出版社 2005 年 6 月版，第 158—169 页。

14 参见苏秉琦《苏秉琦考古学论述选集》，文物出版社，1984 年版。

化进一步发展繁荣的坚实基础。

二、文化中心的形成与转移

某一地区在某一时期内文化发展较快，甚至居于中心地位，对全国起着辐射作用；而在另一时期，则发展迟缓，其中心地位被其他地区所取代。地域文化发展的不平衡，文化中心的转移，是常见的现象。下面举例加以说明：

陕西西安及其附近本是周、秦、汉、唐的政治文化中心，这几个统一王朝的辉煌，在不胜枚举的文化遗址和出土文物中都得到证实，周原出土的青铜器，秦始皇陵的兵马俑，众多的汉家陵阙和唐代宫阙、墓葬遗址，都是中国的骄傲。包括正史在内的各种文献资料，如诗歌、文章、书法、绘画，也都向世人诉说着曾经有过的辉煌。司马迁、班固等则是这片土地哺育出的文化巨人。但到了元代以后，特别是明清以来，这里的文化已经难以延续昔日的光彩。

河南原是商代都城所在，殷墟出土的甲骨文，证明了那时文化的兴盛。东周、东汉、曹魏、西晋定都洛阳，河南成为全国文化的中心。到了唐代，河南则是文学家集中涌现的地方，唐代著名诗人几乎一半出自河南，杜甫、韩愈、岑参、元稹、李贺、李商隐等人，为唐诗的繁荣发展做出了重大贡献。北宋定都开封，更巩固了其文化中心的地位，张择端的《清明上河图》反映了汴梁的繁华。但在南宋以后，文化的中心地位显然转移了。

由上述陕西与河南的变化，可以看出政治中心与文化中心之间的关系。政治中心的迁移，特别是那些维持时间较长的政治中心的迁移，往往造成文化中心的迁移。

山东在先秦是中国文化的中心。曲阜是孔子的故乡，邹城是孟子的故乡，对中国文化影响至深至巨的儒家即植根于此。虽然经过秦始皇焚书坑儒，山东在两汉仍然是儒家思想文化的中心之一，伏生、郑玄这两位经学家都是山东人。但到了魏晋以后，山东的文化影响力逐渐衰落，儒学的中心也逐渐转移到别的地方。唐代高倡儒学复兴建立儒家道统的韩愈，北宋五位著名的理学家周敦颐、张载、邵雍、程颐、程颢，南宋将理学推向高峰的朱熹、心学家陆九渊，以及明代的心学家王阳明，均非出自山东。

北京一带在春秋战国时期是燕国都城所在，汉唐时称幽州，是边防重镇，与陕西、河南相比，文化显然落后。后来成为辽、金、元、明、清的首都，马可波罗记载元大都之繁华，令人赞叹。元杂剧前期便是以元大都为中心的，元杂剧的杰出代表关汉卿、王实甫，以及其他著名剧作家马致远、杨显之、纪君祥、秦简夫都是大都人。明清两代建都北京，美轮美奂的紫禁城、天坛、圆明园、颐和园，标志着中国古代建筑的辉煌成就。朝廷通过科举、授官等途径，一方面吸纳各地人才进京，另一方面又促使精英文化向全国各地辐射，北京毫无争议地成为全国文化的中心。

上海原是一个渔村，元代开始建城，到了近代才得到迅猛的发展，十九世纪中叶已经成为国际和国内贸易的中心，随后又一跃而成为现代国际大都会。各种新兴的文化门类和文化产业日新月异地建立起来，并带动了全国文化的发展。

广东原来文化的发达程度远不及黄河与长江流域其他地方，但到了唐代，广州已成为一个大都会，到了近代，广东在思想文化方面呈现明显的优势，黄遵宪、康有为、梁启超、孙中山等人都出自广东。

文化中心形成和转移的原因十分复杂，需要从多方面探讨。

首先，是由经济发展的水平所决定的。

经济的发达虽然不一定直接带来文化的繁荣，但经济发达的地区文化水平往往比较高。最突出的例证便是江苏和浙江。这两个地区在南朝已经开发，宋代以后以太湖为中心的地区，乃至浙江东部的宁波、绍兴，成为重要的粮食产区。到明清两代，随着精耕细作的农业技术广泛应用，粮食产量大幅增加。在松江、太仓、嘉定、嘉兴等地，棉花耕种面积扩大，棉纺织业迅速发展；植桑养蚕缫丝成为新兴的副业，湖州成为丝织品最发达的地区[15]。农副业的发展带动了商业和市镇的繁荣，以及新兴市民的壮大。经济的发展与经济中新因素的成长，促成了江苏和浙江文化的繁荣，以及文化中新气象的出现。明代王阳明后学中的泰州学派开启了早期启蒙思想的潮流，明末以“公”“正”为诉求的东林党具有代表江南地区士人和民众利益的倾向，其领袖顾宪成、高攀龙都是江苏无锡人。明中叶文人结社之风颇盛，如翟纯仁等人在苏州的拂水山房社，汪道昆、屠隆等人在杭州的西泠社，以及张溥在常熟、南京的复社，都在政治文化领域开启了新的风气，社会影响很大。至于文学方面，明清两代江苏和浙江文风之盛更是人所熟知的。著名的文人，明代有文徵明、徐渭、冯梦龙、施耐庵、吴承恩，清代有钱谦益、顾炎武、朱彝尊、沈德潜、郑燮、袁枚、龚自珍、李渔、洪昇等。江浙也是明清以来出状元最多的地方。

然而，文化的发展与经济的发展不一定同步，文化的发展除了受经济的制约外，还有其自身的规律。例如，在清代，晋商特别活跃，金融业发展迅猛，道光末年票号达 11 家之多，到清朝末年发展到 33 家，其分号遍及北京、天津、济南、扬州、苏州、广州、成都等地[16]。但是在这期间山西文化的发展却相对迟缓，如果与唐代的辉煌相比，已大为逊色。又如，北宋时期，关中的经济已经远不如唐代，但张载却在这里教授生徒，传播儒学，使之成为儒学的中心。

其次，与社会稳定的程度有很大关系。

东汉首都洛阳，经过一百六十多年的经营，是当时的文化中心。中平六年（189），东汉灵帝病死，并州牧董卓借机率军进入洛阳，废黜少帝刘辩，立九岁的陈留王刘协为帝，是为汉献帝。献帝初平元年（190），在东方诸侯的

15 参见袁行霈、严文明、张传玺、楼宇烈主编《中华文明史》第四卷，北京大学出版社 2006 年版，第 26—33 页。
16 参见袁行霈主编《中国文学史》第四卷，高等教育出版社 1999 年版，第 40 页。

军事压力下，董卓迁天子于西都。迁都之时，图书文献遭到了极大破坏[17]，东汉王朝在首都积累的文化成果毁于一旦[18]。

南朝齐梁二代文学本来相当繁荣，分别以齐竟陵王萧子良、梁武帝萧衍和昭明太子萧统、梁简文帝萧纲为首的三个文学集团，对文化的发展起了很大的推动作用。齐永明年间周颙发现汉语有平上去入四种声调，“竟陵八友”中的沈约等人根据四声以及双声叠韵，研究诗句中声、韵、调的配合，创制了“永明体”，进而为近体诗的建立打下基础。成书于齐代末年的刘勰所著《文心雕龙》则是中国文学批评史上最系统的著作。由于萧衍、萧统、萧纲父子召聚文学之士，创作诗歌，研究学术，遂使建康成为文化中心。萧统所编《文选》影响尤为深远。可是经过侯景之乱，建康沦陷，士人凋零，江左承平五十年所带来的文化繁荣局面遂亦消失[19]。

与此类似的还有唐朝末年中原一带的战乱对文化的破坏。唐代的首都长安是当时最大的国际都会，居住着许多外国的留学生、商贾、艺术家。在宗教方面，除了道教和佛教，祆教、景教和摩尼教也都得以传播，长安显然是当时的文化中心。到了五代，长安的文化中心地位消失了，而四川因为相对安定，士人们相携入蜀，文化也随之发达起来，俨然成为一个新的文化中心。后蜀主孟昶时镌刻石经[20]，后蜀宰相毋昭裔在成都刻印《九经》《文选》《初学记》《白氏六帖》，

17 《后汉书》卷七十二《董卓传》云：董卓“尽徙洛阳人数百万口于长安，步骑驱蹙，更相蹈藉，饥饿寇掠，积尸盈路。卓自屯留毕圭苑中，悉烧宫庙、官府、居家，二百里内无复孑遗。又使吕布发诸帝陵及公卿已下冢墓，收其珍宝”。中华书局点校本，1965年版，第2327—2328页。

18 《后汉书》卷七十九上《儒林列传》云：“初，光武迁还洛阳，其经牒秘书载之二千余两，自此以后，参倍于前。及董卓移都之际，吏民扰乱，自辟雍、东观、兰台、石室、宣明、鸿都诸藏典策文章，竞共剖散，其缣帛图书，大则连为帷盖，小乃制为縢囊。及王允所收而西者，裁七十余乘，道路艰远，复弃其半矣。后长安之乱，一时焚荡，莫不泯尽焉。”中华书局点校本，1965年版，第2548页。

19 关于侯景之乱，参见《梁书》卷五十六《侯景传》，中华书局点校本，1973年版，第841—861页。

20 宋晁公武《石经考异序》云：“按赵清献公《成都记》：伪蜀相毋昭裔捐俸金，取九经琢石于学宫，依太和旧本，令张德钊书。皇祐中田元均补刻《公羊》《穀梁》二传，然后十二经始全。至宣和间席升献又刻《孟子》参焉。”见明曹学佺所编《蜀中广记》卷九十一《石本九经》条，文渊阁四库全书本。

对四川文化的发展影响很大[21]。尤其值得注意的是词的繁荣，后蜀赵崇祚所编《花间集》，选录18家“诗客曲子词”，凡500首，其中14位作者皆仕于蜀。《花间集》是最早的文人词总集，奠定了以后词体发展的基础[22]。

我们也要看到，社会变革期往往伴随着社会的不稳定，以及各种思想和主张的激荡，这反而会促进文化的发展，并形成若干文化的中心，如在春秋战国时期，鲁国是儒家的中心，楚国是道家的中心。这从另一个方面提醒我们文化发展的复杂性。

复次，文化中心的形成与教育水平、藏书状况、科技推动有很大关系。

书院较多的地区，私人讲学之风兴盛的地区，蒙学发达的地区，往往也成为文化中心，突出的例子是宋代的江西、湖南。据统计，宋代书院中建在长江流域的占74.76%。江西、湖南的书院在长江流域又是较多的[23]，著名的有白鹿洞书院、岳麓书院等。这些地方也就成为文化中心。

文化的发达离不开书籍，书籍印刷和图书收藏较多的地区，往往会形成文化中心。例如四川成都是雕版印刷最早流行的地区之一，唐代大中年间已有雕版书籍和书肆[24]。唐末成都印书铺有西川过家、龙池坊卞家等[25]。此后，一直到五代、宋代，成都都是印刷业的中心之一，这对成都文化的发展起了重要作用。又如浙江、福建也是印刷业的中心，从五代开始历经唐、宋，达到繁盛的地步。

21 参见张秀民著、韩琦增订《中国印刷史》上，浙江古籍出版社2006年版，第32页。

22 参见袁行霈主编《中国文学史》第二卷，高等教育出版社1999年版，第450页。“诗客曲子词”之说见于欧阳炯《花间集叙》。又，《四部丛刊》影宋抄本《禅月集》昙域《後序》曰：“众请昙域编集前后所制歌诗文赞，日有见问，不暇枝梧。遂寻检藁草及暗记忆者约一千首，乃雕刻成部，题号《禅月集》。”《四库全书总目提要》曰：“昙域《后序》作于王建乾德五年，称‘检寻稿草及暗记忆者约一千首，雕刻成部。’则刊行专集自是集始。”亦可见蜀地文化的发展状况。

23 参见曹松叶《宋元明清书院概况》，《中山大学语言历史研究所周刊》第10集第111—114期，1929年12月至1930年1月。

24 柳玭《柳氏家训序》：“中和三年癸卯夏，銮舆在蜀之三年也。余为中书舍人，旬休，阅书于重城之东南，其书多阴阳杂说、占梦、相宅、九宫、五纬之流，又有字书、小学，率雕板印纸，浸染不可尽晓。”见《爱日斋丛抄》卷一引，文渊阁《四库全书》本。

25 参见张秀民著、韩琦增订《中国印刷史》上，浙江古籍出版社2006年版，第22页。

这两个地区在宋代人才辈出，显然与此有关。明清两代私家藏书以江浙一带为最盛，诸如范钦天一阁、毛晋汲古阁、黄虞稷千顷堂、钱谦益绛云楼、徐乾学传是楼、朱彝尊曝书亭、瞿绍基铁琴铜剑楼、陆心源皕宋楼、丁丙八千卷楼都在江浙，这对明清时期江浙文化的发展无疑起了巨大作用。

科技带动地域文化发展的例子，可以举李冰父子在四川修建都江堰为例。这项工程创造性地运用了治水的技术，将蜀地造成“天府之国”，文化也随之发达起来[26]。

最后，要提到文化贤哲或学术大师的引领作用。

山东曲阜一代，如果没有孔子就难以形成文化中心，这是显而易见的。北宋思想家张载之于关中，也是一个显著的例子，《宋史·张载传》曰：“载学古力行，为关中士人宗师，世称为横渠先生。”[27]南宋思想家朱熹长期在福建、江西讲学，“诸生之自远而至者，豆饭藜羹，率与之共。”[28]此外，宗教史上如慧能之于广东；思想史上如王阳明之在贵州，王艮之在泰州，都有重大的影响。文学史上也是如此，黄庭坚之于江西，杨慎之于云南，也都有重大影响。明代吴中出现了文徵明等一批兼通诗文、书画的著名文人，形成文化中心。[29]

三、地域文化的差异、交流与融合

《诗经》与《楚辞》代表了先秦北方与南方两种不同的文化风格，《诗经》质朴淳厚，《楚辞》浪漫热烈。关于先秦南北思想文化的差异，王国维的论述具有启发性：“我国春秋以前，道德政治上之思想，可分之为二派：……前者

26 《史记》卷二十九《河渠书》曰：“蜀守冰凿离碓，辟沫水之害，穿二江成都之中。……至于所过，往往引其水益用溉田畴之渠，以万亿计，然莫足数也。”中华书局点校本，1959 年版，第 1407 页。

27 《宋史》卷四百二十七《张载传》，中华书局点校本，1977 年版，第 12724 页。

28 《宋史》卷四百二十九《朱熹传》，中华书局点校本，1977 年版，第 12767 页。

29 《明史》卷二百八十七《文徵明传》云：“吴中自吴宽、王鏊以文章领袖馆阁，一时名士沈周、祝允明辈，与并驰骋，文风极盛。徵明及蔡羽、黄省曾、袁袠、皇甫冲兄弟稍后出。而徵明主风雅数十年，与之游者王宠、陆师道、陈道复、王穀祥、彭年、周天球、钱穀之属，亦皆以词翰名于世。”中华书局点校本，1974 年版，第 7363 页。

大成于孔子、墨子，而后者大成于老子。故前者北方派，后者南方派也。”[30]

关于南北朝文风的差异，《隋书·文学传序》已经给我们重要的提示：“江左宫商发越，贵于清绮；河朔词义贞刚，重乎气质。”[31]这种差异在南朝民歌和北朝民歌之间表现得十分清楚。唐代禅宗有“北渐”“南顿”二派。中唐时期第一批学习民间词的作家，他们的作品往往有一种南方的情调。晚唐五代，词的两个中心都在南方。宋代理学的四个主要学派：以周敦颐为首的濂学，以程颢、程颐为首的洛学，以张载为首的关学，以朱熹为首的闽学，都带有地域性。在元代盛行的戏曲，无论就音乐而论还是就文学风格而论，都显然存在着地域的差异。四折一楔子的杂剧是在北方兴起的一种文艺形式，杂剧创作与演出的中心在大都。稍晚，南方有一新的剧种兴盛起来，这就是南戏。它在两宋之际产生于浙江温州一带，先流传到杭州，并在这里发展为成熟的戏曲艺术，至元末大为兴盛。由宋元南戏发展出来的明代传奇，有所谓四大腔：海盐腔、余姚腔、弋阳腔、昆山腔，都是南方的唱腔。由苏州地区兴起的昆曲，在明末清初达到成熟阶段，成为全国最大的剧种。清中叶至鸦片战争前后，形成五大声腔，除原有的昆腔外，还有高腔（由弋阳腔演变而成，湘剧、川剧、赣剧、潮剧中都有此腔）、梆子腔（即秦腔，源于陕西和山西交界处，流行于北方各地）、弦索腔（源于河南、山东）、皮黄腔（西皮、二黄的合流，西皮是秦腔传入湖北后与当地民间曲调结合而成，二黄是由吹腔、高拨子在徽班中演变而成），这些声腔都具有明显的地方特色。乾隆年间四大徽班入京，与来自湖北的汉调艺人合作，同时吸收昆曲、秦腔的因素，又部分地吸取京白，遂孕育出风靡全国的京剧[32]，这是地域文化交融的绝佳例证。

东北三省与关内相比，也有自己的特色：粗犷、雄健、富于开拓性。内蒙

30　《屈子文学之精神》，见《王国维遗书》第五册《静安文集续编》，商务印书馆，1940年版，下同，第31-32页。

31　《隋书》卷七十六，中华书局点校本，1973年版，第1730页。

32　参见袁行霈主编《中国文学史》第四卷，高等教育出版社1999年版，第342-343页。

古的草原文化自然、粗犷，在狩猎、畜牧中形成的与马有关的种种文化很有特色。宁夏回族的宗教、建筑、瓷器等等，都具有独特的民族风情。

东西之间文化的差异首先表现为民族的差异，西部多有少数民族聚居，这些民族的文化各有自己的特色，为中华民族文化增添了亮丽的色彩。其质朴、自然的风格，其文化与大自然的融合，都令人向往。在歌曲和舞蹈方面，更是多姿多彩，显示出少数民族独特的天赋。一些大型的民族史诗，如藏族的《格萨尔王传》、蒙古族的《江格尔》、壮族的《布罗陀经诗》、柯尔克孜族的《玛纳斯》等；还有一些创世纪神话叙事诗，如彝族的《阿细的先基》、瑶族的《密洛陀》、侗族的《侗族祖先从哪里来》、苗族的《苗族史诗》、拉祜族的《牡帕密帕》、阿昌族的《遮帕麻与遮米麻》、哈尼族的《奥色密色》、佤族的《西冈里》等等[33]，都是非常珍贵的文化遗产。

沿海与内地的文化差异也值得注意。早在秦汉时期，齐地多方士，他们讲神仙方术、海外三山，徐福被秦始皇派遣，率领童男童女数千人出海求仙，是颇有象征性的事件。东南沿海与国外的交往较早，南北朝、隋唐时期这一地区与印度洋的商旅往来已相当频繁。宋元时期，江苏、浙江、福建、广东都有对外口岸，经这一带出口的瓷器，远销南亚、西南亚，直到东非。而明代以后成为中国重要粮食的玉米、马铃薯、番薯等美洲作物，以及在中国广泛种植的烟草，一般认为都是经由东南沿海传入的。明万历年间意大利的耶稣会传教士利玛窦首先到达澳门，再进入内地传教，同时带来西方的科学技术。近代以来，广州、上海、天津等对外口岸在中外文化交流中发挥了重要作用。和内地相比，沿海地区的文化更具开放性和创新性。

文化交流融合有几种途径。

首先是移民，特别是大规模的移民潮。西晋末年、中唐时期以及北宋末年，

33 参见《中国大百科全书 · 中国文学卷》，中国大百科全书出版社 1986 年版，第 697 页。

大批中原的汉族迁徙到江南，对江南经济、文化的发展产生了巨大的作用，移民所带来的文化与当地原有的文化交流融合，使当地文化出现新的特色。闽西和广东梅州客家人聚族而居的围屋，成为当地文化的独特景观。河北、山东一带人民闯关东，推动了东北原住民文化的发展。清代初年“湖广填四川”，促进了西南文化的发展，巴渝会馆的发达，川剧的形成都与移民有关。广西的文化与来自外地的移民和文化名人如柳宗元有关。台湾的文化与闽、粤的移民有极其密切的关系，这表现在民间信仰、建筑风格、生活习惯等许多方面。明末清初是移民台湾的高潮。香港的文化与广东移民有密切的关系，考古发掘证明了香港、澳门与珠江下游地区古代居民之间的关系和交往[34]。

交通与商贸也是各地文化交流融合的重要渠道。汉代以后丝绸之路的开通，对于所经中国内地之间的文化往来，以及中国与中亚、南亚、西亚，乃至欧洲、北非的文化往来，所起的作用显而易见。仅就甘肃河西走廊而言，那是丝绸之路上十分繁忙的一段，在汉唐时的地位类似近代的珠江三角洲和长江三角洲。隋代开通了纵贯南北的大运河，对沟通南北经济、文化起到巨大的作用。唐朝的政治中心在长安，但其经济却在很大程度上依赖江南，运河就成为其经济命脉。沿着运河出现了诸如杭州、苏州、扬州等经济与文化的中心。至于长江航道在交通运输上的作用，及其在文化传播方面的作用更是明显。李白离开家乡四川，沿长江而下，在一生中几乎走遍大江上下，留下许多诗篇。长江沿岸的重庆、武汉、九江、南京、扬州之所以文化发达，得益于这条大江者实在不少。长江流域的洞庭湖与鄱阳湖，以及湖边的黄鹤楼、岳阳楼，还有长江支流赣江边上的滕王阁，成为凝聚着浓厚诗意的地方。明清时期，随着徽商、晋商、粤商、

34　香港特别行政区民政事务局与中国社科院考古研究所联合，在新界与大屿山岛之间的马湾岛东湾仔北，发现新石器时代中晚期至青铜时代早期的居址、墓葬和大批文物。被评为1997年全国十大考古新发现之一。见邹兴华、吴耀利、李浪林：《香港马湾东湾仔北史前遗址发掘简报》，《考古》1997年第6期。关于澳门的考古发现，参见邓聪、郑炜明：《澳门黑沙》，香港中文大学出版社，1996年版。

宁波帮等几个活跃的商帮的足迹，文化也得以交流、传播。

科举与仕宦是文化融合的另一条重要渠道。各地的举子进京赶考，考中的或留京任官，或外放任职，考不中的则返回家乡，大批的举子往来于京城和各地之间，成为传播文化的使者。清代钱塘人洪昇，在北京做了约二十年太学生，与京中名流王士禛、朱彝尊、赵执信等人互相唱和。康熙二十七年（1688），其《长生殿》在京城盛演，轰动一时。清代北京的宣南成为进京举子汇聚之地，举子的来来往往，形成文化凝聚与辐射的局面，造就了独特的宣南文化。官员的升迁和贬黜也是文化交流融合的渠道，最突出的例子便是韩愈和王阳明。韩愈贬官潮阳，给当时文化尚不发达的潮州带来了中原文化。王阳明贬官贵州龙场驿，创办龙冈书院，开创了贵州一代学风，他的“知行合一”学说便是在贵州提出来的。此外，李德裕、苏轼等人贬官海南，对当地的文化教育影响巨大。再如清代黑龙江、新疆有许多被流放的官员，其中不乏高级文化人士，他们对当地文化的发展起了重要作用。

四、研究地域文化的意义与本书的宗旨

地域文化是按地域区分的中国文化的若干分支。研究地域文化，实际上就是研究文化的空间分布及其特征。地域性是中国这个幅员辽阔的大国的特点，是中国文化丰富多彩的重要表现。热爱祖国不是空泛的，首先要热爱生于斯长于斯的家乡。如果对自己家乡的历史文化都不清楚，那么热爱祖国就会落空。有些地区的传统文化正在逐渐削弱甚至濒临消亡，亟待政府采取切实措施加以保护。在文化建设的过程中切忌抹杀地域的特点，避免千城一面、万村一形。如果不论走到哪里看到的是同一种建筑，听到的是同一种戏曲，品尝的是同一种口味，体验的是同一种民俗，既没有关西大汉的铜琶铁板，也没有江南水乡的晓风残月，我们的生活将多么单调，中国展现给世界的形象将多么苍白！在坚定维护国家政治上统一的同时，也必须保护各地文化的多样性，保护地域文化的特点，尊重人民群众多种多样的文化需求。这可以视为中国文化发展的战略性举措。地域文化又是港澳台人民以及海外华侨、华人寻根的热点，弘扬传统的地域文化有助于祖国的和平统一。从全球的眼光看来，中国这样幅员广阔的大国，如果失去了文化多样性，必然会减弱中国对世界的吸引力。

我们提倡文化的大局观，要站在全国看各地。只有将各地文化放到全国之中，才能更清楚地认识各地文化的特点；只有清楚地看到各地文化的特点，才能更深刻地认识中国文化的面貌。在弘扬地域文化特点的同时，要促进地域之间的文化交流，以推动全国文化的共同繁荣。各地文化是互相联系互相渗透的，是在互动中发展的。如果画一幅中国地域文化地图，其中每一板块的变化都会造成整幅地图的变化。没有孤立的安徽文化，没有孤立的河北文化，没有孤立的云南文化，也没有孤立的西藏文化。某一地域文化的发展，都要依靠其他地域，并牵动其他地域。政府在致力于地域经济均衡发展的同时，也要致力于地域文化的均衡发展。再放大一点，在经济全球化的趋势下，国内某一地域文化的发展，也会受到国际因素的影响。回顾历史，上海、天津、福建、广东等沿海地区文化的发展，足以证明这一点；展望未来，内陆地区文化的发展也将得出同样的结论。

地域文化的发展对地域经济的依赖和促进是十分明显的，但文化与经济不是搭台与唱戏的关系，应当互相搭台，一起唱戏。发展文化不仅是发展经济的手段，其本身就是目的，因为人民群众的需求以及社会的进步，不仅表现为经济的发展，也表现为文化的繁荣。文化长期滞后于经济快速发展的现状必须改变。发展经济与推动文化，要双管齐下，相互促进。小康社会的指标不仅是经济的，也是文化的。保护地域文化不可追求形式，不可急功近利，要吸取精华剔除糟粕。那种不管好坏，盲目炒作地方名人（包括小说中的人物），简单地打文化牌以拉动旅游经济的风气不可助长。

区域经济的发展已经引起各级领导和全社会的注意，地域文化的发展也应提到日程上来。各地还存在大量文化资源有待开发、研究、利用。《中国地域文化通览》的编撰，就是对我国文化资源的一次普查。我们考察的重点在于各地文化的历史进程、特点、亮点及其形成的原因，各地文化发展的有利条件和制约因素，并力图说明各地文化在整个中国文化发展中的地位、作用，其与邻近地区相互交流相互影响的关系，并着重描述那些对本地和整个中华民族的进步产生过重大影响的标志性成果，彰显那些对本地和中国文化的发展做出重大贡献的人物。我们希望本书能为各地文化建设确立更明确、更自觉的目标提供一点帮助。

关于地域文化，目前已有许多研究成果，但大多是将全国分为几个区域，以先秦的诸侯国名或古代的地名来命名，如燕赵文化、吴越文化、齐鲁文化、荆楚文化、关陇文化、岭南文化等等。也有从考古学的角度，将中国文化分为几个大文化区系的[35]。以上的研究都有学术的根据，也都取得了可观的成就，是我们重要的参考。

本书拟从另一个角度切入，即立足于当前的行政区划，每一个省、自治区、直辖市各立一卷。本书可以说是中国分省的文化地图。按照行政区划来写《中国地域文化通览》，也是有学理根据的。中国从秦代开始实行郡县制，至今已两千多年了。这既有利于维护大一统的局面，也因为一个行政区划内部的交流比较频繁，从而强化了各行政区划的文化特点。按行政区划分卷，对各地更清楚地认识本地的文化更为方便。其实，今日的行政区划是历史沿革的结果，这种分卷的体例与上述体例可以相互补充，相得益彰。大体说来，所谓齐鲁文化就是山东文化，巴蜀文化就是四川文化，燕赵文化就是河北文化，三秦文化就

35 苏秉琦把现今人口分布密集地区的考古学文化分为六大区系：以燕山南北长城地带为重心的北方，以山东为中心的东方，以关中（陕西）、晋南、豫西为中心的中原，以环太湖为中心的东南部，以环洞庭湖与四川盆地为中心的西南部，以鄱阳湖—珠江三角洲一线为中轴的南方。见《中国文明起源新探》，三联书店 1999 年版，第 35-36 页。

是陕西文化，徽文化就是安徽文化，晋文化就是山西文化，吴文化就是江苏文化，越文化就是浙江文化，仍然是与行政区划吻合的，只不过用了一个古代的称呼而已。如果从考古学的角度，研究文化的起源，当然不必顾及目前的行政区划；然而要对包括全国各地的文化分别加以描述，并且从古代一直讲下来，则按照当前的行政区划更为便利。何况，内蒙古、新疆、西藏是中国领土不可分割的一部分，研究中国的地域文化必须包括在内，按照当前的行政区划就不会将这些地区忽略了。

按行政区划编纂当地的文献早已有之，这属于乡邦文献。有的文献所包括的区域比省还小，如汉晋时期的《陈留耆旧传》、《汝南先贤传》、《襄阳耆旧传》等，记录了一郡之内的耆旧先贤。唐人殷璠所编《丹阳集》只收丹阳人的作品，属于地域文学集的编纂。宋人董弅所编《严陵集》，是他任严州（今建德、淳安一带）知州时所编与当地有关的文集。宋人孔延之所编《会稽掇英总集》也属于这一类。近人金毓黻所编《辽海丛书》，张寿镛所编《四明丛书》都是如此。

研究地域文化，必须重视文献资料，特别是乡邦文献，包括各地的方志、族谱、舆图等。文献的搜集、考订和分析，是必不可少的基础性工作。编撰地域文化通览的过程，也就是搜集和整理有关文献的过程。然而文化绝不仅仅体现在文献中，还体现在人们的日常生活中，那是活生生的、每日每时都显现着的。文化除了思想、学术、文学、艺术等意识形态的内容之外，还包括风俗习惯、衣食住行的方式等等，这乃是社会的各个阶层，尤其是广大民众所创造的。研究地域文化不仅要重视宫廷文化、士大夫文化、精英文化，还要重视平民文化、民间文化、民俗文化。研究地域文化在重视文献的同时，必须注重实地考察，从日常生活中寻找资料。只有将文献资料和实地考察结合起来，并利用新的考古资料，才能见其全貌。

本书跟地方志不同，地方志虽有历史的回顾，但详今略古，偏重于现状的介绍，包括本地当前的自然环境、资源、物产、社会、政治、经济、文化等方面的情况和数据，是资料性的著述。《中国地域文化通览》则是专就传统文化进行论述，是研究性著作，下限在1911年辛亥革命，个别卷延伸到1919年五四运动。地方志偏重于情况的介绍，注重资料性、实用性、检索性，《中国地域文化通览》则强调在大量可信资料的基础上，加以论述，要体现历史观、文化观，总结文化发展的历史经验和规律，史论结合。

《中国地域文化通览》以学术性、现实性、可读性三者的统一为目标。

所谓学术性，简单地说就是符合学术规范，立足学术前沿，注重多学科的交叉融合。本书是一部学术著作，而不是通俗读物，更不是旅游手册。要以实事求是的态度，在认真钻研资料的基础上，力求对事实做出准确的描述、分析与概括。概括就体现为理论。所谓现实性，就是立足现实，回顾历史，面向未来，希望能对本地文化的发展提供启发。立足现实，是从实际出发，关注当前经济社会文化的发展；回顾历史，是总结经验，以史为鉴；面向未来，是注意文化的发展方向，促进文化建设，促使中国文化以丰富多彩的姿态走向世界。地域文化是国情的重要部分，希望这部书能够成为中央和地方各级政府了解各地历史文化、风土人情的参考，成为因地制宜发展文化的参考。文化的主体是人，以人为本离不开对文化的深入理解。为政一方，既要了解当地的经济资源，也要了解当地的文化资源；既要了解现状，也要了解历史，这样才能最大限度地发挥地域的优势。所谓可读性，就是要吸引广大读者，让一般读者看了长知识，专家学者看了有收获，行政领导看了受启发。在文字表达上，力求准确、鲜明、生动，史笔、议论、才情三者相结合。

本书各卷都分为上下两编，上编对本地文化作纵向的考察，下编则对本地文化分门别类重点地作横向的论述，纵横结合，以期更深入细致地阐明各地文化的状况。各卷还有绪论，对本地文化从理论上加以探讨。本书随文附有大量插图，图文并茂，以增加直观的感受。

地域文化的研究正逐渐成为学术界的热点，本书的编撰带有开拓性和探索性，但我们自知远未达到成熟的地步。倘能对中国地域文化的研究，对中国文化的健康发展，起一点促进作用，参加编撰的大约500位学者将会深感欣慰。

遵循文化发展规律，改革文化发展方式

冯　远

文化体现着一个国家和民族的品格，既凝聚国民人心，又事关民生福祉，所谓“国民之魂，文以化之，国家之神，文以铸之。”文化的创新发展将有利于国家、民族 品格的重塑与再造。同时，文化在今天已成为推动经济社会发展的重要力量。“十二五”时期文化发展建设建议从三方面下功夫：

1. 稳步发展文化事业，是“十二五”时期提高国民素质，实现经济、政治、文化、社会均衡发展和文化事业可持续发展的必然选择

由于在可预见的历史阶段中，文化发展建设必须依靠国家经济的可持续发展和纳税人的贡献，依靠政府财政主渠道投入的持续增长，因此，建议政府在财政预算中确 定相应的投入比例，承担文化基础设施和公共文化服务体系的建设，以保障国民享受基本的文化权益。同时，通过推进文化体制改革、创新文化生产和传播方式，解 放和发展文化生产力，激活文化事业、文化产业的发展潜力。力求做到确保一块、增强一块、大力扶持一块。

2. 保障文化民生需求，是“十二五”时期兼顾多元主体利益、实现文化民生、建设和谐社会的根本要求

我国经济东、西部地区差异较大，人均收入仍不高，民众支付能力有限、消费意愿不足、实际需求和有效供给不对称现象的存在成为制约文化需求驱动

型增长的原因，这就需要创造条件加快发展服务性文化事业、消费性文化产业，拉动投资、扩大需求、刺激消费。

3. 转变文化管理方式，是“十二五”时期政府进一步转变职能，建设法制型、服务型管理体制机制的重要任务

打破条块分割，推进大部门制改革；改变投资分散重复，设立国家文化发展基金；实现行政范围内决策、执行、监督分开，以增强公共权力行使的有效性。一是进一步区分政府与社会、与市场的边界，使政府职能严格限定在市场和社会解决不了问题的领域；二是有计划有针对性地培育、扶持微观文化主体和社会组织，注重发挥社会组织与企业各自的优长，及时总结经验，从而为转变文化发展方式、实现社会和谐发展提供可资借鉴的范例，创新具有普及意义的制度设计。

关于立项并启动《中华文明历史题材美术创作工程》的建议

新扩建的国家博物馆于今年三月向社会开放，其以体量达20万平方米的空间，成为当今世界最大、最现代的国家博物馆。另据了解，拟议中体量达9万平方米的国家美术馆也正进入设计方案论证。这两个新馆的内庭空间高广宏阔，均达世界一流水准，因此，能否收集购藏并展示相应水平、质量与体量的艺术品、文物展陈品，向国内外观众游客展示中华民族的创造实力和灿烂文化，成为该两馆今后的重要任务。

在有据可考的中华五千年编年史中，中华民族上演了一部波澜壮阔、盛衰兴替的宏大史剧。其中无数重大的历史史实、事件、杰出的历史人物和创造发明，为中华文 明和世界文明的发展进步做出了巨大贡献，中华文明与中华文化是民族凝聚力和创造力的重要源泉。推进社会主义先进文化的繁荣发展，通过形象化的艺术创作“助人伦，成教化”，鼓舞人，感染人，有利于建设社会主义核心价值体系，增强民族自信心和自豪感，构建和谐文化；有利于培育文明风尚，

弘扬爱国主义、集体主义、社会主义思想；有利于建设中华民族共有精神家园，巩固全体人民团结奋斗的共同思想基础；有利于开展对外文化交流，塑造国家的文化形象。

1. 工程的基本构想

依托丰富的历史素材和典籍史料，运用造型艺术的形式，即历史绘画、雕塑的方式再现表示出来，在继《国家重大历史题材美术创作工程》（文化部、财政部主办）之后，组织美术界专业骨干，实施《中华文明历史题材美术创作工程》，用8-10年时间精心遴选并创作完成130-150幅（件）（题材为史前文明至鸦片战争）的美术作品，使之成为上下部姐妹篇，合起来成为一部图像艺术的中国历史。用于陈列在国家博物馆、美术馆、大会堂等重要场所，具有十分重要的历史价值、艺术价值和现实意义。

2. 工程的必要性

改革开放30年，我国经济实力大幅增长，这为文艺的繁荣发展奠定了坚实基础，提供了广阔空间。但如何进一步体现一个国家、民族的历史文化形象，为广大人民群众提供更为丰富的精神食粮，拿什么文化成果向世界展示，让世界更多的了解认识中国，拿什么参与国际文化交流与合作等，都离不开一大批真正能够体现民族精神、时代特征的主旋律艺术作品的创作生产。

目前，我国的博物馆、美术馆建设与管理处于发展的初级阶段。文物藏品远远丰富于形象的图文史料，美术馆的艺术藏品仅限于19世纪末叶以来的近代作品，博物馆、美术馆均缺少大型，尤其是系统、系列的历史题材艺术展藏品，这与发达国家相比差距较大，也与我国作为文明古国、文化大国的地位及形象极不相称。

由国家投资，集中相应财力和资源修建代表性博物馆、美术馆，有计划的收购、收藏一批代表性作品，包括采用规划选题、政府采购的方式有计划的组织重点艺术创作，在现阶段是较为有效也是较为经济的做法。

3. 工程的可行性

2009 年，由国家文化部、财政部联合实施的《国家重大历史题材美术创作工程》（据了解该工程耗资仅为 1.2 亿人民币，相当于国内高速公路一公里的造价，但该工程完成后产生的社会、经济效益则难以估量）完成并向公众展示以来，获得了社会各界的广泛好评，中央领导的充分肯定和各地的效仿。在此基础上，策划组织由中宣部、中央文明办、财政部、中国文联联合实施的《中华文明历史题材美术创作工程》是在取得前者经验和积极成果基础上，进行的主题内容更为丰富，表现形式更为多样的一项有利于国家文化建设，且财政投资不大、实际效果将十分显著的建设性艺术工程。

进入新世纪以来，我国的美术创作、研究、展览活动如同其他文化艺术事业一样，呈现出越来越繁荣活跃的趋势。广大美术工作者坚持深入基层，关注社会，反映生活，积极探索创新艺术形式，风格语言，积极开展对外艺术交流。一批擅长创作历史题材作品的美术家正富盛年，一批青年新锐也正以创新成果的不断涌现而脱颖而出。发挥他们的聪明才智，创作一批具有民族风格、时代精神、中国气派的中华文明历史画（雕塑）作品将是完全具备条件的。

中国西北宗山水画说

饶宗颐

一、地中观念及古代中、印地理知识的交流混合

桑钦《水经》首为河水，开卷即云：“昆仑圩在西北，去嵩高五万里，地之中也，河水出其东北陬，屈从东南流入于渤海。”（明刊《广汉魏丛书》本，何士镇阅）《淮南子·地形训》亦言：“昆仑之丘，盖地之中也。”《纬书·

河图括地象》:“昆仑山为天柱，气上通天。昆仑者，地之中也。”（《初学记》五引）桑氏，东汉人，视嵩高为华夏之中，昆仑圩则为地之中央，以视嵩高，则位居于西北，可相媲美。《汉书·沟洫志》:“齐人延年，上书言河出昆仑，经中国注渤海，是其地势西北高而东南下也，可案图书观地形。”图书指纬书之属。延年上书在汉武末年，其时西域已大通，知印度地理、释氏神话久已输入华土，郦道元《河水注》引康泰《扶南传》谓:“恒水之源，乃极西北昆仑山中，有五大源。支扈黎大江，出山西，北流东南大海。”孙权时，康僧会着《六度集经》，取四大部洲以释“七宝”之方位。此则当时康居人传来梵土之地理知识也。印度《长阿含起世经》与《大毗婆沙论》中有四河五河之说，即昆仑有五河取义之所本。释道安《释氏西域记》谓阿耨大山即昆仑，唐言无热恼。世亲《俱舍论》，谓即香醉山（梵文Gandhamadana），乃位于西藏之喜马拉雅山脉。凡此种种，余曩年撰《论释氏之昆仑说》（《选堂集林·史林》）已畅言之。中、印地理知识糅合之由来，可见一斑。

甘肃旧有昆仑障（塞），是小昆仑。《汉书·地理志》:敦煌郡广至宜禾，设都尉治昆仑障。马岌上言：昆仑塞有西王母宫。沮渠蒙逊于西王母宫情况，多所描述（详《御览》卷三十引《段国沙州记》及《周地国记》等书）。

殷时帝大戊使王孟采药，从西王母出发（《山海经》丈夫国，郭璞注）。西王母宫自汉以来，是西北一名胜重镇。司马相如、扬雄等，皆从四川至长安，都经过此地，记载见《大人赋》、《蜀都赋》。西王母遗迹，是西北一个很重要的地区。

二、山水画“西北宗”说提出之缘起

2000年7月，敦煌莫高窟百周年纪念，我与季羡林教授同蒙国家文化部和甘肃省人民政府颁授“敦煌文物保护研究特殊贡献奖”。典礼完毕之后，我和孙家正部长恳谈，座上有段文杰、樊锦诗诸院中领导暨同人。余提出三危山形势特殊，三危在望，山水画应有西北宗说。愿为文张之，驹光易逝，仍未曾着笔。

近年养痾，杜门谢客，暇日仍拳拳留心此一问题，欲作深入之探索。余前时论着，力证殷代文献中，不仅有下危，且有上危之纪录，知《尚书》及《穆天子传》三苗氏前说之可信。此说久已为学界公认；近时四川玉琮之发现，弥知越人文化之西被。

前度锦诗来书，再谈此事，余请锦诗即以三危山录影远道相饷，彼促撰写成文，因集曩时短记，缀为是篇，求教于大方之家。

明代禅学顿盛，影响文人思想至深。董其昌因莫是龙之启发，摘取禅家关捩语以谈艺，指出若干法门，大抵以论书法成就为大，画道反在其次。因董氏实为收藏家，网罗兼及南北各家。董氏领悟禅机，先施之于墨法，取径二米，以溯王洽，主用湿笔，以苍润为重，不主“气势”，遂开南宗一路。余以为作为一个开派的大画家，必须有牢笼宇宙的意向，“万物皆备于我”的胸襟，“数点梅花”尚可点出“天地之心”，何况天苍苍野茫茫之寥廓大漠间“莽莽万重山”盘亘千里。向来为华戎杂居，中外文化交叠之处，非南北两宗所能牢笼。别启西北宗之想，亦缘于此。

三、“西北宗”说之画学背景

宋《太平御览》地部卷三六至卷七五，为山脉系统区分。地部九则谓关中蜀汉诸山为一系。地部十五以陇塞及海外诸山为一系。

以陇山为分隔华戎之处，即取张衡西京赋“右有陇坻之隘，隔阂华戎”是也。

余认为西北宗宜以陇坻为界，华及西戎之“分水岭也”。大抵自陇首以西，即为大西北。这一带本为西戎地区，民族极为复杂，其文化混合情形，光怪陆离，多种文化层交叠的地带，而山川形胜，与陇东亦大不同。

杜甫自秦州行迈至成都，“出塞复入塞，处处黄芦草”，所作诸诗，都是画本，可惜他能将画入诗，而未能以移诗为画，后人只能传其《丹青引》。

韩愈用几十个“或”字来描写“终南太一之美”，窃取马鸣的“修辞技巧”以入诗，成为千古绝作。他如果写画，必能开一崭新流派，不让荆、关专美于前也。

唐人之画以秦、蜀诸山为题材者，有王宰，“多画蜀山，玲珑窳窆，巉差巧峭。”（《历代名画记》卷十）毕宏，“树石擅名于代，树木改步变古，自宏始也。”（《历代名画记》卷十）鉴子鸝，“工山水，高僧奇士，老松异石，笔力劲健，风格高举。”（《历代名画记》卷十）诸家都写秦蜀山水，然仍未及西北诸境。

董其昌论北宗之画，以范宽（华原）为例，认为“非吾曹所易学”（清大魁堂本《画禅室随笔》）。范华原以胡椒点衬映，用重笔钩出山岳轮廓形势，写太行、太华诸山，“落笔雄伟老硬，真得山骨。”《（ 图绘宝卷三）》

郭熙“则于高堂素壁，放手作长松巨木，回溪断崖，岩岫巉绝，峰峦秀起。”（《宣和画谱》卷十一） 。所著《林泉高致》一书，提出“三远”、“三大”等构图方式，至今仍为传统画学不移之论。此两者皆绘写北方“石多于土”之山势，是一时之名手。益州自古多画师，具载《益州名画录》。然观记载之诸画迹，亦皆未描绘西北边陲之景。

张大千以内江人，留滞敦煌数载，足迹却未及湟水以西、龟兹等地。彼虽曾至印度东境。居大吉岭时，有一画赠余，其时已开始用大泼墨之法，彼所托意，在人物飞天、衣带飘举，尚未能指出“西北山水之奇特”。故余在美洲时有词论其画云：“高阙长桥，又仿佛、西风残照。拂淡犹新，麻皮异昔，董源非老。”（拙着《周集》）

其他画人如赵望云及故友吴作人、梁黄胄，虽有取材于西北，皆以少数民族、骆驼、驴、马等动物着闻。吴冠中氏曾写“交河故垒”，名噪一时，但未有进一步发展，其后移情于江南水村，画风新颖。亦未重视西北山水，以之开一新路向。故余之提倡西北宗，仍是一个新的启示。

四、“西北宗”画法刍议

（一）新三远的初想

愚意郭熙《林泉高致》，论平远、高远、深远等三远，其法虽可以施之于大江南北之山川平野，但不足以尽西北峰峦、丘壑之美。因其本意，在于描写“春山淡冶而如笑，夏山苍翠而如滴，秋山明净而如妆，冬山惨淡而如睡。”(《宣和画谱》卷十一）的意境。西北诸土，山径久经风化，形成层岩叠石，山势如剑如戟。一种刚强坚劲之气，使人望之森然生畏。而树木榛莽，昂然挺立，不挠不屈，久历风沙，别呈一种光怪陆离之奇诡景象。

因冈峦起伏，地势高低不平，故极易从高处俯瞰三度空间。故应别作新“三远”之构图处理之：

旷远　渺无人烟

穹远　莽莽万重

荒远　大漠荒凉

试举以龟兹国（库车）山岳而论，十万峰峦，直如剑戟森列。晦明变幻，五色缤纷，更为奇观。故很难以寻常画法处理。

（二）新皴法之开展

古人之开展皴法，乃因就所见之真山，观其纹理，以笔墨形容之。毕宏见张璪所绘而惊叹，因问躁之所受，璟云“外师造化，中得心源”，这是画者经验之谈，不是泛泛之语。外师造化，得其规律，然后可以经思考，形之笔墨。余数历敦煌，出入吐鲁番，观楼兰之遗址，涉龟兹之残垒，瞩月所见，层山叠嶂，荒草残垒，归而试图之，觉“山石久经风化，断层累累，而脉络经纬，如阴阳之割昏晓；大辂椎轮仍在……”（题 2005 年自绘西夏旧域图），知非别创一皴法，不足以状之。叠经试写，以为可用乱柴、杂斧劈及长披麻皴，定其轮廓山势，然后施以泼墨运色，以定阴阳。用笔宜焦干重拙，“皴法纯以气行”（自题2005年绘龟兹大峡谷图）。间亦试用茅龙管，或取一笔皴，以重墨雄浑之笔取势，或以金银和色，勾勒轮廓，尚有可观。一管之见，愿以就正高明。

（三）传神写貌之建议

西北境地，自唐以还，通西域商旅之路，逐渐改道，使人迹日益罕见，风沙岁月，铸凿大地，使其形貌，别有苍茫萧索之感。荒城残垒，险崖高壑，自成气势。是当亲历其所，深自体会，然后形诸笔墨，方能兼得其神其貌。写来不单山色风光，活跃纸上，即塞北风声雪意，亦毕现其中。

现今科技进步，摄影及录像俱可以使人安坐家中，而见宇内任何所在之面貌。但余仍以为，要真正为西北地域写照，单靠摄影录像仍是有所不足，因未能熟知其地之四时变化，与乎阴晴变幻之意。

清代石涛上人，最能构图，更善于捕捉山水之精神，但其足迹，只局于西南及江浙一带，山水亦多为匡庐、雁荡及黄岳所局限。一生足迹，未及塞外，故敢断言，使其复生于今日，亦不足以语大西北。

故欲描绘西北山水，开一新境界，亲历其地是必须条件。

五、一点期望

近日青藏铁路直接通车，大西北景物毕现于画人之眼中，可以无限接触景物，取之无禁，挹之不竭。

大西北自古为华戎争夺及贸易地带，是中外文化大熔炉，大秦人之东来，其文化久与吾华融合，是一中外文化混融地区。

我希望摄影家运用画理，先行摄取大西北古迹要地，以供画家初步参考。冯其庸的《丝路摄景》，乃先行者。另外，若能对西北地区多作录像介绍，分别出书，则对西北宗画派之发展，有极大的推动作用。

学术规范应坚持“守正”

吴小如

顷拜读汪少华先生近著《古诗文词义训释十四讲》，深感作者学有本源，功底坚实，“夫人不言，言必有中”，是一本值得推荐的好书。故不惮词费，略陈鄙见，愿从事学术研究和教育工作的同行们（特别是中青年学者）都能耐心通读一遍，然后对照自己治学的心态和途径，或许有点参考价值。以我本人而论，不仅从这本书中学习到不少知识，且获得反躬自省改正错误的动力。它既是作者学术研究的成果，更是供人们反思自鉴的一面镜子。不得以其所论者只是古诗文中一字一句的小问题，便忽视了它在治学态度与途径方面所起到的导夫先路的作用。

在本书的《前言》中，作者开宗明义提出了他撰写此书的实践准则——“守正”。作者说：“所谓‘守正’表现为，首先，不轻易否定旧注成说，而应当探究其所以然……；其次，旧注成说有歧解时梳理考辨，审断从善；第三，纠正现代辞书与今人新解的偏误，并阐述致误的原因。倡导‘守正’并不排斥发明，但发明的前提是守正。倡导‘守正’的意义是，在古籍整理、辞书编纂和语文教学领域乃至全社会语言文字应用中，建立和强化古诗文词义训释的学术规范，阻遏穿凿附会、少见多怪倾向，防止以讹传讹、乱人耳目甚至可能误人子弟（的偏差）。”（《前言》，3—4页）全书分十四讲，每一讲对古诗文中一字一句的训诂，不仅求其准确的含义，并且从此文此诗写作的时代、当时的社会环境和文化习俗的背景来判定这一字一句的解释为什么应当如此而不应当如彼，这就不是孤立地只从一字一句的单纯释义上来看问题了。由此可见，作者的眼光并不局限于训诂学一隅，而能放开视野，来判定这一词 一句究竟应如何理解才符合实际。如果作者没有广博深厚的基本功，是不可能如此有的放矢而一发中鹄的。可我们当前不少的教育工作者和研究工作者，恰恰缺乏的正是这种扎实的苦功夫、硬功夫，从而出现一些对古诗文字句的理解望文生义、臆断妄测的曲解谬论。照我看，这不仅误人子弟，而且要误人父兄、贻误来者了。

从“守正”的规范出发，我作为一个老教书匠，首先从这本书中获益的是必须老老实实承认错误，虚心接受作者对自己的批评。我也拟出一条自省的准则，即应以诚恳的态度“服善”。只有真正服善，才能使自己进步，并在今后尽量不再犯类似的错误。仅就本书所指出的，我在课堂的讲义中所犯的错误至少有四条。现逐一列出，除向作者致谢外，还要向听过我的课和看过我的书的“上帝”们致以诚挚的歉意。

1. 我在《国语·召公谏厉王止谤》一文中把“其与能几何”的“与”字讲成实词，认为应作“助”解（见《先秦文学史参考资料》和拙著《古文精读举隅》）。而本书作者除备引各种讲法（如王泗原《古语文释例》等）外，并根据《国语》文本自身的若干句例，把“与”字与上下文连读解为反诘语气副词，这就很具说服力。而我则只是就文论文，没有遍检《国语》和有关古籍，仅凭己意臆断，看似文义可通，却误解了原文。

2. 我在《国语·勾践灭吴》文中把“生三人”、“生二人”讲成生三胞胎、双胞胎，没有如本书作者根据古代习俗制度来理解文义，实在是武断臆测，以致贻害他人。除承认自己无知外，更应向受拙解影响的各家选本的编者和读者表示歉意。

3. 我解释《国策·触龙说赵太后》一文中“持其踵为之泣”一句是望文生义。当时我根本没有细绎《三礼》和其他古籍，不知古代母亲在送女儿出嫁前要给她亲自穿上一双由夫家送来的“屦”（鞋），从而才可能“持其踵为之泣”。而且当时的妇女（包括赵太后这样的贵族女性）是不允许走出“祭门”（宗庙之门）的，当然不会由太后把女儿亲自送上车，所以才出现了强不知以为知的常识性错误。记得本世纪初，与已故门人倪其心教授闲谈，其心说，现在讲文学史不治《三礼》是不应该的。我虽同意他的看法，但我对《三礼》也只是浅尝辄止。尽管我对《礼记》中若干篇曾认真读过并给学生讲过，孙诒让的《周礼正义》中的资料我也充分利用过，但对古代礼制毕竟“不求甚解”。通过读汪君此书，我才真正感到自己读书实在是太少了。

4．我在拙文《听父亲讲〈孟子〉》中曾强调《孟子》首章梁惠王说的“亦将有以利吾国乎”和孟子答话中的“亦有仁义而已矣”的“亦”字是落实到具体含义上的，与现代汉语中的“也”字含义相同。其说早见于金圣叹的《唱经堂才子书》。文章发表不久，便有专家撰文同我商榷，当时我并未再写文章应对。这次读汪君书，他在谈《赵威后问齐使》“岁亦无恙”句时着重谈及“亦”字用法，认为它不过是个加强语气的虚词，并引用了若干同类例句，极有说服力。我回忆父亲当初给我讲《孟子》时，只是强调文章修辞的写作技巧，并非从训诂本身去考虑问题，因此才出现了穿凿性的理解。

此外，我对“滥觞”和《曹刿论战》中的“下视其辙”、“登轼而望之”这些习见的例子，也有过一些似是而非的考虑，这次读了汪君大著，才心悦诚服地赞同他的意见。

我认为本书给人以最大的警示，是第十四讲以《汉字拾趣》一书为例提出的“八忌”，即：一忌不明文献体例，二忌引文与叙述语不分，三忌注文与本文不分，四忌以流为源，五忌出处不确或不详，六忌擅改原文，七忌不明文章而破句，八忌误解妄说。其实这些毛病并不限于一部所谓的“学术著作”，只是这本《汉字拾趣》显得太突出了。奉劝今天的某些自命不凡的“学者”，切勿蹈汪君所指出的这“八忌”的覆辙。要想使学术真正规范化，绝对不能借“学术”的幌子作为自己欺世盗名的工具。作者在书中对目前学术界某些心态浮躁、不肯用功读书的人，或举其一片浮夸、哗众取宠；或举其主观武断、少见多怪；

或举其缺乏自知之明而妄逞臆说……其本心还是与人为善，希望当今的教育工作者和研究工作者都能以“守正”为规范，认真做学问，为我们国家和社会做出真正、实在的贡献，为文化事业添砖加瓦。所以我才建议教育界和学术界的同行们，能认真读读这本书，从而因小见大、见微知著、举一反三，庶几不负作者的一番苦心孤诣。

在诗歌里感受“不死的心灵”

叶嘉莹

中国的古典诗歌，可以唤起人们一种善于感发、富于联想、更富于高瞻远瞩之精神的不死的心灵。中国古典诗词的内在精神和兴发感动的生命不会中断，中华文化的长流也一定能够绵延不绝，沾泽未来的世世代代。

我曾经改写过前人所作的一首《浣溪沙》小词，写为断句，说：“师弟恩情逾骨肉，书生志意托讴吟，只应不负岁寒心。”老师与学生之间的这种情谊，有时甚至比骨肉更亲近。因为骨肉是天生的，是血缘关系，在个人的精神、思想上并没有一种自我的选择；而师生的情谊，则是他们理想和志意的一种传承。所以很多人都觉得师生情谊更为可贵，是“师弟恩情逾骨肉”。“书生志意托讴吟”，我们讲授古典诗歌，我们的理想和志意都寄托在其中，也透过古人的诗歌，把他们的品格、理想，他们的志意、怀抱，他们的情操、修养，传递给学生。

关于中国古典诗词，曾有人问我：现在没有人喜欢古诗，大多数人也不赞成吟诵，那么中国诗歌会灭亡吗？我以为不会。中国古人作诗，是带着感情而写的；他们把内心的感动写出来，千百年后再读其诗作，依然能够受到同样的感动，这就是中国诗歌的生命。所以说，中国诗歌绝对不会灭亡。只要是有感觉、有感情、有修养的人，就一定能够读出诗词中所蕴含的、真诚的、生命的感动，这种感动是生生不息的。

真正的精神和文化方面的价值，并不是由眼前物欲的得失所能加以衡量的。上世纪以来西方资本主义过分重视物质的结果，也已经引起了西方人的忧虑。在我看来，学习中国古典诗歌的用处，也就在其可以唤起人们一种善于感发、富于联想、更富于高瞻远瞩之精神的不死的心灵。如果把中国古典诗歌放在世界文学的大背景中看，更会发现中国古典诗歌是以这种兴发感动为其特质的，所以《论语》说“诗可以兴”，这正是中国诗歌的一种宝贵传统。

中国古人的修养并不是向外张扬的。你看中国古代的音乐，像古琴、瑟，在大庭广众的演奏厅都并不合适。我们中国“行有不得反求诸己”，都是内向的，是你自身的、正心诚意去修身的，是内在的追求。所以中国的古典诗歌是吟诵，在夜深人静、清风明月之夜，拿一本古诗，把自己的心灵、感情、意念跟那首诗打成一片，而且，不仅是从理性、知识上打成一片，更是从感性上打成一片。李杜诗篇也是带着吟诵的声音作出来的，为什么用这个字不用那个字，有时候是因为意思的关系，有时候是因为声音的关系。而当你做这种斟酌的时候，不是纯粹的理性，是你吟诵的时候结合着声音辨别出来的。那是一种很微妙的区别，所以吟诵才重要。

我从事古典诗词的教学工作已近70年，不仅仅是出于追求学问知识的用心，更是出于古典诗词中所蕴含的对生命的感发，令我感动，召唤于我。这一份感发生命，蓄积了古代伟大之诗人的所有心灵、智慧、品格、襟抱和修养。所以中国传统一直有“诗教”之说。我一生历经许多苦难不幸，却一直保持乐观、平静的态度，正是与我热爱古典诗词有很大关系。现在，一些青年人竟因为被一时短浅的功利和物欲所蒙蔽，不再能认识诗歌对人的心灵和品质提升的功用，是件极遗憾的事情。我之所以回国教书，讲授诗词时特别重视诗歌中感发之作用，这也是一个主要原因。我坚信，中国古典诗词的内在精神和兴发感动的生命不会中断，而中华文化的长流也一定能够绵延不绝，沾泽未来的世世代代。

清代黑龙江将军与东北边疆治理
——《清代黑龙江将军传丛书》序

戴　逸

东北是我国重要的边疆地区之一。它所处地理位置独特，与中原相距最近；地域辽阔，南北贯通，无门庭之限；生态资源丰富，可耕可牧可渔可猎。这里，自古以来就是游牧、渔猎及农耕诸民族世代生息的家园，相互角逐的舞台。

东北地区的肥土沃野，培育出一代代强族，不断崛起，雄飞中原，如鲜卑，如契丹，如女真，如蒙古，如满洲等，先后占有北方半壁，或一统天下。在中国漫长的历史进程中，东北长久地处于战略地位，不断给中原王朝注入强大影响，甚至决定其盛衰或兴亡。

东北之重要，朝鲜李氏王朝中有识之士做出这样的评论："天下安危常系辽野：辽野安，则海内风尘不动；辽野一扰，则天下金鼓互鸣……此所以为中国必争之地，而殚天下之力守之，然后天下可安也。"（金景善《燕辕直指·辽东大野记》）

中国人感同身受，也做出了同样的判断。明朝镇守辽东的巡抚王之诰说："辽……中国得之，则足以制胡；胡得之，亦足以抗中国。故其离合实关乎中国之盛衰。"（《全辽志·序》）

所谓"辽"、"辽野"，确指辽东，相当于今之辽宁省境。在清以前，东北还没有一个整体性的统一名称，只有辽东为历代所通用，或指为行政区划，或用为地区名称。在辽东以外，即今吉林、黑龙江两省，除少数民族建立政权，有过短暂的行政区划名称，并无一个与辽东并列的通用名称。故上述引文中的“辽”，亦泛指东北。古人洞察东北的战略价值，其识见当不在今人之下。

至清，尤重东北，更远胜历代。东北为清朝的发祥地，亦是满洲及其先世的古老故乡。清朝视东北为其“根本之地”，而盛京则是“重中之重”。清入关后，设盛京为陪都，并开始在东北区划设治。先于盛京设内大臣留守，几度更名，最终定为镇守盛京等处将军；顺治十年（1653），再设宁古塔昂邦章京，统辖今黑龙江、吉林等广大地区，亦几度更名，辖地变更，最终成为镇守吉林乌拉等处地方将军。吉林之名，沿用至今。康熙二十二年（1683），为反击沙俄入侵，正式设镇守黑龙江等处地方将军衙门，标志清在东北基本完成行政设治。清朝一改历代在此所行羁縻之策，正式派将军、设首府、驻八旗、收赋税，纳入到国家行政管理体制，在中国编年史上，第一次真正实现了中央王朝对盛京、吉林、黑龙江地区即东北的完全统一。直至光绪三十三年（1907）四月，东北三将军衙门改设行省，比同内地，以东三省总督统辖，从而完成了管理体制与内地“一体化”的历史变革。

比较历代统治东北，唯清代统治最长久，以其完善的管理体制，实行一系列治边措施，推动并加速东北社会的变迁。特别是近代以来，东北经济发展突飞猛进，领先于诸边疆，成为最富庶的边疆地区。不言而喻，清代东北200多年中所发生的变化，无不与一代代东北三将军的有效管理及其实践息息相关。这就提出了一个有价值的研究课题，即以东北三将军为研究对象，展开系统而深入的研究，用以阐述有清一代东北历史与文化演变的历史进程，有助于揭示东北地区的历史真相。

东北地方史学者对东北史的研究已经做出了显著的成绩，取得了长足的进展，但对东北三将军的研究尚未启动。在东北三将军衙门存续的220多年中（最早建衙门的盛京将军已达250多年），任此职位的将军几近400人。除个案研究，尚缺乏“群体性”研究。例如，将这些将军们的生平事迹写成传记，即是其中之一。黑龙江省齐齐哈尔的学者们捷足先登，率先包揽有清一代120多位黑龙江将军，编纂《清代黑龙江将军传丛书》，打开此项研究的新局面，开了一个好头，适足以起到示范作用。

在东北三将军中，黑龙江将军居于特殊地位。首先，黑龙江将军所辖之地，与中央王朝政治中心相距遥远。无论是远古，还是清以前；无论是清代与沙俄划界前，还是划界后，黑龙江流域都被称为我国东北的“极边”之地。古代交通不便，鞭长未及，一旦发生不测之事，难以迅速得到中央王朝的指令，如需支援，也难以迅速到达。这使黑龙江将军之处事，较之盛京、吉林两将军更难。其次，这里自然条件虽说资源丰富，但气候更严酷，冬季漫长而寒冷，生存条件远不如盛京与吉林两地区优越，以致地广人稀，除游牧、渔猎等少数民族，长期以来，汉人少见。这又使黑龙江将军为政之难，难于盛京与吉林两将军。第三，更难更具危险性的是与沙俄为界，直面野蛮、贪婪、也更具侵略性的沙俄，其处境远比盛京与吉林两将军更严峻。与沙俄分界，是在其入侵我国东北黑龙江地区之后，清军首度激战雅克萨，才迫使沙俄于康熙二十八年（1689）与清朝签订《尼布楚条约》，是为中国历史上首次与毗邻的国家划分边界。自此，黑龙江遂成名副其实的边防重地，在此任职的一代代将军们也置身于边防最前线，负有守土之责，亦比盛京、吉林二地区的将军更重；办理外交、解决与沙俄的各种边务问题，又多了一份重要职责。

显而易见，研究黑龙江历任将军的实践活动，其内容尤为丰富，特别是在抗击沙俄一次次入侵的斗争中，更见英雄本色。如，首任黑龙江将军萨布素，率军反击沙俄侵占我国的雅克萨，建树功勋；至近代，光绪二十六年（1900），当沙俄大举进攻，寿山将军组织军民奋起抵抗，在兵败之后，愤然自卧棺材，吞金自杀殉国，死得十分惨烈。他们中，还有一些将军为治边、开发边疆做出了显著的业绩，推动了黑龙江地区的经济向前发展。当然，并非个个将军皆英雄，实际上，也有庸懦之人，亦有不廉不清之辈。如同其他群体一样，黑龙江将军群体，也是形形色色，不一而足。他们的将军生涯及各种实践活动，都在《丛书》的各个传记中得到了充分评述。认真总结他们治理边疆正反两个方面的经验教训，充分认识他们的品质作风，对于当代人，确有参考与借鉴的重要价值。

这部《丛书》，较为翔实地展示了各位将军在黑龙江的历史活动，如把他们各自在黑龙江的历史相互联结起来，就组成了一部清代黑龙江地区的全史。若了解该地区的历史，或了解每位将军的生平事迹，这部《丛书》值得一读。同时，它也为史学工作者研究清代黑龙江地区史提供了新思路。

黑龙江齐齐哈尔地方历史学者首次编纂这部大型人物传系列，颇具创新的学术意义。但这仅仅是开始，有待于深层次地展开学术研究，给予每位将军准确的历史定位，给予他们中肯的评价。若要达到这一目标，进一步深入挖掘史料是必不可少的。例如，将军们在黑龙江任职，他们向朝廷的奏疏必然不少。除了《清实录》略有记载，大都保存在黑龙江省档案馆与北京的中国第一历史档案馆。无疑，这些难以计数的档案，是研究黑龙江将军的重要史料来源。在这方面，还有许多工作要做。我期待齐齐哈尔地方史学者继续努力，为地方文化的发展做出多方面的贡献。

《丛书》编纂成功，可喜可贺。是为序。

论儒家的“礼法合治”

汤一介

《礼记·坊记》：“子言之：君子之道，辟则坊与？坊民之所不足者也。故君子礼以坊德，刑以坊淫，命以坊欲。”疏谓：“大为之坊坊之，而人犹尚踰越犯躐，况乎不坊乎？‘故君子礼以坊德’者，由民踰德，故人君设礼以坊民德之失也。”“‘刑以坊淫’者，制刑以坊民淫乱也。”“‘命以防欲’者，命，法令也；欲，贪欲也。又设法令以坊民之贪欲也。”盖“礼”为人君所设立为防止超越道德的界限；如果用“礼”还不能防止道德败坏，那么就要用“刑”来防止为非作歹、祸乱社会；如果“刑”还有所不足，则可以用“法令”来补充，以防止老百姓贪欲泛滥。“礼”、“刑”、“欲”这三者的功能虽不同，但均为人君所设立，所以可以看出它们都带有制度性。《论语·为政》：“子曰：道之以政，齐之以刑，民免而无耻；道之以德，齐之以礼，有耻且格。”这里不仅说明“礼”和“刑”的功能，而且说明它们二者的效果不同。因为用“政令”和“刑法”，虽然民可以暂时避免犯罪，但不是自觉地遵守法规，因此对犯罪并无羞耻心；如果用“道德”和“礼教”，民有羞耻之心，而且能走上正道。这说明，用“刑”和“礼”在效果上是不同的。“刑”带有强制性；而“礼”起的是规范作用，但它是在教化基础上形成的，所以带有自觉性的意义。贾谊在《陈政事疏》中说：“夫礼者禁于将燃之前，而法者禁于已然之后，故法之所用易见，而礼之所生难知也。”这是说，“礼”的作用是要在人们犯错之前就加以防止；而“法”（按：我国古代所谓“法”多即指“刑法”）是在人们犯错之后加以惩治。“刑法”的作用易见成效，而“礼”的作用难以立竿见影。这说明，“礼”是要靠长期养成，要有一定的道德上的自觉性。不遵守“礼”的规定，这叫“出礼”（或叫“越礼”），“出礼”就会要“入刑”。

所以“礼”和“法”虽功能和不同，但是相为表里有着密切关系的。由于“礼”、“法”有如此之关系，所以有荀子在中国历史上第一次提出“礼法”这一概念。俞荣根、李鸣在《礼法学》一文中说：“在中国法律史上，第一个明确提出和运用‘礼法’这一概念的是先秦儒家的殿军主帅荀子。‘故学也者，礼法也。’（《荀子·修身》）‘礼法之大分也’（《荀子·王霸》）。‘礼法之要枢也’，（《同上》）荀子所造的这一新名词，不是这两个概念的机械重叠、简单相加，而是对固定政治法律制度的一种质的界定。”

俞文所引《修身》一段全文如下：“礼者，所以正身也。师者所以正礼也。无礼何以正身，无师安知礼之为是也。礼然而然，则是情安礼也；师云而云，则是知若师也。情安礼，知若师，则是圣人也。故非礼，是无法也；非师，是无师也。……故学也者，礼法也。”这段话是讲“礼”的重要性和“礼”是要通过学习才可以知其重要性。使人正确的立身行事，但依“礼”立身行事是要从前人的正确经验中得到，离开了“礼”就没有立身行事的规矩了。这说明，“礼”是一种合乎“规矩”（法度）的制度。当前，中国社会之乱象环生，很可能是由于“礼”的丧失，什么事都没规矩了，正如荀子所说：“无礼，是无法也。”因此，我们必须重新学习“礼”，以使我们知道应该如何立身行事的规矩。当然，“礼”可因时而有所变，但中国“礼”的精神则应传承。正如《荀子·王霸》中所说：“国无礼则不正。礼之所以正国也，譬之犹衡之于轻重也，犹绳墨之于曲直也，犹规矩之于方圆也。”

《荀子·王霸》中所说之“礼法之大分”，“礼法之枢”都是要说明“礼”作为一种“法度”在于对不同阶层、职业的人各应有其不同的“职守”，各尽其“职守”，则可各安其位，这是“礼”作为一种合乎人伦法度要求的最重要之点。这里，我们可以看出在中国古代“礼”对维系社会的稳定的重要意义。今天，我们的社会之所以并不稳定，我认为正在于没有把“刑法”建立在“礼法”的基础之上。正如孔子所说：“道之以政，齐之以刑，民免而无耻。”“刑法”并不会使人们知道“羞耻”，因为它是一种外在的压力（他律）。而“礼”则是一种自身自觉的要求（自律），它有着一种社会道德规范的意义。

“礼法”从一定意义上说这一概念是包括“礼”又包括“法”，而这两者是相关的，所以荀子说：“故非礼，是无法也。”（《荀子·修身》）对这句话，我们也可以解释为，离开了“礼”，“法”无法合理地建立和起作用的。这就是说，“礼”可以包括“法”，它是规范社会存在的一种根本制度，或者说它可以是指导“法”的根本原则。“礼”与“法”从制度上说虽是两套，但有着互补的相联关系，因此从精神上说则是一贯的。就这点看，荀子提出“礼法”这一概念对古代中国社会生活的治理，应是十分有意义的。“礼”、“法”虽然功能不同，但它们既有互补关系，又有从属关系。“礼法合治”应是维系中国古代社会的根本制度。

“礼”之所以重要正如荀子所说：这是因为“礼”作为“圣王之道也，儒之所谨守也。传曰：农分因而耕，贾分货而贩，百工分事而劝，士大夫分职而听，建国诸侯之君分土而守，三公总方而议；天下莫不平均，莫不辨治，是百王之所同，而礼法之大分也。”（《荀子·王霸》）社会发展到一定阶段必有分工，如分工而能各尽“职守”则社会可治可安，这才是“礼法”所要求的。在古代社会的分工必有其如此分工的道理，这个道理是要从当时的“礼”来规范的。社会发展到今天，古代分工是否合于今日社会，是可以有变的，但分工总是存在，既然“分工”仍为社会所需，因此“礼”作为一种规范社会的精神需求其意义并不能否定，只能在传承中更新。当前中国社会的现实看，我们似应在继承儒家“礼”的精神并吸收和消化西方“法治”的精粹来建立一套适应当代中国社会“礼法合治”的社会生活呢？我想，这无论如何是我们应该研究的问题。

《汉书·礼乐志》说：“《六经》之道同归，而礼乐之用为急。治身者斯须忘礼，则暴嫚入之矣；为国者一朝失礼，则荒乱及之矣。”《六经》的道理是一致的，但《礼》、《乐》治理社会的作用则更为急需、更为切近。这是因为社会片刻“忘礼”，那么残暴为非作歹就侵入；治理国家的人短暂的时间“失礼”，那么国家社会荒淫混乱。故中国自古被称为“礼乐之邦”。照荀子的说法：“学莫便乎近其人。《礼》、《乐》法而不说，《诗》、《书》故而不切，《春秋》约而不速。”（《荀子·劝学》）梁超雄《荀子简释》中说：“伯兄曰：此言得师友，胜于读书也。《礼》、《乐》有一定之声容而未尝说明其理，故曰：‘法而不说’。《诗》、《书》为掌故所萃，或不切于今之世，故曰：‘故而不切’。《春秋》辞约而旨征，或难速晓，故曰：‘约而不速’。惟近君子习闻其说，则可以养成尊贵之人格，普遍之智识，而周于世事矣。”这段可以说是对礼，《礼》与《诗》、《书》、《春秋》的功能不同的很好的解释。因为，礼乐在生活中容易表现出来，只要有榜样，就容易学到；礼、乐也是一种制度，制度比较具体，只要照着规矩做就可以了。而《诗》、《书》要讲的是一些道理、甚至有些掌故，没有一定的知识是难以把握的；《春秋》所用记事言辞非常简单，因此很难一下子掌握其中的“微言大义”。而礼、乐在生活中有榜样、有师教则可以学到，所以《荀子·修身》中说：“故学也者，礼法也，夫师以身为正仪，而贵自安者也。”礼、乐虽容易学，但它的道理则是非常深奥的，所以《汉书·礼乐志》中说：礼乐是圣人根据天地的法则来制定礼乐，这样才可以“通神明，立人伦，正性情，节万事”。就此，我们可以看出，从理论上说“礼”对中国社会是非常重要的。从中国社会的理想形态看，它应该是“礼法合治”的社会。“出礼入法”应是儒家说明“礼法合治”的重要命题。盖“礼”可以包含“法”（刑法），但“出礼”（违礼）并不一定要被绳之以“法”。两者功能并不全同。“出礼”（越礼）达到危害社会秩序，就要用“刑法”来制裁；但有的情况下“出礼”并未达到危害社会的程度，例如，儿子辱骂了父亲，这当然是“违礼”的，可是并不需要用“刑罪”来判罪。故《汉书》中有《礼乐》和《刑法》二志，把《礼乐》与《刑法》分为二志以示其功能之不同，但均带有制度的性质。《汉书·礼乐志》：“人性有男女之情，妒忌之别，为制婚姻之礼；有交接长幼之序，为制乡饮之礼；有哀死思远之情，为制丧祭之礼；有尊尊敬上之心，为制朝觐之礼。”“礼”涉及人们社会生活的诸多方面，它对规范人们的生活是不可或缺的，因此，要制定各种“礼”的制度，这是由于人性情的要求，所以“礼”不可废。这正如孔子所说：“安上治民，莫善于礼。”“移风易俗，莫善于乐”，安定社会最重要者是“礼”的作用；养成风习其最重要者是“乐”的作用。《汉书·刑法志》中说：“圣人……制礼作教，立法设刑……《书》云：‘天秩有礼’，‘天罚有刑’。故圣人因天秩而制五礼，因天讨而作五刑。”“礼”是起教化的作用，“法”是对犯法的人起惩治的作用，因此，圣人既制“五礼”又制“五刑”，以保证社会的安宁。就这点看，“礼”、“法”虽为两套不同功能的制度，但对社会说都是不可少的。《汉书·礼乐志》：“王者必因前王之礼，顺时施宜，有所损益，即民之心，稍稍制作，至太平而大备。”由于社会生活的变化，因此人君必须在前代的“礼”的基础上，顺应时事的变化使“礼”与时相应，而有所增减。《论语·为政》：“子张问十世可知也。子曰：‘殷因于夏礼，所损益，可知也。周因于殷礼，所损益，可知也。其或继周者，虽百世，可知也。”可见“礼”在各朝各代都是在继承前朝前代之“礼”而有所增减，而且我们可以根据“礼”的或增或减而对其变迁的轨迹有所了解。

《汉书·礼乐志》：“礼节民心，乐和民声，政以行之，刑以防之。礼乐政刑四达而不誖，则王道备矣。”“礼”的作用是调节民心所求，“乐”的作用是表达民的心声，“政”（行政）是指导民的行为，“刑”是防止民的“出礼”而“入刑”。如果这四者配合得好，那么行“王道”的条件就具备了。由此可见，“礼”和“法”是相须而立的。就这点看，中国历朝历代都是把“礼法合治”

用于社会的治理。

《论语·学而》："有子曰：礼之用，和为贵。""礼"的最重要的作用在使社会和谐。但如何使社会和谐？《论语·颜渊》："颜渊问仁。子曰：克己复礼为仁。一日克己复礼，天下归仁焉。"费孝通先生对这段话有一很好的解释，他说："克己才能复礼，复礼是取得进入社会，成为一个社会人的必要条件。扬己与克己也许正是东西文化差别的一关键。"人们要克制自己的私欲，这样进入社会才可以遵循"礼"的要求而成为一个社会人，如果人人都能做到克制自己的私欲遵循"礼"的要求而进入社会，这样天下就能实现"仁"的要求，也就是说可以由"亲亲而仁民，仁民而爱物"，而天下大治了。这里，我们可以看到中国儒家的"礼"是从社会关系来定义"人"，不是从单个"人"的存在来定义"人"。这是因为"人"一生下来实际上已经处在社会关系之中。"人"生下来就与他父母发生关系，如果有兄弟姐妹，又与他的兄弟姐妹发生关系，随着年龄的增长，就与他人发生关系，如朋友、上级下级、妻子等等。那么应该如何处理这相互之间的关系呢？儒家、特别是先秦儒家认为，人与人之间有着一种相互对应的关系，这种关系是互相的，不是单方面的。《左传·召公二十六年》：齐侯向晏子问"礼"，晏子对曰："礼之可以为国久矣，与天地并。君令臣共，父慈子孝，兄爱弟敬，夫和妻柔，姑慈妇听，礼也。君令而不违，臣共而不贰；父慈而教，子孝而箴；兄爱而友，弟敬而顺；夫和而义，妻柔而正；姑慈而从，妇听而婉，礼之善物也。"（"礼可民治理国家已经由来很久了，和天地相等。国君发令、臣下恭敬；父亲慈爱，儿子孝顺；哥哥仁爱，弟弟恭敬；丈夫和蔼，妻子温柔；婆婆慈爱，媳妇顺从，这是合礼的。国君发令而没有错失，臣下恭敬而没有二心；父亲慈爱而教育儿子，儿子孝顺而规劝父亲；哥哥仁爱而友善，弟弟恭敬而顺服；丈夫和蔼而合理，妻子温柔而正直；婆婆慈爱而肯听规劝，媳妇顺从而能委婉陈辞，这又是礼的好事情。"）

又《左传·隐公三年》:“君义臣行，父慈子孝，兄爱弟敬，所谓六顺也。”《礼记·礼运》：“何谓人义？父慈子孝，兄良弟恭，夫义妇听，长惠幼顺，君仁臣忠，十者谓之人义。……修十义，讲信修睦，尚辞让，去争夺，舍礼何以治之。”据上所引可知，先秦诸书所言“礼”者，其意义在于规定“人”在社会生活中应有之权利和应尽之义务。“父慈”才有“子孝”，同样“子孝”才有“父慈”；“君义”才有“臣忠”，“臣忠”才有“君义”；“兄友”才有“弟恭”；“弟恭”才有“兄友”等等，这些都是“礼”所规定的社会生活准则，离开了“礼”社会是无法治理的。由此可见“礼”在古代中国社会是何等重要。“父慈子孝”、“君义臣忠”、“兄友弟恭”等等可以说带有权利和义务相对应的对等上的意义。当然，这种相对应的对等关系，在中国古代社会的条件实际上是很有限度的，因为它并没有和“自由”观、“平等”念直接联系起来，因此，它还不完全是今天维护人权意义上的平等相当。但它无论如何规定了人的关系，双方都在一定相对应的关系之中，不能只有权利而无须尽相应的义务（或责任）。

“礼”既然曾经影响了中国社会好几千年，它必定有其特有的价值。我认为，中国的“礼”是建立在一套社会道德要求的基础上的，因为无论是“君义臣忠”，还是“父慈子孝”都是从“忠”、“孝”、“仁”、“义”等等道德中的要求提出来的，而这些道德伦理观念需要制度化的“礼”才能对社会起作用，所以贾谊说：“故道德仁义，非礼不成。”（《新书·礼篇》）汉朝在取得政权之后，为了巩固其统治，统治者治理社会的实际，则不再提倡“君义臣忠”、“父慈子孝”、“兄友弟恭”、“夫和妇柔”的相对应的“礼”，而提出维护专治统治的“三纲六纪”，强化了等级关系。这一变化对中国社会的影响巨大。现在看来，中国儒家所提倡的“礼”应为我们特别重视。它可能只是一种理想，并无实际的操作性。但无论如何它为我们留下了十分宝贵的遗产。如果我们能批判地继承这份“古礼”，并大力吸收西方近代以来的“法治”，也许会创造出新型的"礼法合治"的社会。此问题甚大，不是我这个对中西"法理"的外行人应涉足的。但提出一点外行人的新的看法，引起讨论，也许并非坏事。

《郭店·性自命出》中说："道始于情。"这里的"道"说是是"人道"，即是说人与人的关系是从"情"开始的。樊迟问"仁"，孔子曰："爱人"。为什么"仁"的本质属性是"爱人"，照孔子看："仁者，人也，亲亲为大。""仁爱"的本性是人天生所具有的，爱自己的亲人是出发点，是根据。人一生下来与他发生关系就是父母，子女最初爱自己的父母是天生如此的，就像父母爱自己的子女是天生如此的一样。这当然是一种感情的关系，我们可以说这是一种"情本"（情本体）的表现。但是孔子的儒家认为"仁爱"的精神不能仅仅停留在爱自己的亲人上面，则要"推己及人"，要努力做到"老吾老以及人之老"，"幼吾幼以己人之幼"。"推己及人"是由人的感情推出来的，还是由人的"理性"推出来的。我倾向于是由人的理性在起作用，如果人没有这种"推己及人"的理性能力，人类的社会关系将无法合理的建立，所以说这种"推己及人"的理性能力，我们也可以说它是人天生所具有的，它是人的"理性"表现。因此，把"亲亲"推广到社会，这就要有一种规范，而在中国儒家认为"礼"就是一种带有制度性的规范，所以《礼记·仲尼燕居》中说："礼也者，理也。"中国社会关系的建立从"情"发生，而归之于"理"，这都与"礼"有关。所以"情本"和"理本"合而言之中国儒家学说是一种"情理合一"的本体学说。现在有学者认为，中国文化思想是一种"情本体"学说，固然不错，但也许说它是"情理合一"之本体说更为恰当吧！儿子对父亲没有礼貌，甚至辱骂了父亲，但这并不构成"入刑"的程度，这就是一个批评教育的问题。现在我们的社会之所以乱象环生，不仅仅是"犯法"的问题，而且是"礼"丧失殆尽。因此我认为，我们是不是可以在传承"古礼"的基础上，使之更新而有利我们建立一种"传承创新"的"礼"的制度，并且使"礼"与"法"有机地结合起来使我们的社会更加适合中国人民的需要，而不一定要把我们“礼法合治”全然抛弃掉，而全盘照搬西方的“法治”。因为，未达到“入刑”的“礼”对全民、特别是领导人更为重要，有一套规范领导人的“礼”对中国社会说是非常重要的，盖因它是做人的基本道理。当然，对西方“法治”我们仍然要不断地吸收和消化其中合理的因素，而丰富我们“礼法合治”的内容。

我与西藏学

王 尧

让我来说“西藏学”，有点惶恐，可老辈相继作古，又感到责无旁贷。首先要做一点解释：什么是“西藏学”。简单地说，“西藏学”就是研究西藏的学问。还要把“西藏”二字解释清楚：“西藏”是位于我国西南边陲的一个广阔的地区，目前称为西藏自治区（人口223万，首府拉萨）。在历史上，对这一地区有不同的称呼，唐、五代、宋，一直到元代都称之为“吐蕃”。古人按照当时的藏人自称为Bod（蕃），汉语译为吐蕃，发音为“吐博”或“吐钵”。而“吐”字很可能是汉语的“大”字，合起来，就是藏人的豪言壮语——大蕃（见于公元823年立于拉萨的唐蕃会盟碑）。明代称为“乌斯藏”，清代称为“卫藏”，实际上是藏语 Dbus-gtsang 拼的译音。除了西藏以外，藏族还分布于青海、甘肃、四川和云南四省，分别在各省建立了自治地方（自治州、自治县）。西藏学研究就包括西藏自治区和上述四省的藏族自治地方在内（人口合计446万）。在西方，习惯上称西藏学为Tibetan Studies或Tibetology，咱们自己有时简称为“藏学”。

这一学问是跨越社会科学和自然科学的综合性研究学科，实际上包括语言文字学、考古学、历史学、地理学、宗教学、文学、艺术、美术、雕塑、绘画、音乐、 舞蹈、民间说唱、戏剧、天文、历法、藏医藏药、建筑桥梁等多种学术领域。而藏语文恰好是入门的钥匙。我接触、进入西藏学领域，正是从学习藏语文开始的。

1951年5月初，我奉调离宁，告别了母校南京大学，拜辞了胡小石、罗根泽、汪辟疆、方光焘、张世禄诸位师尊（如今都已作古了，思之泫然）和同学（中有周勋初、包忠文、顾黄初、穆克宏、郭维森诸位卓有成就的学长，如今已在各自学术领域发挥长才，而郭恬兄却过早谢世，令人惋惜），只身北上，来到北京。那时对于西藏和西藏学简直是一窍不通，毫无了解，胸中茫然无绪。只想到临离南大前潘菽校长语重心长的嘱咐：要参加到保卫国防、解放西藏的伟大斗争中去，是十分光荣的任务，是与抗美援朝同样光荣的。当时正是举国上下“雄赳赳、气昂昂，跨过鸭绿江”进行轰轰烈烈的全民“抗美援朝，保家卫国”运动时期。年轻人的热血汹涌奔腾，“去吧！到西藏去，到祖国最需要的地方去！”是年轻人最响亮的口号。我们这一批年轻人响应祖国号召，发誓要为刚刚建立的人民共和国做贡献。就在我到北京不久，尚在筹备中的中央民族学院（现更名为中央民族大学）以极大的热情接待了我们。我与先期到达的从复旦大学、安徽大学、山东大学、湖南大学、 广西大学和北京大学等校调来的同学们一起欢庆5月23日达成的“中央人民政府和西藏地方政府关于和平解放西藏的十七条协议”，欢乐通宵，兴奋不已。来自西藏高原原西藏地方政府的代表阿沛·阿旺晋美（后来阿沛同志成为国家领导人之一，我也有机会多次向他请教，并为他充当翻译，乃后话）、凯墨·索南旺堆、土丹 列门、土丹登达和桑颇·登增顿珠跟我们见了面。看到他们穿着光彩艳丽的丝绸长袍，梳拢着光可鉴人的辫发，听他们说着不同的语言，心里感到好生奇怪！想到祖国的需要、西藏的需要，我们急于想早日学会藏语，早日承担起祖国交给自己的任务。

感谢于道泉教授，他以最大的热情和耐心诱导我们如何学习藏语。他认为，先学会口语，然后在通晓语言的基础上再去学习藏文，可能会快一些，因为藏文和藏语有一定的距离，也就是文言与白话的差别，如果一开始就学藏文，难点太集中了，效果不会太好。他设计了一套用拉丁字母拼写藏语的方案，编出若干课的口语教材，生动，有趣。于道泉教授精通藏、蒙、满、英、法、德、匈、土耳其和世界语等多种语言，他广博的语言知识和宽容谦和的态度令我们这些后生小子十分钦佩。他邀请在京定居的藏族老学者曲吉洛卓先生（来自拉萨，曾在南京国民政府蒙藏委员会任职，取汉名李春先，并宣称自己是随同文成公主入藏的唐宗室官员的后代，所以姓李），以标准的拉萨口音讲授。还记得这位李老先生在他编的教材中设计了一个取名为“旗杆”的人物来影射于教授。于先生十分宽容地笑着说：“他编的口语真流畅，取的诨名也很风趣。”老师们合作的关系是很好的。我们住在北长街的班禅办事处后院，有机会跟藏族官员接触，向他们学习语言。还有云南藏族钟秀生先生和巴塘藏族格桑居勉先生作为助教帮助于教授做辅导工作。那时，整天听到嘎、卡，噶、阿的拼读声，一遍一遍的朗读声，弥漫在北海公园的侧畔。同时还约请了拉萨功德林寺派驻雍和宫的僧官士登尼玛喇嘛和原在拉萨与汉族人士结婚，随夫来北京定居的罗桑曲准女士做口语训练、对话、答问的辅导。所有这些都是于道泉教授不辞辛苦的安排，使我对藏语有了初步的认识，更引起了学习的浓厚兴趣。不久，我们远离北京，前往藏区，开始了新的学习里程。

贡噶活佛是我们到藏区投奔的第一位高僧。他曾担任十六世大宝法王噶玛巴的经师，有关于西藏历史、宗教、文化等方面的多部著作，在东部藏区有极高的威望。他将我们接到贡噶雪山上的贡噶本寺（依藏文名称“康松扎”，意思是“名闻三界寺”），和噶玛堪布一道教导我们，选用萨班·贡噶坚赞（1182—1251）的哲理诗《萨迦格言》作为教材，让我们精读这一部杰作，这使我能初窥藏文古典作品的门径，颇有身置庄岳仰之弥高之感（后来，我在随堂听讲之余，把它译成汉文，曾在《人民日报》文艺版上连载了好几个月，又结成集子出版）。

贡噶活佛又推荐了一部《佛陀释迦牟尼赞注》让我们了解印度佛教史和佛陀本身故事，饶有趣味，这一切对于研究藏族文化、历史极为重要，使我们终身受用，永远难忘。在贡噶山上生活的日子至今萦怀，既紧张又活跃，既有诸多难关，又有克服困难后的欢乐。记得我曾到离寺几十里的玉龙榭村去参加一次婚礼，第一次直接了解藏族的礼俗，热烈的场面，送亲迎亲各种仪式，酒肉频频传递，歌舞通宵达旦，尤其是赞礼的人，长长地诉说本地本族历史的赞词。我还听不大懂，靠着藏族学长斯那尼玛口译才有所了解。后来我连夜写了一篇《牧场上的婚礼》，在《中国青年报》上发表。贡噶上师真是一位循循善诱的好老师，他教过不少弟子，在台湾和美国成为一代密教大师的陈健民、屈映光、张澄基（藏文名著《米拉日巴传》《道歌》的英文和汉文译者，于右任先生的女婿）都是上师的及门上首。不过，他们几位都是在我们上山以前就离开了，未能见面。1954年春天，贡噶上师应中央民族学院之聘，作为客座教授来到北京，真正实行韩愈在《师说》中所说的传道、授业、解惑来了。一时间，到中央民族学院宿舍前来求法的、求教的、参拜的熙熙攘攘。其中有李济深先生，他以共和国副主席之尊前来拜望。记得那一天，先来了好几位解放军，警卫森严，把贡噶上师的寓所前后把定，李先生一进门纳头大拜，称弟子礼。还有著名抗日将领、十九路军司令、佛学家陈铭枢先生，及哲学大师梁漱溟先生都曾先后来拜，执礼甚恭。足见上师道行感人之深。

1954年9月，第一届全国人民代表大会第一次会议期间，上师被聘为大会藏文翻译处的顾问，与于道泉教授、法尊法师、才旦夏茸活佛、黄明信先生、桑热嘉措活佛等藏文专家合作共事，完成了《宪法》等五部大法的藏文翻译。我作为学徒，随侍在侧，受到很多实际教益，听到老一辈学者的谈话、议论，对藏语文中的口语与书面语的差异、各方言（卫藏方言、康方言、安多方言）之间的分歧和共同点有了深一层的了解。组织上安排上师到北戴河去度假、休养，我也随侍前往。在那里观赏石碣遗篇，幽燕胜迹，上师非常开心，似乎对海滨生活感到新奇而有趣。在休养期间，巧遇古文字学家杨伯峻先生也在那里度假。杨先生是我国著名文字学家杨树达（遇夫先生）的侄儿，曾担任过冯玉祥将军的文学教师。他对贡噶上师十分崇敬、仰慕，请教了好几个有关密教的问题（由我充当翻译），谈得非常融洽。当时杨先生新婚，偕夫人一起拜见上师。1982 年夏天，在北京召开的国际汉藏语研究第十五届大会期间，我又一次与杨伯峻先生相遇，同住友谊宾馆申主楼，比邻而寓。杨先生还深情地回忆起与贡噶上师的那次学术会晤。流光易逝，感叹无常，贡噶上师已于 1957 年阴历正月二十九日在贡噶寺圆寂了。杨伯峻先生也在前几年遽归道山，记下这一段往事，算是对二位先生的纪念。

贡噶上师是康区木雅人，除了讲藏语以外，还讲一种非藏语的木雅话。我曾注意到他跟侍者阿旺诺布用木雅语交谈，我一句也听不懂，感到非常奇怪，后来读到邓少琴先生所著的《木雅西吴王考》，才知道木雅是 mi-nyag 的译音。历史学家认为木雅古译“弥药”，可能就是西夏党项人的一支。西夏亡国（127），部民逃散，南来的一支就是今天居住在康区的木雅人。上师在新中国成立前到内地弘法，曾任国民政府的国大代表，并被封为辅教广觉禅师。在内地多次传法讲经，有很多信众。至今在海外还有他的再传或者三传弟子在弘传噶玛噶举的教法，可见其影响之大。上师曾口述《心经》藏文本，译为汉文，比较汉藏两种文本的异同。 1988 年和 1990 年我在香港中文大学访问期间曾应“金刚乘学会”刘锐之会长之邀，到该会访谈，从而知道这一学会传习宁玛派大圆满教法，同时也供奉贡噶上师，尊为师祖。1994 年，我应台湾的政治大学之聘前去讲学三个月，在台北知道有一贡噶精舍，一位蒙古族女性的“贡噶老人”在弘传噶举派教法，她也是贡噶上师的弟子。

藏文是藏语的书面形式。传统的说法认为藏文是吐蕃赞普松赞干布（？—

650）时文臣通米桑布札参照梵文创造的。关于创造藏文、推广藏文的故事很动人，说是通米桑布札等16位西藏青年被赞普派到天竺去，学习梵天文字，其中15位在印度得病身亡，只有通米桑布札一人学成回藏，以梵文的兰查体和瓦尔都体的字母为基础，参照藏语的实际，创造出30个字母和4个元音符号的藏文（正楷和行书），并制定了拼写规则和文法、规范的词语实例等，献给松赞干布。赞普大喜，乃亲自学习，并下令在全藏推广，这就是今天我们见到的藏文。于道泉先生非常同意贡噶上师的观点，完全遵循古代的传统，而且认为藏文就是古代藏语的遗留，由于长时期的历史演变，藏文和口语之间产生了距离，而各地方因为山川险阻，交流不便，形成了不同的方言，所以一句成语就产生了："一个喇嘛一个教派，一个地方一个方言。"（bla-mar re-re chos-lugs re/lung-pa re-re skad-lugs-re）在以后的几十年中，遵循于道泉先生和贡噶上师的教导，我一直努力地探索书面语与方言之间的发展关系及异同。1956年6月号的《中国语文》杂志发表了我的第一篇描写藏语声调的论文。那是根据赵元任博士在《仓央嘉措情歌》一书的音系分析中对藏语拉萨方言的语音系统的归纳后得出的观点，进一步明确了藏语拉萨方言中声调形成的语音变化现象；并以若干书面语的实例来证明声调是书面语（也就是古代藏语）演变的结果。这一篇小小的论文居然受到王力（了一）先生的重视，他在《汉语史稿》第一分册中加以征引，使我受宠若惊。当时，我与四川大学的张永言兄、中山大学的黄家教兄、厦门大学的陈世民兄四人组成一个助教听课小组，按时在北京大学文史楼中文系随堂听讲。了一先生当时在讲"汉语史"，每每在课后亲切地和我们交谈，让我们提意见。假若没有记错的话，当时还有许绍早先生、石安石先生与我们同堂。了一先生不疾不徐的声音，柔和温婉的讲课艺术，至今犹在目前显现。他老人家80高龄时书赠的条幅云：鼎湖访胜未缘悭，古寺巍然霄汉间，浩浩飞泉长溅水，苍苍丛树密遮山。夏凉爽气高低扇，冬暖晴云来去闲，自顾山灵应笑我，行年八十尚登攀。癸亥霜降后六日录旧作游鼎湖山诗以应王尧同志雅嘱。王力时年八十有四。了一师以84岁高龄所书的墨宝，笔力雄健，风格挥洒，字如其人，诗如其人，悬在室中，朝夕晤对，令人低回向往。

20世纪60年代，民族学院举办了两期藏文研究班，敦请西藏当代最著名的学者东噶·洛桑赤列活佛来主持讲席，我承乏一些教学助理工作，与他共事。事实上跟他朝夕晤对，随处学习。这两期研究班各三年，培养了一批藏学研究的骨干，他们中有的人担任了西藏自治区档案局局长、广播电视局局长、社科院院长、西藏大学副校长，乃至自治区政府副主席等要职。实际上这两期研究班把西藏学研究大大地提高了一步。东噶·洛桑赤列活佛与我共事前后10多年，又几次一道出国参加会议（1985年德国的慕尼黑、1992年挪威奥斯陆和意大利的西安那、1995年奥地利的格拉茨），对我的学术生涯影响至巨。他虽然身为活佛，饱学经典，但思想活跃，不落流俗，颇能适应新的时代潮流，锐意吸收新的知识和新的理论，能开拓新的视野，绝不囿于陈说，是最为通达的大师级的藏学权威。记得1985年在慕尼黑第四届国际藏学会上，他发言之前说了一句："今天能到革命导师马克思、恩格斯的故乡来参加会议非常高兴。"与会的西方人为之侧目，有人问我："东噶喇嘛是共产党员吗？"1997年7月12日，东噶·洛桑赤列活佛竟以骨癌重患不治而往生了。他留下了一大批著作，一大批弟子，一大批未完成的项目撒手而去，令人伤悲。

由于藏文研究班工作的无声催促和实际的需要，我便开始探索古代藏文的发展脉络，主要把精力放在吐蕃时期（即公元11世纪以前）的藏文研讨上，而吐蕃时期最可信的文献有三大类：（一）敦煌石窟遗书中的藏文写卷；（二）吐蕃时期遗留下来的金石铭刻文字；（三）从新疆、青海等地地下发掘的简牍文字。我以极大的兴趣去钻研敦煌写卷。首先把注意力放在最出名的《敦煌本吐蕃历史文书》上。1940年在巴黎出版的Documents de Toung-houang Relatifs a L'histtoire Du Tibet（Paris，1940）是法国巴黎大学藏文教授巴考（J.Bacot，1873一1965，他是于道泉教授的老师）、杜散（Ch. Toussan）和英国牛津大学教授托马斯（F.W.Thomas，1877—1956）三人通力合作的一本最重要的古代藏文历史文献的翻译和解读。此书是利用巴考、拉露、托马斯和杜散儿位精选的法藏和英藏的敦煌藏文写卷编成的，虽然在二次大战最严重的战火纷飞的年代，但人们还是以极大的热情赞扬这本书。于道泉先生鼓励我在这方面努力，并把他从海外携来的原本交于我，谆谆嘱咐用心研读。在当时我无法看到原卷，只好把上述书中转写的藏文一一还原（为藏文），再逐字逐句去揣摩，参考他们提供的译文。十分感谢马雍兄，当他知道我在研究这一本书时，便把他从法文译出的汉文底稿交给我，使我得到很好的参考。马雍兄是最勤奋的中亚学家之一，孜孜不倦，积劳成疾，1985年英年早逝，令人慨叹，学术之不幸也。一直到史无前例的“文化大革命”的年代里，我仍未敢忘怀此项工作。1969—1972年的三年中，被下放到湖北潜江“五七”干校，以戴罪之身被监督劳动时，我仍在坚持，为了躲避那些“革命”先生们的举报、监视，我把上述那本书的藏文原文抄写在小学生练习本上，便装在上衣口袋里，可以随时翻阅、琢磨，而又不露声色。但是，还是被“革命派”发现，被斥为“贼心不死”！直到“文革”结束，拨乱世之风，返正当之途。1979年，青海民族学院教材科在藏文教师王青山同志的推荐下，大胆地把我抄在练习本上的藏文原文和汉文译文排印成册，供有关的同行参考。这可说是这本书的最早版本。1980年，陈践同志参加进来，协助我改进了译文，增加了注释、考证之后，由北京民族出版社正式公开出版，定名为《敦煌本吐蕃历史文书》。还敦请闻宥教授题签了书名。闻老苍劲古朴的书法，雄浑而有生气，使人见了顿觉思想萌动，精神为之一爽。此后，我编著的《吐蕃金石录》（1982年版）和《吐蕃简牍综录》

（1986年版，也与陈践同志合作），都敦请闻老手书题签。闻老已于1985年驾鹤而去，他老先生遗留下来的手泽历历在目，人亡琴在，令人泫然。《敦煌本吐蕃历史文书》出版后，受到藏学界同行的热情关注，初版3000册很快售罄。我又得到去巴黎和伦敦两地图书馆调阅藏文原卷的机会，校正了若干由于转写和还原过程中的舛错，乃改订了原书，附上了原卷的照片，1992年重新出版了增订本，与《吐蕃金石录》和《吐蕃简牍综录》二书一致，成为三本一套的吐蕃文献丛书。与此同时，我发表了《吐蕃文献学导论》一文，对古藏文的特点、文献情况等做了力所能及的较全面的介绍。

在此基础上，参照了国内外时贤的论点，我把藏语发展分为五个时期：

上古时期，或称原始藏语时期。为公元6世纪以前藏语的统称，目前并无文献及实物资料可证，仅能从古代宗教本教（Bon）的传统、仪轨、咒词中，以及嘉戎、安多方言中发现若干古语古词。

中古时期，或称吐蕃时期。时间为公元7世纪至10世纪之间。因为有了文字，有若干著作和翻译作品可资印证。敦煌石窟遗书中的藏文写卷、吐蕃时期的金石铭刻和竹木简牍这三大类文献，再加上许多早期译出的佛典，可作为中古藏语的最基本、最可靠的凭证。我曾集中搞过这方面的研究。

近古时期。吐蕃王朝崩溃，各地豪强势力割据称雄，同时教派林立，众说蜂起，各地方势力拥有自己的学者，或著书立说，或翻译佛经，或托古埋葬文献。因之语言中新的因素在不断增长，但旧有的古语古词的影响尚未泯灭，新旧并存，十分活泼清新，是这一时期语言的特点。

近代时期。13世纪以来，元王朝与西藏领袖人物合作，完成了西藏地方纳入祖国版图的重要步骤，以后的明清两代逐步加强了中央政府对西藏地方的管理，政令统一，教派活动也逐渐规范，学者们写出大量著作。而且藏文《大藏经》的结集、雕版流通，都是这一时期的伟大成就。这一时期文化事业的繁荣，戏剧、 传记文学、历史和哲学乃至全集等一批语言大师的著作问世。

现代时期。20世纪以来，整个中国都卷入了时代的激流，处于祖国西南边陲的西藏地方也不例外。清王朝被推翻，帝国主义势力的入侵，战火绵延，政治动荡。至中华人民共和国成立，西藏和平解放，西藏社会发生了巨大的前所未有的深刻变化。随着经济建设的开展，文化、科学、教育事业蓬勃发展，藏语文迅速地顺应时代的发展要求，报纸及其他各类出版物如雨后春笋，从电影和广播事业的发展更可看出语言的变化非常明显。新词术语大量增加，新的表现方法不断涌现，修辞更加讲究，文法更加严密和规范。

以上的语言历史分期是我个人构想的一个框架。而方言的歧异也往往就是历史的反映，我曾以一篇论文《藏语mig（目）字古读考》（1984年）来表明我的观点。在那篇文章里，我认为代表最古老藏语特点的是嘉戎方言，其次是安多方言，再次是康方言，而卫藏方言（尤其是拉萨话）是发展最快、距离古代藏语最远的方言，然而它正代表了藏语发展的潮流和方向。至于敦煌藏文写卷，则是记录最古老的藏语实况的资料，十分可贵。为了说明这一点，我又写了《吐蕃文献学概述》一文，加以阐明。同时与陈践同志合作解读了大约50个藏文写卷，利用这些资料撰写了《吐蕃的兵制》《吐蕃的法制》和《吐蕃的官制》三篇论文。《吐蕃仪礼问答卷》和《北方若干国君之王统叙记文书》的解读和译文都曾引起了同仁的兴趣。后来，我们把这些资料结集为《敦煌吐蕃文书论文集》出版（1987年）。 以上是我学习、研讨藏语文的简要回顾。

于道泉先生最服膺的人物是陈寅恪。而陈先生把以语文知识治史叫做“以汉还汉，以唐还唐”，或者叫做历史语言学派。这也是于先生经常给我们介绍的，他一直希望我们用藏语为工具来了解藏传佛教（他自己在30年代初就曾以《明成祖和宗喀巴来往书信译释》做出过范例），而佛教是藏族人民普遍信仰的宗教。佛教于公元7世纪传入西藏，唐朝文成公主和尼婆罗赤尊公主都是虔诚的佛教徒，嫁给吐蕃赞普松赞干布时，先后把佛教信仰带进藏区，留下千古佳话。首先是赞普（藏王）和宫廷的后妃们信仰了佛教，又逐步推广到大臣和群众中去。我在贡噶上师处接受了文化教育，也接受了宗教教育，算是藏传佛教噶举派的信士。贡噶上师选出噶举派最重要的上师米拉日巴（1040—1123）的传记让我们诵读学习。这一位苦行高士，以避世静修，遁迹山林，历尽磨炼，锐意于心性澄圆，证得菩提。他的故事令人感动。这一本传记虽然是噶举派的传人在公元 15 世纪根据民间传说的故事搜集编辑成书，但却非常动人，光汉文译本就有王沂暖、刘立千和张澄基氏三种，均发表问世。以王译最早，刘译较为翔实，译注更为周密；张译本比较口语化，往往又以信仰者的态度作一些诠释，引人入胜，使我对藏传佛教有了一些基本概念。为了丰富藏文研究班的学术活动内容，组织开设专题讲座，我奉命去分别邀请周叔迦先生讲授“中国佛教的十宗”，法尊法师讲授“西藏佛教的前弘期”和“西藏佛教的后弘期”（这两次演讲的记录稿都在《现代佛学》杂志上发表），高观如先生讲“佛教与中国文化”，喜饶嘉措大师讲“藏族的佛教信仰”，同时也请牙含章先生讲“无神论与宗教信仰——党的宗教政策”。这些讲座对我来说也是吸收营养的大好机会。特别是有两门课我承担辅导工作：其一是由张克强（建木）先生（1917—1989）主讲藏文本的名著《印度佛教史》（rgya-gar chos-byung），这是 16、17 世纪藏族学者多罗那它（1575—1634）的著作，被后人认为是补足印度佛教历史（特别是后期历史）的专门作品，早有俄文、德文、日文和英文译文，影响颇大。克强先生选择此书作为“藏文古典名著”这一课程的教材是独具匠心的。他在此书的汉译本出版的译者序言中 说：中央民族学院约我讲授一门有关佛教的课程，其目的是为加强听课者阅读藏文古典的能力。当时商定就以此书的藏文原本作课本，从 1963 年 2 月起讲了 -年，全部讲完。在讲授时把打印出来的汉译文发给听讲者作为参考。

多氏史（即本书）有一项特殊的贡献，即提供了佛教晚期历史的一些资料，尤其是在玄奘、义净访印之后的人物、学说、教团、寺院、施主、教敌的一些情况，在其他资料中是最缺乏的。（见《印度佛教史》，多罗那它著，张克强译，四川民族出版社 1988 年版）我在“读后赘语”中也写了一段话，可以移在这里作为证明：此书藏文原文朴素无华，平实清新，与当时藏族学者中间流行的奢靡浮艳的澡饰体大相径庭，而克强先生的汉译也忠实地反映了这一特点。先生在佛学、梵文、藏文、训诂、词章等方面的造诣极深，融合藏梵，移铸汉语，三年之中，两轮到底。我当时承乏辅导，随堂听讲，如坐春风，收益极大。如今，张克强先生逝世已经九年，音容笑貌时在眼前。1996 年，在赵朴初会长的大力支持下，宗教文化出版社出版了《张建木文集》。我在序言中感念： 伫立白塔之巅，俯览碧树黄甍，车流如川，往来不息，而在商潮冲荡、人文淡泊之际，张克强先生文选得以出版问世，岂不正是“沤灭全归海，花开正满枝”吗？另一门课程是五世达赖阿旺罗桑嘉措（1617—1682）的历史著作《西藏王臣史》(Deb-ther dpyid-kyi rgyal-movi glud-byangs)，是由东噶•洛桑赤列活佛主讲，我随堂作一些翻译和辅导工作。实际上，我是从头学起，跟着研究班同学一起通读了全书。因为作者喜欢用藻饰语词来表达思想，这本书非常难读，打个比方吧，好似京戏里，不说太阳落、月亮出，而歌唱吟弄“金乌坠、玉兔升”一样，你就得下工夫去学，太阳一词的藻饰体就有 63 个之多。幸亏东噶活佛是一位十分渊博的大家，他把这本书弄得烂熟，讲起来眉飞色舞，生动而富于情趣，我一边听课，一边做翻译和辅导，还把 它译成汉文。后来，王森先生（1910—1981）在撰写《关于西藏佛教的十篇资料》（即后来正式出版的《西藏佛教发展史略》）时嘱咐我把据《西藏王臣史》译出的《萨迦世系》和《帕珠世系》两章汉文稿，交他附在他大作之后，作为附录，得以印过若干册。我的全译稿上交给教研室负责人保管时，却在“文革”中遗失了。无论如何，这一本书的教学辅导也是极为难得的机遇，使我在藏文古典作品的学习上迈上了一个台阶。从那以后，我在阅读其他一些专著如《西藏王统记》《土观·宗派源流》《萨迦世系史》《红史》和《巴协》等书时，就比较轻松而愉快了。在此基础上，我曾写过两个中篇的文章《吐蕃佛教述略》《西藏佛教文化十讲》，先后在《中国哲学》和《中国文化》上发表，应该说都是在上述几位老师的帮助下，读书、思考的心得而已。现在，当我写这个题目的时候，他们都已远去了。

1984年6月，在布达佩斯匈牙利科学院举行了一次盛大的纪念活动，以国际研讨会的形式纪念乔玛（Alexander Csoma de Ksama，1784—1842）这位欧洲藏学研究的先驱，我国也派人参加了。据说这位匈牙利（当时还属奥匈帝国的臣民）血统的哲学博士，1823年在慕尼黑大学取得学位后，为了寻访自己匈牙利民族的根，只身东行，长途跋涉到达印度境内的藏人居住区拉达克就停了下来，进入一座佛教寺庙，锐意潜修，学习藏语藏文，一住9年，真正过着禁欲的宗教徒苦修生活。当地藏人说他的生活是清茶糌粑，一盏酥灯，把全部精力用在研讨藏文、藏族历史和藏传佛教上。1834年，他从寺庙出来，到了加尔各答，受雇于英国殖民政府——东印度公司图书馆，在这个野心勃勃的殖民公司支持下，一口气出版了三本专著：《藏文英文字典》、英文的《藏文文法》和《藏文大藏经分析目录》。后来，乔玛又奉东印度公司派遣，前往拉萨，想进一步去敲开西藏的大门，不意在喜马拉雅山南麓锡金边境上染热病去世，算是赍志以终，至今在他的墓地上还立有碑文。从此，这位行径古怪的学人就成为欧洲乃至西方世界藏学研究的引路人，他的三本书名副其实地成为藏学入门的津梁。匈牙利科学院设有“乔玛纪念奖学金”，鼓励青年学习藏学。自本世纪70年代起，并以“纪念乔玛国际藏学研讨会”的形式每三年组织一次国际会议，固定在匈牙利举行，偶尔也在奥地利举行，因为奥匈原为一国嘛。1981年8月，我首次应邀到维也纳参加这个研讨会。对我来说，固然是初次出国，这也是中国人以中华人民共和国公民和学人的身份第一次参加西方世界组织的藏学会议。当波音飞机展翅飞翔，在漆黑的夜空中离开祖国西行时，我心中是忐忑不安的，我们与西方 世界隔绝已久，平常只听到一些不友好的消息和对立的报道，不知道在会议上会遇到什么情况，一切是那么难以捉摸。可是到了维也纳，出人意料，首先就受到奥地利维也纳大学藏学—佛学系主任，也是会议组织委员会主席的斯坦克奈尔教授（Dr. E. Steinkellner）的热情接待。他亲自驾车到机场来接我，一见如故，十分和蔼可亲。他又指定助手莫哈博士（Dr. Much）专门负责安排照顾我的生活，无微不至。在会上见到了旅美的长者李方桂教授和夫人徐樱女士、张琨教授和夫人贝蒂·谢芙茨女士。李先生、张先生都是原中央研究院史语所的老人，与于道泉先生同事，是我的师辈。他们二位十分关切国内藏学研究的发展情况，都有一颗赤诚的爱国之心。当我发表论文时［我在会上提交了两篇论文，《藏语mig(目)古读考》和《宋少帝赵显遗事》]，二位先生一再鼓励我。在发言当中，我离开手上的英文讲稿，用藏语向在座的藏族学者们致意约三分钟，全场为之愕然，因为外国藏学界在当时很少有人能讲藏语口语的。二位先生十分高兴，会后对我说：“国内搞藏学研究有充分的条件，搞好口语训练非常好、非常正确。”从那以后，我又与二位先生多次相会，多次请教。如今李先生和夫人均已谢世，张先生和夫人也已从加州大学伯克利校区退隐，但他们亲切温婉的关怀一直留在记忆之中。在那次会议上还第一次见到旅居德国的藏族学者邦隆活佛和旅居法国的噶尔美博士，结下了友好的情谊，从那以后我们还一直保持联系、来往，有时也会在会议上相遇。我去德国、法国访问、教学时也得到了他们的帮助，他们回国、返乡时也曾到北京访问。最令人难忘的是与匈牙利藏学家G. 乌瑞教授的相会。乌瑞是当代最有成就的藏学家之一。他曾就藏族的语言、文字、历史、宗教、民族关系、考古以及在中亚史上的重要地位等发表过100余篇重要论文，其中绝大多数都译成汉文发表过。他的文章一贯作风严谨，实事求是，客观公正，不阿不谄，与西方某些学者借题发挥、恶意反华、煽动分裂者不同，备受同行称赞。当他1991年七十大寿时，维也纳大学藏学—佛学系为他征集国际藏学界同仁著文出版了一部厚重的祝寿文集。可惜就在当年的7月17日，他却因病不治溘然去世了。我们在1981年第一次见面时，他就十分热情主动地和我结交，赠送我前两届会议的专集，并介绍匈牙利几位藏学学者与我认识，还把他已发表的论文抽印本约90篇一整套全部赠送给我。第二年，也就是1982年秋，我应聘到维也纳大学藏学—佛学系任客座教授一年，正式接了他的位置。这时，我才知道他是匈牙利的共产党人，他是怀着对中国同志的国际主义的感情来对待我的。可惜他身体一直不好，患有严重的哮喘病，受到疾病的折磨，十分痛苦。他直到去世，也未能实现到我国访问的愿望。这位才思敏捷、文笔清新、立论公平、通晓多种语言的藏学界朋友，这位禀赋甚高的国际友人，永远值得怀念。在这里把他夫人的来信转录于下，以寄哀思：

亲爱的王尧教授：我以我的丈夫乌瑞教授的名义，向您表示深深的感谢，在为他庆贺七十寿辰的专辑中拥有您的论文的这种荣誉。他非常喜欢这一专集，论文饶有兴味，且有高度价值。他正准备从中学习并逐一回函申谢，但是，他已没有时间去做了。所以，这里只能由我来表示简短的谢忱。

卡特琳娜·乌瑞·柯哈米

1991年7月18日于维也纳

谨以深切的悲痛通知同事和朋友们：

我的丈夫乌瑞教授（哲学博士）1991年7月17日在维也纳逝世。他的全部精力贡献给学术事业，直到最后的一息。

卡特琳娜·乌瑞·柯哈米

1991年7月18日于维也纳

在维也纳的会上还巧遇旧友，捷克（当时还叫捷克斯洛伐克）查尔斯布拉格大学东方学系的约瑟夫·高马士博士。在1956—1958年间，他在我们学院留学，随于道泉教授学习藏文和现代藏语，因而厮混得比较熟。他回国后发表了《德格印经院目录》《候鸟的故事》和《萨迦格言》的捷克文译本，还撰写过《白居易给吐蕃大相的四封信》等重要论文，名噪一时。并应邀到澳大利亚堪培拉大学汉学研究院做过一年客座研究员，算是由我国培养的藏学新人。这次在维也纳相见，喜出望外，他首先关切地询问于老师的身体状况，教研室同事、朋友们的情况。记得在我们举国发疯，用土高炉大炼钢铁的时候，也让他去那个土炉上参加炼钢。他作为留学生，非常干脆而温婉地说，“这是什么钢？这种东西有什么用？我家三代炼钢工人，没见过这种东西。这是浪费！让于教授这样的专家在这里浪费时间，浪费生命……”这些诤友直言，当时谁愿意听？我们学院负责党务的院、系领导人不高兴了，说：“这是修正主义的论调！”还让我们要注意防修，防止和平演变！高马士先生也就颇不愉快地离开北京回国了。一别20多年，再未见过面，这次见面，握手，拥抱，莞尔相视而笑，一切都不用说了，“人生一场戏，世界大舞台”啊！

会上又见到另一位“名人”，奥地利的汉尼斯·哈拉(Heinrich Harrer)。此公曾以《在藏七年》（Seven Years in Tibet）一书轰动一时，系二战期间纳粹余孽，逃亡西藏，巴结上察绒(tsha-rong)噶伦，亲近达赖喇嘛家属，于是出入“达拉”之府（Yab- gshi Stag-la）（十四世达赖的亲属府邸），成为一名洋人帮闲。帮闲自然有点帮闲的本事，声色犬马、斗鸡走狗，再加“照相机”、“瑞士表”一些洋玩意儿，把个10来岁的、正在成长的小达赖逗得不亦乐乎。他也得其所哉，在西藏混得蛮像回事儿。一混7年，这就是这位洋帮闲的本钱。临走时带走了西藏大批文物、唐卡和银币，在印度写出了那本迎合西方人士对西藏雪域的神秘而好奇心理的书，一时洛阳纸贵。好！

这下子这名前纳粹帐前的走卒，居然摇身一变成为熟悉西藏统治阶级内部事务的专家、反华阵营的帮手。于是，他就更忙了，奔走于美国驻印度大使馆大使韩德孙门下，在锡金、印度上蹿下跳，为西方阵营出谋划策，参与炮制了一系列反华反共，以阻挠西藏获得和平解放的种种阴谋（见于高尔斯坦《喇嘛王国的覆灭》一书，时事出版社1994年8月版）。这名帮闲，又成为十足的帮凶了。当然，所有这一切都一一失败了，他也就缩回维也纳，出售他从西藏弄回来的赃物，吃他的巧克力、黄油面包去了。本来他不是学术界中人，但这次也来参加这个藏学研讨会。他不提任何论文，又羞羞答答不愿面对人们的询问，只是打打招呼，就再也不见踪影了。算是我在这次会上开了眼，见到此公。用奥地利女藏学家奥尔夏克教授(Blanche c. Olschak)的话说:“那个老流氓！”(那是1994年奥尔夏克与哈拉二人同时来中国旅游时，同住在友谊宾馆，约我前去晤谈时亲口对我说的话。——引者注）这里我还能对此公说什么呢？至于美国迪斯尼乐园老板用他的那本书改编成电影向全世界发行，也不过是“沉渣的泛起”罢了！话头还得拉回来，那次会议使我亲眼见到、亲耳听到国际上有那么多人对 西藏学有兴趣，我们应该认真考虑。古人说:“他山之石，可以攻玉。”又说：“知己知彼，百战不殆。”我下决心要办一个刊物，专门刊登介绍国外藏学家论著的汉译文，这是参加国际藏学会后在思想上的一大收获。后来在几位青年同志带动下搞了起来，几经周折，试刊两期，适逢国内又搞“反精神污染”，像又是一次“文化大革命”的预演，“洋人的文章，哪能不污染”，研究所里的某位领导人的高论，掷地有声，几乎把这个刊物扼杀在襁褓中。但是，“青山遮不住，毕竟东流去”，这个刊物还是办妥手续，公开亮相了，叫做《国外藏学研究译文集》，至今已出13辑，共约400万字，都是与通晓法文、英文、德文、日文、俄文的同志合作，由他们翻译出来，供搞藏学研究的同志们参考、借鉴的。还出过三种专辑（两本敦煌学专辑和一本语言学专辑）。据有关同志反映，确实对了解情况、沟通中外、交流学术起了一些作用。

1982年夏，我应邀到美国纽约哥伦比亚大学参加第三届国际藏学会。本来，会议的组织委员会派了巴巴拉·阿齐兹博士（Dr. B. Aziz）来北京，约见于道泉教授、王辅仁同志和我。我陪她去见于老。于老从来不喜欢见外宾，尤其不在家中见客，这次是个例外。大概因为阿齐兹博士是阿拉伯血统（黎巴嫩裔），在英国伦敦大学政治经济学院读的博士学位，专业是文化人类学，导师是海门多夫（C. Von Fürer-Haimendorf）。她跟于老谈伦敦、谈英国，谈到很多英国学术界的趣闻。于老非常高兴，破天荒安排饭菜在家中招待客人。阿齐兹博士非常佩服于老渊博的学识和地道伦敦口音的典雅英语，虽然他当时已经82岁高龄，但他思维敏捷，理路清楚，诙谐、幽默，十分风趣，对我国藏学界的历史真是如数家珍，娓娓而谈。阿齐兹博士再三敦请于老前往纽约参加会议，于老也微笑答应了，可是到临办手续前又决定不去了。阿齐兹博士在会上作了一个专题报告，“中国老一代藏学家于道泉、李安宅二教授的近况介绍”，引起了与会者极大的兴趣。我在会上介绍我国藏区藏戏的发展现状时，还特别提到莎翁名剧《罗密欧与朱丽叶》（Romeo and Juliet）以藏语演出的盛况（那是了不起的艺术精品，上海戏剧学院藏语班的同学集体努力完成这一划时代的演出），我断言：现代藏语可以表达世界上任何文学名著！与会听众报以热烈的掌声。在这次会上我结识了牛津大学的两位藏学家：阿瑞斯·马可（Dr. Aris Marke）和克拉克（Dr. C. Clarke）。马可的太太就是缅甸著名的民主运动领袖昂山苏姬。1985年在慕尼黑的藏学会上见过她一面，纤弱文静，像个女大学生，看不出竟是一位社会活动家和领袖，大概由于她是缅甸独立运动领袖、缅甸国父昂山将军的女儿吧！昂山苏姬被软禁在仰光七八年了，1992年秋，我应邀在牛津大学访问时，阿瑞斯·马可请我到他家去看看，他带着两个男孩，住在牛津大学校园内，家中没有主妇，乱得可以，也是够惨的。克拉克娶了复旦大学毕业、在英国留学的王金钗女士，夫唱妇随，都有很理想的工作，而且极关心西藏农牧业的发展，常到西藏做田野调查，生龙活虎，想不到克拉克竟在1998年春季遽尔以脑瘤过世，令人扼腕。

1982年秋，我应聘到维也纳大学藏学—佛学系教了一年书。作为客座教授直接去教外国学生，对自己也是锻炼。1983年春天，我去了巴黎，那是石泰安教授（Prof. R. A. Stein）的精心安排。当从维也纳直达巴黎的火车到站时，有一位中国留学生许女士举着牌子来接站，旅馆、图书馆借书证、访问日程等都安排得停停当当！旅法藏族学者噶尔美博士（Dr. S. Karmay）在1981年维也纳的会议上已经结识。这次，我应邀来巴黎访问，又是石泰安教授（他的导师）的客人，噶尔美博士当然分外热情，在我到达后的第二天，即由他陪同到巴黎国家图书馆东方手稿部去阅读敦煌写卷文书。科恩主任确实是难得的好人，悉心接待，不厌其烦，我一再调阅写卷，都如愿以偿，使我能在短短的两个星期中，尽可能多地阅读到重要的藏文卷子，把《敦煌本吐蕃历史文书》所包括的几个卷号都一一做过核对，纠正了我们原书中的若干错误，也补足了几处重大的阙文，使我心满意足。而后在海瑟·斯脱达（Heather Stodard）的陪同下游览了卢浮宫，一睹蒙娜丽莎的芳容。当然也忘不了去拜访周恩来总理当年留学巴黎时住过的旅馆，忘不了去凭吊一番巴黎公社社员墙遗址、协和广场和凯旋门。那时，马雍兄和陈高华兄也正在巴黎开会，他们二位听主人说我在巴黎，于是联袂到拉丁区的大学旅馆来找我。我们三人一道去香榭丽舍大街徜徉漫步，欣赏夜巴黎的景色。经过“红磨坊”夜总会门口，议论一番，一听说五百法郎一张门票，我们只好望而却步了。马雍兄在1985年过早地离开了我们，但他那爽朗的笑声、坚毅的精神永远留在我的心中。前面提到的石泰安教授是法兰西学院汉学和藏学讲座教授，是继沙畹、伯希和（Paul Pelliot）、马伯乐（H.Maspero）、戴密微（Paul Demieville）以后的汉学藏学并举的重要人物。在20世纪30年代，他逃避希特勒纳粹党徒的迫害，从德国逃亡到巴黎，与于道泉先生结为密友，旨趣相投，共同的理想缔结了牢固的友谊。二战后，音讯隔绝了几十年，直到1980年，经由于道泉教授出面邀请，他才又一次来到他时时念想的中国，并且遍访了甘肃、四川等省。我曾陪他在北京参观、访问。大概是由此缘故吧，当他知道我在维也纳大学教书时，便应邀来到维也纳大学短期访问和作学术报告，这就又一次见了面。接着，我就自然地作为他的客人去巴黎了。离开巴黎，我又一鼓作气去了伦敦，主要还是为了调查收藏在英国印度事务部图书馆的敦煌藏文写卷和若干新疆出土的藏文简牍。管理这部分资料的哦开菲（Michael O'keefe）先生也颇合作，最为难得的是从他手中接过来托马斯（F. W. Thomas）教授的《关于西域的敦煌藏文文献》四卷本和瓦累布散（Vallée Paussin）编写的《斯坦因搜集的敦煌藏文写卷目录》。这是十分难得的工具书，已经很难买到。我本以为“踏破铁鞋无觅处”，想不到“得来全不费工夫”，也许是海瑟·斯脱达女士的介绍信起了作用吧！在伦敦大英博物馆东方语言部担任主任的其美活佛盛情接待自不必说，还有中文部的吴方思（Wood Frances）女士的帮助。她来北京时，也访问过于老，我参加过接待。后来，我又两次（1992年，1995年）访问伦敦，在伦敦大学亚非学院（SOAS）阅读资料，又与上述二位时有过从。还有机会借阅了黎吉生（H. Richarson）和查尔斯·贝尔（Ch. Bell）等前殖民政府官员在西藏 写的若干报告的手稿。当然也不会忘记到海格特公园墓地去瞻仰卡尔·马克思墓园，在他的半身塑像前献上一束小花。同时，回过头来，又在海格特访问一下于道泉先生旅英期间的故居。通过这次在巴黎、伦敦的访问，写了一篇《最近十年国外学者对敦煌藏文写卷研究的述评》发表在《中华文史论丛》上，算是一个交代。1985、1986到1987年接连访问德国（当时叫做西德，或者正规地称为联邦德国），主要在巴伐利亚州的首府慕尼黑和临时首都波恩（我国台湾省的人却喜欢叫它

"波昂"）开会、教书。旅德的藏族学者邦隆活佛，色拉寺出身，曾获拉然巴格西（头等格西）荣誉，又在慕尼黑大学获哲学博士学位，一直在巴州科学院亚洲研究所与于伯赫博士（Dr. H. Uebach）合作编写《藏德大词典》。他的本寺是云南中甸大寺，出生在昌都地区，学经、受教育在拉萨，纯粹是偶然的因素茫茫然地漂流到印度，然后又到了西德，经过一段艰难痛苦的文化"休克"，终于找到了自己的定位，以《佛经律藏中的故事》一篇400多页的论文获得了哲学博士学位之后，一切都顺利了。他以一名流亡者、难民的身份越过了社会等级，跨进了西方的学术圈子，得到应有的尊严和荣誉。他几次回国、回到故乡、回到云南中甸，所见所闻，觉得宽慰，特别是昌都军分区解放军医院为他的老母亲医好了白内障，使老人能重见光明，真让他万分感激，见面时一个劲儿地说"解放军真好！"大大地缩短了存在已久的与当地政府的疏离感，转而变成非常亲切的朋友。在波恩大学中亚学系工作的扎雅活佛（昌都管觉人）、普康活佛（山南琼结人）和 白马才仁喇嘛（四川白玉人），他们三位分别从事"现代藏语"、"佛教文化艺术"和"宁玛派经典"的研究和教学，都已入了德籍，有了比较稳定的收入，生活都很不错，因而都能以正常的心态看待西藏的变革，对发展的前景也抱有希望。特别是白马才仁喇嘛，1986年他回到阔别已久的故乡——四川省甘孜藏族自治州白玉县，亲眼见到家乡的巨变，兴奋不已，拍摄了大批照片。当时，正逢第十世班禅大师在四川考察，还在百忙中接见了他，他更感到无比光荣。回到波恩，连续几天，用"故乡见闻录"的名义，在系里集会上放映幻灯，边放映边解说，极为生动活泼。其中，幻灯上出现了他的妹妹和弟弟等家中老小的镜头，他解释说：他们都成了共产党的人了（指他们都是共产党员），如今，都是很有体面的人，家里生活过得很好……他的行动颇让某些搞分裂活动的藏人不高兴，扬言说："白马才仁被共产党收买了！"后来引发了他跟达赖喇嘛之间的一场文字辩论。看来，"事实胜于雄辩"，"日久见人心”。

1985年第四届国际藏学会在德国慕尼黑召开。1989年第五届国际藏学会在日本东京召开。1992年第六届国际藏学会在挪威奥斯陆—法根尼斯召开，与上几届不同，我国派出了25人参加，再加上台湾来了6人，实际上，有31位中国人参加，队伍可谓大矣！这反映了我国藏学研究的发展、队伍的壮大和改革开放政策的落实。1995年6月的第七届国际藏学会在奥地利格拉茨举行时，我国有26位代表参加。1998年7月第八届国际藏学会在美国印第安纳大学布鲁明顿校区举行时，我国又派出了28位代表参加，仅西藏自治区就有西藏社科院和西藏大学的人员10人。实际上，我国藏学研究的进展已经是举世公认的了。我们以充分的信心迎接21世纪的藏学热或藏学研究高潮的到来。

十四首诗

程毅中

贺张充和期颐之庆

一曲昆腔天下闻，张家和气溢吴门。
多才多艺兼多寿，传播人寰四季春。

瞻仰狼牙山五勇士纪念馆二首

取义成仁三烈士，负伤脱险两英雄。
狼牙山上高峰立，不及哀兵盖世功。

燕赵悲歌惊四海，中华豪气镇千秋。
山崩地震随时有，爱国精神必永留。

眺望荆轲塔

多年校读燕丹子，今日行经易水河。
但使金台招国士，何须函首送荆轲。

参观西陵

帝后妃嫔付一丘，风言迷雾未全收。
白头宫女今乌有，遗事唯能问导游。

参观清崇陵书感

皇帝无非傀儡身，维新百日散风云。
地宫打破陈年案，一髮惊人显毒砷。

贺赵仁珪先生七十华诞

坚净幽居入室中，启公高足出群雄。
长途觅句追工部，连夜传灯胜悟空。
博学自能承土水，苦吟不惜呕心胸。
年方七十春秋富，知古通今正用功。

即墨怀古

乐毅兵围即墨城，燕军功败在垂成。
金台空说招贤士，却使田单得盛名。

海泉湾度假

东海台风卷怒潮，白驹千万北来朝。
老夫不敢冲波戏，昔日豪情已报销。

重返向阳湖访文化部五七干校旧址

四十年前干校生，向阳湖里学农耕。
旧居何在重来认，欣慨交心百种情。

贺彭震尧花甲寿辰

古籍荣登拍卖场，琉璃厂甸继书香。
唐钞宋刻原无价，彭祖敲鎚寿更长。

飞抵海口

漫天风雪北来人，插翅南飞渡白云。
愿得此身如候鸟，天涯海角总迎春。

海口恭和苑小住

中隐长安不易居，门前常堵四轮车。
今来入住恭和苑，安乐强如旧小区。

三亚海滨

天涯有路终能到，海角无波也不平。
遥望南沙风浪激，龙蛇争斗暗潮生。

《三国志演义》与宋元话本

程毅中

《三国志通俗演义》是一部讲史性质的通俗小说。它在“说三分”讲史话本的基础上吸收了不少文学素材，采取了许多文献资料，逐步编订成一部长篇演义体小说，开了明清演义小说的先河。《三国志通俗演义》与现存的元刻本《三国志平话》可能有一定的传承关系，但差距很大，显然不是一个层次。罗贯中所作的加工很多，已有许多人讨论过，书中运用的史源大多可以考出，并可与演义小说作对比。周兆新先生的《三国演义考评》一书已经作出了精密的分析。但有些出于书会才人和说话人之手的故事和诗赞似乎还有可以研究的余地。

《演义》除传承“说三分”的遗产外，也吸收了其他讲史家和小说家的资源。例如卷二《王允授计诛董卓》中李儒劝董卓把貂蝉赐给吕布，说：“昔日楚庄王夜宴诸侯，令爱姬劝酒，忽狂风骤起，尽灭其烛。座上一人抱爱姬，姬手揪冠上缨，告知庄王。庄王曰：‘酒后也。’命取金盘一面，尽撧其缨，然後秉明烛。其会曰‘撧缨会’。正不知戏爱姬者何人也。後庄王被秦兵围住，见一大将杀入阵中，救出庄王。王见其人身带重伤，问之，答曰：‘臣乃蒋雄也。昔撧缨会上，蒙大王不杀之恩，故来答报。’”按：元白朴有《楚庄王夜宴绝缨会》杂剧，已佚。冯梦龙、蔡元放《东周列国志》第五十三回说此人名唐狡。只有小说家话本《陈巡检梅岭失妻记》里提到：“风穿珠户透簾栊，灭烛能交蒋氏雄。”可为旁证。楚庄王灭烛绝缨事。见于《韩诗外傳》卷七第十四章、《说苑》卷六《复恩》，都未言及当事人的姓名。《古今逸史》本《楚史檮杌》亦无蒋雄之名。宋刘斧《青琐高议》别集卷七《楚王门客》中刘大方引述这个故事，又说是楚襄王的事，也没说到被断缨的是谁。这个情节当出自宋元平话，可看作元刻平话的佚文。

又如卷九《长坂坡赵云救主》讲到赵云对糜夫人大喝曰："如此不听吾言，后军来也！"糜夫人遂投枯井而死。下面夹注："后来子龙不得入武臣（按：当作成）庙，与子胥把门，盖因吓喝主母，以致丧命，亦是不忠也。"按：赵云不得从祀武成庙的事，见于小说家话本《老冯唐直谏汉文帝》。小说讲宋真宗上太公望吕尚的武成庙烧香，逐一问从祀列代功臣的功绩，尚书张询奏说："伍（原作五）子胥曾鞭主尸，赵云曾喝主母，此二人不堪入庙。"宋真宗说此二人也是英杰，"可于门首享祭"，于是，"至今于武庙为把门将"。据说，后来武成庙确有二人把门，见于佚名的《如梦录》官署纪第五。按之官方文献，如《唐会要》、《宋会要辑稿》、《宋史·礼志》所载武成庙的从祀功臣，本来就没有伍子胥和赵云，但宋代曾屡次调整武成庙的从祀功臣名单，可能有人提过这两人的名，终于未能通过，也可能只是小说家的虚构。有趣的是，联辉堂本《三国志传》在这里有一大段评论说：

糜氏之死，论者以因子龙一喝所致，故忠臣庙遂不得入，只与子胥把门。以愚见论之，糜氏死时，谅以自度，倘从子龙之言，或三人俱至丧命。己与子龙不足惜，阿斗独不足惜乎？所以宁先死，使子龙无累，得全阿斗耳，岂因一喝哉！且子龙之过，亦充类至义之尽也。子胥不得与同语，何也？盖子龙之喝乃无心之失，子胥之鞭尸乃有心而为耳。学者须详观其事而原其心，以别玉石可也。

这一段评论对赵云的一喝作了认真的分析和辩护，虽然不免有点迂腐，但可见说三分故事影响之大，群众对赵云爱戴之深。

又卷十七《白帝城先主托孤》一则讲到刘备病中在夜里见到两个人的鬼影，叱之不退。"先主自携玉麈斧起而观之，上首乃云长，下首乃益德也。"玉麈斧是什么？是一种皇帝用的礼器，亦见于小说《老冯唐直谏汉文帝》，宋太祖手里就拿着它。小说讲到宋太祖"策玉麈（原误作塵）斧，下殿左廊，指押班：

‘此何人也？’”后面又讲到汉文帝“执麈斧入院烧香”，也是皇帝手持的仪仗。

这里不妨对玉麈斧作一点考证。玉麈斧应即宋太祖所持的玉斧。宋周煇《清波别志》卷一记载：“黎州，汉沉黎郡也。……上命取地图视之，亲以玉斧画劃大渡河曰：‘自此以外朕不取。’即今之疆界也。”元刘壎《隐居通议》卷十《赵信国桃符句》说：“按玉斧事乃宋太祖开基时阅地舆图，偶持玉斧，因以柄画其分界。今省记不全。玉斧，非刀斧也，乃金杖子，约长四五尺，以片玉冠其首。人主闲步则持之，犹今之柱杖等类。神祠中素绘仪从，犹或存此。”

“麈斧”又称“柱斧”。释文莹《续湘山野录》记太宗即位时，“饮讫，禁漏三鼓，殿雪已数寸，帝引柱斧戳雪，顾太宗曰：‘好做！好做！’”帝即宋太祖。此事屡见于后来的杂史笔记，都引作“柱斧”。

司马光《涑水纪闻》卷一记：“太祖尝弹雀于后园，有群臣称有急事请见，太祖亟见之，其所奏乃常事耳。上怒，诘其故，对曰：‘臣以为尚急于弹雀。’上愈怒，举柱斧撞其口，堕两齿。”

李焘《续资治通鉴长编》卷九载：“（开宝元年九月）甲戌，屯田员外郎雷德骧责授商州司户参军。……上怒，叱之曰：‘鼎铛犹有耳，汝不闻赵普吾之社稷臣乎？’引柱斧击折其上齶二齿，命左右曳出，诏宰相处以极刑。”雷德骧的事也屡见于宋代杂史。

由上引三事，可见柱斧确是宋太祖常拿在手边的器具，但并非武器。蔡绦《铁围山丛谈》卷一载：“太上（按：指徽宗）自即位以来，尤深考慎……然命相每犹自择日，在宣和殿亲札其姓名于小幅纸，缄封垂于玉柱斧子上，俾小珰持之导驾于前。”他明说是“玉柱斧子”，不过却不是徽宗皇帝自持了。

可见玉麈斧是宋代皇帝常拿在手里的，已为宋代人所熟知，说话人也把它放到了蜀汉先主的手里。这正是说话人以今拟古的捏合手法。

又卷二十一《孔明秋风五丈原》，引宋尚书姚伯善吊孔明古风一首。诗云：

火精秒暮当桓灵，妖氛蔽日豺狼横。

操虽汉相实汉贼，逼胁万乘迁神京。

二袁刘表孙破虏，坐视王室扬旗旌。

豫州哀愍世无主，殷勤三顾茅庐行。

先生感激弃耒耜，坐间谈论诛鲲鲸。

运谋东吴破赤壁，长剑西指烟尘清。

托孤泣涕请继死，愿效忠贞竭股肱。

祁山六出世罕比，折冲不用施刀兵。

中兴功业耀神武，灭伏鼠盗潜无踪。

苍天何事绝炎汉，半夜耿耿长星倾。

可怜豪俊志不遂，哽咽忿气空填胸。

这首诗见于小说《夔关姚卞吊诸葛》，文字略有不同。小说里讲，姚卞字伯善，曾应举不第。成都府安抚晁尧臣是他父亲的好友，邀他去西川游学，途经夔关诸葛亮庙，写了一首词赋八阵图，又写了一首诗致祭，就是这首古风。后来姚卞得到诸葛亮的保佑，中了状元，累官至吏部尚书，升参知政事。《三国志演义》称他为宋尚书姚伯善，可是在宋代史籍中找不到线索，大概就是从小说引来的。小说里还有他的一首写八阵图的《酹（原误作酪）江月》词，《三国志演义》却没有收。现在补录于下：

小舟横截，看云峰高拥，千堆苍壁。白帝城中冠盖换，田野（《花草粹编》有“犹谈”二字）玄德。三顾频繁，两朝开济，何处寻遗迹？翻石阵，至今神护沙碛。想诸葛当年，幅巾高卧，抱图王计策。见说祠堂今尚在，中有参天松柏。巡蜀英谋，吞吴遗恨，俯仰成今昔。空令豪俊，浩歌横涕挥臆。

值得注意的是《三国志通俗演义》卷十六《魏太子曹丕秉政》引有宋邺郡太守晁尧臣的《登铜雀台》诗一首，卷十七《八阵图石伏陆逊》又引有宋贤晁尧臣《赋八阵图》一诗，不知所据。可能另有一本小说，或者《吊诸葛》还有更繁复的版本。晁尧臣是姚卞的父辈，可能也是虚构的人物，联辉堂本《三国志傳》卷十四引晁尧臣诗称作成都制置，正与小说《夔关姚卞吊诸葛》相合，似乎来源相同。《三国志通俗演义》所引宋贤晁尧臣《赋八阵图》诗，或许本来是与姚卞的词相唱和的，但不见于《吊诸葛》，也许出于别的话本，也引录于此，以便研究：

怪石成堆抵万军，孔明布阵在江滨。

四头八尾分形势，三略六韬惊鬼神。

天地风云生变化，鸟蛇龙虎按经纶。

历观自古行兵者，妙策如公有几人。

《三国志通俗演义》里引诗赋很多，也是宋元话本的常规，有的确是唐宋名家的作品，有的却不见于他书。如上引姚卞、晁尧臣的诗，就不知来源，从它所写的故事情节和语言的通俗朴实看，也许是书会才人或说话人假托的。又如第五则《董卓议立陈留王》一节中引一首曹仙姑的诗“腐草为萤上岸时”，这个曹仙姑是谁呢？她是宋代的女道士，初名希蕴，徽宗赐名道冲，见明李濂《汴京知异记》卷二引郑昂《希元观妙先生祠堂记》。著有《曹希蕴歌诗后集》二卷，未见传本。小说《史弘肇传》也引有她的一首《风响》诗，但实为唐人高骈《风筝》诗的改笔，大概是说话人假托的。可能也和姚卞一样，只是随意虚拟的人名。

《三国志演义》里还有许多唐宋名贤的诗，都不见于现存的诗文集，如第十七则《王允授计诛董卓》中引邵康节诗，第四十一则《青梅煮酒论英雄》引苏东坡诗，第六十八则《玄德跃马跳檀溪》中引苏学士古风，第七十五则《定三分亮出茅庐》中引曾子固古风，第八十二则《长坂坡赵云救主》引司马温公《长阪词》，第八十三则《张益德据水断桥》引祖龙图《据水断桥赋》，第二百零五则《孔明秋风五丈原》中引元微之《孔明庙赞》、白乐天《言先主能用孔明诗》、程伊川《挽孔明诗》等，都不像是名人的佚文，出处是很可疑的。

更值得注意的是有些引文确有来源，如《孔明秋风五丈原》一则中引有一篇“南轩张氏赞孔明曰”：

维忠武侯，识其大者。仗义履仁，卓然不舍。

方卧南阳，若将终身。三顾而起，时哉屈伸。

难平者事，不昧者几。大纲既得，万目乃随。

我奉天讨，不震不竦。惟一其心，而以时动。

噫侯此心，万世不泯！遗像有严，瞻者起敬。

按：南轩张氏即张栻，这篇赞见于他的《南轩集》卷三十六，题为《汉丞相诸葛忠武侯画像赞》。可见书中引文并非完全出自虚拟，其中许多前贤的诗文，也许真有古人的佚文在内，还值得继续研究。张栻还著有《汉丞相诸葛忠武侯传》，是一本罕见的书，现存《宛委别藏》本，可见他对诸葛亮是极为尊崇的。明人夏良胜《中庸衍义》卷五也引了张栻这篇赞。

这一则里还引有“史官朱黼论孔明曰”的一大段文字：

孔明高卧南阳，时人莫之许也。余窃论之，孔明王者之佐，伊尹之俦也。管乐之比，特主乎拨乱继绝之志，一时自寓之言耳，奚足以知孔明哉？夫孔明之于伊尹，所遇虽异，处心则同，要未可以差殊观也。夫躬耕有莘，而系尧舜之道；躬耕南阳，而吟梁父同一隐晦也。聘币三往而后起，枉驾三顾而后从，同一出处也。……其肯以天下动其心乎？其肯以负其主以利其家乎？其肯为不义以利其身乎？

朱黼是南宋人，著有《纪年备遗正统论》（《直斋书录解题》作《纪年统纪论》）一卷，见《宋史·艺文志》，未见留传。他论诸葛亮的话，除见于《三国志演义》外，只见于明人夏良胜《中庸衍义》卷五引的一小段，从“孔明高卧南阳”到“一时自寓之言耳”，只有五十来字。而在《三国志通俗演义》里却保存了一大段朱黼的原文，可能是一篇宋人的佚文，那就非常可贵了。

《演义》引有不少“史官”或“前贤”的诗文，绝大多数都不见于《三国志平话》，除了胡曾《咏史诗》，都引到了杜甫的《蜀相》，这是不足为奇的。此外还有两篇有关的，一首是《平话》卷下曹丕受禅台歌，原作很长，共26句。开头四句是：“鹤皃燕鼠狐狸嗥，鬼吹病死烧蓬蒿。此台虽善名不善，壘土虽高德不高。”中间有两句是：“黄土一堆宫自痴，空在巍巍半空里。”《演义》第一零九则《废献帝曹丕篡汉》里说：“后人观此受禅台，有诗叹曰”：

鸢鸱玃鼠腥狐臊，鬼吹野火烧蓬蒿。

此台名禅人不禅，斯地虽高道不高。

黄土一堆真可耻，虚在巍巍半空里。

坏却唐虞揖让风，奸臣贼子从此起。

后者显然是从前者改写而成，不能说没有传承关系。另一篇是《平话》卷下署名苏东坡的诸葛亮庙赞：

密如神鬼，疾若风雷。进不可当，退不可追。昼不可攻，夜不可袭。多不可敌，少不可欺。前后应会，左右指挥。移五行之性，变四时之令。人也？神也？仙也？吾不知之，真卧龙也。

这篇赞亦见于《演义》第二零九则《武侯遗计斩魏延》，文字全同，但不见于现存的苏轼文集，当出于书会才人的虚构，不会是罗贯中的代笔。也许罗贯中也信以为真，沿用旧本，未作校勘。

罗贯中或其前的才人的确读过不少书，包括正统的经史和民间的说唱，兼收并蓄，广征博引。书中引用了许多诗文和史料，有的注明出处，又略加解说。如第八十四则《刘玄德败走夏口》中插入的一段话：“后来史官裴松之，曾贬剥（当作驳）刘玄德此言非真也。论曰”：

当时玄德在许昌，曾与董承等同谋，但事泄漏不克谐耳。若为国家惜操，安肯若是同谋诛之乎？云长果此时劝杀曹操，玄德不肯从者，因恐惧曹操心腹爪牙之多也。有徒，事不宿构，非造次所行。操虽可杀，自身亦不能免祸，故以计而止，何惜之有乎！既往之事，故托为雅言。故知以为国家惜而答云长者，非本心也，乃饰词耳。

按《三国志》裴注原文作：

臣松之以为备后与董承等结谋，但事泄不克谐耳。若为国家惜曹公，其如此言何！羽若果有此劝而备不肯从者，将以曹公腹心亲戚，实繁有徒，事不宿构，非造次所行；曹虽可杀，身必不免，故以计而止，何惜之有乎！既往之事，故托为雅言耳。

《演义》里那些加出来的文字，大概是为了帮助看官们了解而作的补充和较浅显的解说，可能还是说话人在演说中加进的插话。除“有徒”上面的“实繁”两字可能是无意的脱漏外，其余文字不同，则显然是引用者有意的增改。

第六十七则《刘玄德襄阳赴会》中有蔡瑁假造诬陷刘备的一首反诗：

困守荆州已数年，眼前空对旧山川。

蛟龙不是池中物，卧听风雷飞上天。

也和《水浒》里宋江题的反诗一样，略显了书会才人的文采，但未见于元刻本的《三国志平话》。这又不像是罗贯中的拟作，因为罗贯中未必会把近体的七绝诗放在三国时的蔡瑁名下。元刻本《三国志平话》里刘备写的诗倒是不少，卷中刘备投奔袁谭时得不到援助，念了一首短歌，还是楚歌体，比较合乎汉代的情况，正和《三国志通俗演义》第七则《废汉君董卓弄权》中少帝、唐妃所作的绝命歌同一体制（原出《后汉书·皇后纪》，文字有误）。赵云当场也和了一首。《三国志平话》里刘备三顾茅庐时又先后在西墙题诗两首，《演义》就没有收。第一首是：

独跨青鸾何处游，多应仙子会瀛洲。

寻君不见空归去，野草闲花满地愁。

这首诗的末一句流传很广，据说出于孔子的琴歌，见于宋代孔传编订的《东家杂记》，原歌作：“寒暑往来春复秋，夕阳西去水东流。将军战马今何在，野草闲花满地愁。”这首近体的七绝，显然不可能是春秋时代的作品，很像是说话人的留文，末一句更是说话里常见的名句，就被借用到《三国志平话》里来了。（亦见于《水浒传》第三回的入话诗，末两句还是“将军战马今何在，野草坪花满地愁”。）

《三国志平话》里还有刘备在黄鹤楼上写的楚歌和赞，都没有被收入《演义》，似乎罗贯中比较注意了刘备的时代和身份，轻易不收为他虚拟的诗歌，只收了一些拟作的书信文牍。他采用的大概并非现存这一种版本的《三国志平话》，因此《三国志平话》里的许多诗词如卷下的一首《钟吕女冠子》曲，就未被《演义》采用。

《三国志通俗演义》基本上用的是浅近的文言，与平话有较大距离，更不如小说家话本通俗浅显。因此很难从语言上看出它的时代特征。但从它个别情节和诗词赋赞看，还是可以发现一些宋代讲史“说三分”的痕迹，从而探索它的渊源。如《长坂坡赵云救主》、《张益德据水断桥》等则，口语化程度较高，引用诗赋较多，就像是沿袭自前人的话本。书中也出现了一些宋元话本里常见的词语。例如第十四则《孙坚跨江战刘表》中孙坚说：“叵耐刘表昔日断吾归路，今不乘时报恨，又待何年！”这“叵耐”一词常见于宋元话本，元刻本《三国志平话》里就屡见不鲜。如：

术哭曰：“叵耐张飞！”（卷上）

叵耐刘备故言关公不知所在，今损吾二将！

叵耐胡汉！尔言不求同日生，只顾同日死。

叵耐胡汉，尔今有何面目。（以上卷中）

又如第十五则《司徒王允说貂蝉》："卓命允回，乘白马，前列侍五七人。"第五十六则《刘玄德古城聚义》："江东孙伯符威镇三江……积粮有五七年。""五七"也是宋元时代口语的称数法，也屡见于《三国志平话》。如：

城上张宝火急开门，张表军都无五七十人入城。

在路数日，前至虎牢关，相离大寨五七里下帐。

三将辞冀王，出寨东北五七里，到于本寨。

都无五七日，使丫环侍女，驷马重重，送貂蝉于太师宅内。（以上卷上）

却说曹操知得周瑜为元帅，无五七日。（卷中）

从这方面也可以看出它和宋元话本还有某些共同的时代特征。

《三国志通俗演义》与《三国志平话》有许多共同的资源，但并非传承自现存的元刻本《三国志平话》，很少沿用其中的诗歌赋赞，也摒弃了一些太荒诞的故事情节（参看周兆新《三国演义考评》）。现存的《三国志平话》和另一种版本《三分事略》一样，都是删节本，《演义》的祖本应该较这两种版本更繁更详。有迹象表明，《演义》与宋元小说家话本也有一定的联系。罗贯中在编次成书时曾吸收了不少当时流传的民间故事，并收录、改换、拟构了许多诗文作品，似乎有意在添加一些文采，也加强了演义小说的历史真实感。（有些诗文不见于叶逢春本，可能是明人所加）《三国志通俗演义》开始以平话为基础改编成新型的历史演义小说，作为供读者阅读的文学作品，比说话人所用的话本有了很大的提高。应该说这是中国小说史上的一次重大发展。

百年中国“人”

资中筠

2011年，在学术界的大事首先是辛亥革命百年纪念，这一纪念远远超出了应景活动，而是掀起了重新审视的热潮。有关文章、著作、纪录影像、挖掘出的新史料、发表的对各种历史人物和事件的新评价、新见解，内容十分丰富，在有限的言论空间内居然呈现出一片小小的百家争鸣的繁荣局面，使我对史学界和出版、传媒刮目相看。我本人尽管对这段历史有浓厚的兴趣，但无专业研究，不敢随便发表意见，对一些有争议的问题只能私心有所倾向，这是一点自知之明，也是对历史的一分畏惧。

在诸多出版物中我有幸拿到一套引人注目的书：《共和国教科书》。《南方周末》做了“中国梦”的专题活动，包括对这套书的摘评，曾邀我参加，我因时间不巧未能出席，允诺写一篇读后感。如今写此文，确实有感而发，并非仅为践约。

这套书出版于1912年，距今正好100年。我是民国过来人，当时尚未出生。而见报道，我的师长杨绛先生正好用过这部教科书，算起来，我的父母从私塾进入“新式”小学时，也应该是学的这套课本。如今披读后，不禁感慨万千。抚今思昔，较之百年前的先辈，我们是进步了还是退步了？——当然是指精神、人格层面。

这是辛亥革命后出版的第一种新编小学教科书，包括初小和高小的《新国文》和《新修身》。那是在白话文运动之前，所以还是文言文。而其内容，从今天的目光看，还远未过时，其观念甚至可以被认为“超前”，有些仍属犯忌的“敏感”话题。翻开首页的“编辑大意”，就令人精神为之一振。高小课本的“编辑大意”，第一条开宗明义：

一、注重自由、平等之精神，守法合群之德义，以养成共和国民之人格。

寥寥数语包含了现代公民教育的要义。请注意：最终目标为“共和国民之人格”，这是鲜明地区别于大清王朝的臣民。

接下来几条简明扼要，完整地表现了“共和国”教育的特点。不忍割爱，全引如下：

二、表彰中华固有之国粹特色以启发国民之爱国心。

三、矫正旧有之弊俗，以增进国民之爱国心。

四、详言国体政体及一切政法常识，以普及参政之能力。

五、提倡汉满蒙回藏五族平等主义，以巩固统一民国之基础。

六、注重博爱主义，推及待外人爱生物等事，以扩充国民之德量。

七、注意体育及军事上之知识，以发挥尚武之精神。

八、注意国民生活上之知识技能，以养成独立自营之能力。

九、关于历史地理科之材料以有兴趣者为主，与各科无重复之弊。

十、选录古今名人著作以养成文字之初基。

十一、各种文体略备，使学生知其梗概。惟诏令奏议二类，非共和国所用，故不采。

初小课本的宗旨大体相同，与高小不同者是更强调“合于儿童心理，不为好高骛远之论”，注意循序渐进，结合生活现实，还特别提出关于花草景物的课文应预算就学的日期，按照时序排列，使儿童易于随时实验。

课文内容由浅入深极为丰富，囊括了天文、地理、中外历史、科学知识、日常生活、器物常识、实用技能（如“簿记”、各种书信体等）、国家政体以及伦理道德、待人接物，等等。贯穿其中的是“共和国国民”的精神。课文之外，还有为教师准备的《教授法》，难以一一尽述。只能根据自己的主观感受，提出特别打动我的几点：

1. 第一册、第一课，赫然一个“人”字。配图七个人，显示一家三代男女老少，包括怀中婴儿。一个“人”字如何讲满一堂课？《教授法》中从各个方面加以说明，除书写、读音外，列举具体的人的不同特点，和抽象的人的共同概念，有个性、有共性。还有人与动物的异同。画龙点睛之笔是：人之区别于鸟兽者，为“读书明理”。试设想，一个小学生第一天背着书包上学校，进入脑海的最初知识，就是对“人”的认识，接受了读书的必要性和读书的目的：“明理”。而且初步接受了抽象思维的方法，由此奠定走向做文明人的出发点。

2. 初级课本中充满了日常生活常识，由家庭而社会，而且兼顾农村和城市的生活环境、劳作方式，接近自然，不唱高调，不矫情，不煽情，符合儿童心理。兼顾识字释义，由易入难，穿插其中多有花鸟鱼虫、美景、游戏，活泼而有情趣。不知不觉间培养一种健康、卫生、勤劳的生活方式，尊重劳动的观念，文明礼貌待人接物的作风，还有美育、趣味、情操的熏陶。

3. 从初小第七册（小学四年级）起，即有以“共和国”、“平等”、“自由”为题目的课文。“共和国”讲国家制度结构；“平等”课讲专制与共和之区别，在共和制度下法律面前人人平等；“自由”分两课，上一课讲身体、财产、言论、居处、信仰自由，“即国家亦不得侵犯”；下一课讲自由的界限，必须在法律范围之内，不得侵犯他人自由。以后几册，此主题重复出现，不断加深。在高小的课文中详述各种国体——共和、专制、君主、宪政。切实贯彻“普及参政能力”的宗旨。

4. 历史地理知识极为丰富，深入浅出。对全球地理以及各大洲主要国家都有介绍。有一课题为“共和国模范”，主要介绍美利坚、法兰西和瑞士，这也代表了当时中国精英心目中的向往。

高小一年级的课本中有两课连续讲“华盛顿”，统共不到500字，把华盛顿其人与美国独立起因和过程都说清楚了，简明扼要，十分到位。难得的是关于美国独立，课文指出是从抗税开始，而且称“英侨”，而不是模糊地称“美国人”，因为那时还没有美国。说明当时的编者对外国历史的把握已达到相当水平，能够准确地在几十个字中表达清楚：

（英国）“乃征美洲重税，关禁甚严。英人居美者，不便之。宣言：英国旧律，更定税则必由民举议员定之，因请立美洲议院，如英制。英廷不允，侨民大愤，不奉令，虽妇人孺子亦主持自立，起与英抗。”

本文特别引出这一小段文字，是因为上世纪下半叶相当长时期内，中国大陆普遍的观念是把美国独立纳入“资产阶级武装革命”的一部分，与法国大革命相提并论。“抗税”的观念对当时的国人是陌生的。直到2005年，中央电视台拍摄《大国崛起》的电视片，关于美国卷曾采访我，我着重讲述了当时抗英的口号：“无代表，不纳税”。这一内容却未通过不知哪一级的审查，在制片中被删掉了。百年前，共和第一年的小学生就从课本中学到的知识，到21世纪的“人民共和国”却成了主流媒体不可言说的“敏感”内容，确是莫大的讽刺。

5. 爱国与爱人类都是本教科书的重要主题。不少课文都有激发爱国情怀，提倡团结自强的内容。关于中外关系，初小四年级的课本中有三课连续讲“清季外交之失败”，把从鸦片战争到八国联军列强对中国的侵犯以及割地赔款、不平等条约的经过做了扼要、客观的阐述。

中国人一向念念不忘自己是“大国”，一切自大与自卑的复杂情结由此而来。且看此教科书关于“大国民”的定义：

“所谓大国民者，非在领土之广大也，非在人数之众多也，非在服食居处之奢侈也。所谓大国民者，人人各守其职，对于一己，对于家族，对于社会，对于国家，对于世界万国，无不各尽其道，斯之谓大国民”。接下来，讲述为“大国民”之方，就是德育、智育、体育的全面培养。

另一方面，爱人类的课文也多次出现，反复论述平等对待一切国家民族之人，不分肤色、种族。《修身》课本中更有好几课讲“博爱”、“国际道德”、“对外人”之道：例如“应对不可以不谨，交易不可以不信”，“我以礼往，彼以礼来，既不容侮慢，亦何必畏怖乎？”

“对于外人，或加以侮辱，或施以傲慢，于外人丝毫无损，特以野蛮示人耳”。

在战争中对于“敌军之失战斗力者”，也应以常人待之，这就是优待俘虏的原则。课文中专有对国际红十字会的介绍。

我们不应忘记，那是列强环伺，国人深感积贫积弱之痛的时代，理所当然要强调爱国、自强，乃至专有“军国民”，培养尚武精神之课文。但与此同时，仍倡导人类博爱精神，以不亢不卑的态度对待外人，培养宽广的胸怀，而不是片面煽动狭隘的民族主义。第六册最后以一句格言作结：“一国之强弱，视人民之德行”。

对照今世，何其难能，又何其可贵！

6. 信仰自由也是重点之一，对佛、道、耶（基督教）、回（伊斯兰）诸教都有介绍，强调宗教平等，不应互相歧视。对于孔子、孟子、老子、商鞅的学说都有简述，并强调儒学不是宗教，老子的学说与道教也不是一回事。这些都只是作为一家之言。此外还有不少课文介绍中外历史人物，领域甚广，既有秦皇、汉武、俾斯麦、拿破仑，又有花木兰、秦良玉、哥伦布、南丁格兰（今译南丁格尔）。从人物的选择来看，体现了多元化的取向，并不一定代表编者的好恶。

7. 特别突出完整的公民教育，除了贯穿在课文中的公民精神外，高小《修身》最后一册后半部分，也就毕业班最后学的课文是“共和国公民须知”专题，共五章十五节，大约占半个学期的课时。

1)“总论”给出定义:“公民者,享有公权利之国民也”,并详述公民之资格;

2）“公民之权利”——自由、平等、选举、从政;

3）“公民之义务”——纳税与公债、服兵、守法、教育;

4）“地方自治”——户籍与警察、公益机关、公安机关;

5）“国家之组织”——国体与政体、立法、司法与行政。

当然，小学的科目不仅是国文和修身，应该还有算术、常识（或称“自然”、“博物”，即理化生物等自然科学知识）等。不过我一向认为，国文是奠定青少年文化底蕴和思维能力的决定性科目。这一套国文课本不负所望，深与广都达到一定程度。到五四运动之后，教科书大多改成白话文，但基本宗旨取向，特别是公民教育还是一脉相承。在价值观上所谓传统与西化，自然地融合，似乎不成问题。从《修身》课本的章节看，私德与公义并重，中国的传统美德和现代社会的公民道德都囊括其中，既讲谦谨、仁爱，又讲坚毅、勇武；既讲孝悌忠信，又讲尊重人权、人格独立，而且调动了古今中外美德表率的各种实例。

可以想见，读完这套书，一个高小毕业生已获得基本文化知识、文字修养、做人的道理，并且具备现代公民的品格和一定的世界眼光。在此基础上，若继续深造，研习一种专业，无需回头再补基础文化课；若无力升学，进入社会，也具备了基本谋生手段和自学能力。我见到过不少前辈，或是老革命，参加革命前只读过小学；或是后来成为文化界名人的，如大出版家范用、沈昌文等，正规教育也不过小学或初中。但是学识渊博，视野开阔，即使历经思想禁锢、扭曲的年代，在环境许可时，还是比较容易接受新事物。这固然与他们各自的天分和后来勤奋自学有关，但也是拜那时的小学教育所赐。

这套书是蔡元培任教育部长时主持编纂的。民国建立伊始，立足未稳，即以教育为重。1912 年 1 月教育部即颁布了《普通教育暂行办法》，规定清朝颁行之教科书一律禁用，小学读经科一律废除，同年 3 月，南京临时政府颁布《临时约法》又规定人民有信教之自由。接着，蔡元培发表《对于教育方针之意见》，指出“忠君与共和政体不合，尊孔与信仰自由相违”，必须从教育宗旨中删去，所以小学废尊孔读经。孙中山也力主此议。由此可见，蔡元培固然主张兼容并包，连辜鸿铭也被延聘到北大教课，但是他主张自由、民主、共和政体的倾向是很鲜明的，唯其是真正的主张自由，也能包容异见。

与此同时，在康有为推动，其弟子陈焕章主持下，掀起了强大的“孔教”运动，声势浩大，形成一次重要的思想较量。后来到1917年新文化运动时期又有一次较量。在那以后，新学开始占上风，“民主与科学”成为知识界的共识。平心而论，就纯学术思想而言，这种复旧的主张也不是全无道理。因为在政权新旧交替中，整个局面是很混乱的。旧的秩序“礼崩乐坏”，而新的道德伦理不可能立即树立和普及。还有不少政客以共和为名，行争权之实，真伪莫辨。所以客观上呈现出来的就是道德滑坡，世道混沌，人伦失范。一部分士人怀念旧秩序，企图从复古中找出路是可以理解的。但是体现在当时的政局上，这种尊孔运动必然符合顽固反对共和的政治势力的诉求。所以，伴随着这一文化上的较量先有袁世凯称帝，后有张勋复辟，及其随后的覆败。百年后的今天又出现尊孔读经之论，又有人提倡定孔教为国教。不知这是与什么样的政治诉求相伴，是耐人寻味的。

诚然，同样的教科书，不一定培养出同样的人，社会环境千变万化，进入社会的人自然也良莠不齐。但是法乎其上，仅得其中。教育方针的指向至关重要。百年树人，如果十年为一轮，按照这套教科书的基本宗旨奠定一轮轮少年的“读书明理”的基础，今日为生，明日为师，再加以随着经济的发展，教育普及，扩大覆盖面，到百年后的今天，人心世道会是怎样景象？还能以中国人“素质不高，因而不适于行民主”为借口吗？公民社会还会那么遥远，甚至不可言说吗？

我们曾经经历过一个极端，强制全民皈依一个19世纪德国人的学说，这一“全盘西化”未能实现，只生出了与秦始皇相结合的怪胎。方今忽然又强调“文化自主”，回归传统，抵制“西化”。现实中，一方面疯狂拆除历史遗迹，任意涂抹屏蔽历史；一方面又大肆宣扬复古，动辄2000年，甚至5000年。为什么不看看100年前呢？是不是只有回到完全不知海外有何物的时代才算是中国文化？我常说“愧对先贤”，就是我们没有爬到巨人肩膀上继续向前，而是像俗话说的“狗熊掰棒子”，拿一个，掉一个，永远积累不起来。甚至舍珠玑而拣瓦砾。而曰，向世界弘扬中国文化。其得可乎？

最后要感谢这套书的出版人张立宪先生，他的确做了一件好事。我是从《中国新闻周刊》上才知道其艰难的经过的。《周刊》把他定为年度致敬人物，可谓实至名归。

秋晚闲吟（十三首）

沈 鹏

落叶

蓦地随风舞，飘摇不着根。

报知蝴蝶梦，冷暖计时分。

秋阳

骄阳甘淡泊，佳节过中秋。

无奈西风紧，夏虫别有忧。

银杏

千年识弥广，碧树早金黄。
代谢同鳞次[①]，故教长寿康。

月季

花开期有信，初夏到如今。
牟利香精採，区区供赏心。

梧桐

漫说先凋谢，斯文借一吟。
阳骄全盛日，天质献浓荫！

白杨

萧萧远祥凤，燕雀荫里藏。
巨干开奇眼，萍踪情意长。

迎春

早开旋早落，枝叶映流霞。
念彼群芳好， 明春先发芽。

枫叶

登高攀石径，火炬扑西风。
荣耀经霜后，非教一旦红。

蟋蟀

逐日鸣声细，潜知物候移。
入床为伴侣，古趣今已稀[②]。

蝉

喑哑凄微语，那堪侧耳听。
明当破遗蜕，流响满园庭。

云

有道轻而薄，堪将喻世情。
此言诚入浅，顷刻变阴晴。

雨

怎如春意润，萧索与苍茫！
晨起泥途湿，昨宵敲北窗。

雪

才惜秋光老，骤迎冰雪寒。
方舟欲何往？温室等闲观[③]！

［注释］

①王羲之《兰亭诗》：“代谢鳞次” 。
②《诗经·豳风》：“十月蟋蜂入我床下。”
③方舟：诺亚方舟。温室：地球温室效应。

学而能思
——纪念启功先生诞辰百年

沈 鹏

启功先生于书画、文史有多方面学术成就。社会上流行的常说他是书法家、善幽默。于前者局限写毛笔字；后者，凑合一些生活里的诙谐笑话，缺少深度。就以幽默来说，在启功文章里不时流露。他对比中国汉语规律与外国“葛郎玛”（文法一词的音译）把节拍、辙调的作用力比作汉语中富凝聚力的“血小板”，把比喻与用典说成葛郎玛束手无策的一条条泥鳅，由于思考语言的问题，他随手拈来“文革”中流行的一句话：“老鼠儿子打地洞，愈挖愈深。”仅在一篇文章里出现以上比喻和联想，便使人增加阅读兴趣，感到耐人寻味。启功作文向自己提出“简、浅、显”的要求，看似容易却艰辛！

探讨汉语诗律，启先生有他的发明——“平仄竿”，“平平仄仄平平仄仄平平仄仄……”无限止的循环反复像一条竹竿，上面有“节”，任意截取其中一节，仄起或平起，五字句或七字句，都可扩展成篇，五言律句共有七样，七言律句共有14样，无论句子多少的律调诗篇，除拗句外，所用都不离这21样句式。“平仄竿”的作用堪称大矣！以我个人体会，倘为记忆，要掌握诗的格律也不难，几种格式有现成的规则可循。启先生发明的意义在于找到了格律诗节奏的最基本的元素，由最简单的基因扩充到许多复杂的样式。原来许多复杂的样式不过是最简单的“基因”的有规律的变化。人的一生离不开呼吸，有呼吸而吐故纳新，保持生命的活力，肺部“呼、吸，呼、吸……”以至无数。人也离不开走路，两脚“左、右，左、右……”积跬步以成千里。启先生研究古代汉语，重视节奏、辙调，而诗歌，则是汉语音律之美的集中体现。当然可以扩充到词、曲、赋，再有骈文。不但如此，启先生还从优美的古代散文中探索汉语音美，从《史记·屈原列传》、韩愈《柳子厚墓志铭》、王安石《读孟尝君传》选段寻找平仄抑扬的脉络。由这番苦心，研究出汉语音美的源远流长。时至今日，白话早已代替文言，但是如果我们研究白话中的美文，同样可以从中找到节奏甚至辙调之美，哪怕是潜在的不那么明显，古汉语的生命力还在发挥作用，历史的沿袭不会断裂。白话诗也会通过艰难的历程吸取传统汉语的美感逐步走向成熟。从汉语传统的立场看，应是一条必然的途径，当然决不排除吸收西方文化以及当代语言的融入等多方面因素。我至今记得启先生有一次跟我说，他写白话文的时候，心中默默地有文言作底。我认为这是因为他文言的根底深，懂得文言与白话相异又相通。有了“文言作底”，写的虽是白话，读起来也会是优美的，单说文言简练不足以说明问题。启先生对汉语中一字即一词，一字可作名词，也可作动词、形容词的现象作了深入的阐释与发挥。

“平仄竿”发现汉诗的音韵规律，对汉字的字形规律，启功先生作了十分精密的研究。他仔细察看古代帖字中笔画轨道的方向角度、笔与笔之间的距离关系，字中各笔的聚散疏密。他确认赵孟頫说的“书法以用笔为上，而结字亦须用功”是真实不移的道理。用笔与结字究竟何者更重要，古今见解各有侧重，我曾写《传统与“一画”》与学界共同商讨。在启先生那里，更看重结字的重要性。

画一个方块，从上而下，从左至右都分作五、三、五的比例，交叉的中心在一个“三”的正方形，任何一个字的聚处便在这正方形了。启先生亘出“大”、“戈”、“江”、“口”、“一”、“米”等字为例证，称这一发现为“黄金律”。“黄金率”即 x:y=5:8（0.382:0.618）。楷字的中宫，本来属于“模糊数学”的范畴，如此精确的计算，为前人所无，称得上新发现。在西方，公元前6世纪毕达哥拉斯学派用比率将音乐与数学联系，如今启先生将写字放在数学的精确度上了。至于说到怎样才能写好字，发挥书法的艺术性；便不能因此而简单化。我曾将个人意见面陈先生。先生讲述了“国”字的例子，“玉”在

"口"中，偏左偏上便觉美观，否则效果不佳。他说这可能与人的心脏偏左上侧有关，又说"黄金律"的中宫实应在左上部。由此我想到了格式塔心理学、知觉经验的由来等相关的问题。我以为从这里获得教益应当大于结字"黄金律"的具体数据。书法倘与"数"联系，也还要从"模糊数学"得到启示。再如"一生师笔不师刀"的观念，几乎称得上是学习书法的法门。无论碑、帖，都用刀刻复制，只有"透过刀锋看笔锋"才能体会到原作的真貌。但我也曾问过启先生，刀锋既是客观存在，是否也算一种趣味？这种趣味是否值得融入书法，如何融入？这又是一个学术问题了。但至少刻意仿效刀锋是不可取的吧！启先生研究学问，重视实证，并且善凭直觉。倘问上面说到的"平仄竿"从何而来，从先生著作里找不到，全靠读书多，想得多，触发偶然的"顿悟"。有些灵感，他与人交谈中获得。坐在火车上听车轮行进的节奏，向一位心理学家请教，启发了对格律诗的节奏感的理解，抓住不放，于是有识见的文章写出来了。《上大学》是一篇回忆教学历史的文章，教学相长，教师都是亲密的朋友，切磋琢磨，谦虚又自信，许多真知在良好的氛围中孕育成长。历史上无论国内国外都有先例。今天的情况怎样，我因缺少直接体验，只好不谈了。

鉴定书画，是启功先生一大贡献。"观千剑而后识器"，平生见过数以十万计的书画作品。他有过从事书画鉴定的良师，还因为他本身从事书画，有丰富的实践经验，看艺术风格善于领悟，看纸墨图章熟稔在胸。再是看旁证十分重要，要有广博的多方面的文化知识。这就显示出博学的力量。书画鉴定如果单会看笔迹，照启先生说，公安部门的专职人员也能做到。一言道破了鉴定的学术性质。比如对《旧题张旭草书四帖》作者的否定，对陆机《平复帖》的九行86字释出全文，文中出现的三个人名作了考证，都是综合素养的成果。启先生从长期书画鉴定中总结出"七忌"，实事求是，破除迷信，包括反对"挟贵"、"挟长"极其可贵。启功谈书画鉴定，还十分注意一些"民间"鉴定家的经验和贡献，并向他们请益，虽然他们名气不大，但是有真学实才。这样的事件也正好体现了没有“挟贵”、“挟长”的习气，显示出书生本色。

今年值启先生诞辰100周年，以上就平时所得写点感想，包括他大量书法诗词在内的多方面成就会有人作专题研究。启先生原本学历浅，经过刻苦自学成为大材。众所周知陈垣先生对他的提携帮助起了很大作用。陈垣先生力排众议一步步把他请上大学讲台，倘若没有这位恩师，启功有可能达不到后来的辉煌。“千里马常有，而伯乐不常有”。无论千里马或伯乐，特定的个人才能必不可少，特定的环境也许更不可缺。我设想当今，有人肯像陈垣先生那样一再力荐仅有初中学历的人吗？如果有，能顶住和超越各种压力尤其是名目繁多的重重关口吗？我们是不是需要多反思一些体制上的问题？要回答钱学森之问“为什么出不来杰出人才”可不那么简单。为事业长远计，我们要多研究点问题，一个个地解决。

发挥宗教在当代文化建设中的积极作用

方立天

一、小引

《中共中央关于深化文化体制改革 推动社会主义文化大发展大繁荣若干重大问题的决定》明确提出，要“全面贯彻党的宗教工作基本方针，发挥宗教界人士和信教群众在促进文化繁荣发展中的积极作用”。为了落实贯彻这一重要论述，我们要认真探讨宗教的文化属性、宗教文化的界说、内涵、特征及其在历史发展和现实生活中的价值和地位；要推动宗教界提高文化自觉和文化自信，重视和加强文化建设，大力发挥宗教在当代文化建设中的积极作用，从而既促进社会主义文化大发展大繁荣，又推动宗教沿着正确的方向健康发展。

二、宗教属于文化范畴

宗教是一种信仰体系，一种社会意识形态，也是一种精神生活方式，一种文化现象。1952年10月8日，毛泽东主席在接见西藏致敬团代表时说："文化包括学校、报纸、电影等，宗教也在内。"这里所讲的文化，是指与政治、经济既有区别又有联系的意识形态或观念形态，也就是通常意义上的文化。毛泽东主席认为宗教作为一种文化类别，和学校、报纸等同属通常意义上的文化范畴。

宗教关切人类生命的终极意义，提倡超越世俗价值，阐发和代表超越界，而成为宗教信徒的心灵慰藉、最终依靠和神圣期待。宗教在长期发展过程中，逐渐形成了以信仰为核心的宗教文化传统，宗教文化也成为信仰的表现形式，而与其他文化形态相区别。

信仰与文化不是绝对对立的。信仰是对宗教教义极度信服和尊崇，并以之为行为的最高准则。信仰中包含有文化，甚至可以说，信仰本身就是文化。作为观念形态的文化，又包含了宗教，也就是说，宗教是文化的一种形态，是文化中具有信仰特征的形态。由此也可以说，人类的文化可以分为两大类：一类是以神圣信仰为核心的宗教文化，一类是以经验知识为内核的世俗文化。两类文化互动互补，冲突融合，不断推动人类文明史的向前发展。我们既要分清宗教文化与非宗教文化（世俗文化）的区别，也要注意不能因为这种区别而否定宗教是文化的客观论断。

三、宗教文化的丰富内涵

宗教，尤其是佛教、基督宗教和伊斯兰教三大世界宗教和重要的民族宗教如道教、印度教等，都拥有一个庞大的文化体系。宗教文化体系是由多种文化元素组成的有机结构体，包含着丰富的内涵，表现出特定的功能。以佛教为例，其文化内涵有以下若干重要类别：

神学：即佛教的信仰体系。佛教信仰的重点内容有二：一是广大信徒深信因果报应、业报轮回的学说，二是广大信徒对佛、菩萨、罗汉、祖师的虔诚崇拜。这是佛教文化的重大特质。

哲学：佛教亦宗教亦哲学。佛教是世界所有宗教中哲学思想最广博、最深厚的宗教，包含有人生论、心性论、宇宙论、认识——修持论等广泛内容，其思想实质是通过探求、开发智慧以解脱人生的痛苦。

道德："诸恶莫作，诸善奉行，自净其意，是诸佛教。"（《增一阿含经》卷一《序品》，《大正藏》第 2 卷第 551 页上）佛教是非常重视伦理道德实践的宗教，具有完整的伦理道德学说体系，以从善去恶为行为准则，以自度度他为归宿。

文学：佛教文学灿烂辉煌，如《百喻经》、《佛所行赞》等就是古代文学名著，一些佛典的汉译本，是翻译文学的杰作。中国僧人撰写的大量佛学论文、僧传、语录、诗歌，也是出色的文学作品。

艺术：佛教艺术绚丽多彩，包含建筑、雕刻、绘画、书法、工艺、音乐等。建筑又包括寺院、石窟、塔、幢等，如云冈、龙门、敦煌等石窟，都是举世闻名的艺术宝库。佛教艺术是中国古代传统艺术极为重要的组成部分，没有佛教艺术，中国古代艺术将大为逊色。

科学：佛教既非科学之母，也非科学之敌，而是科学之友。佛教对于医学和天文学作出了贡献。古代有的寺院设置专科，为患者治病。有的僧人的秘方妙术，能治某些疑难病症。佛教也重视对天象的观察，如唐高僧一行就是一位著名的天文学家，在天文历法方面取得了重大的成就。

此外，在心理学、文献学等诸多方面，佛教也都有重要的文化建树。

四、宗教文化的积极因素

从总体来看，宗教的社会历史作用具有两重性，既有积极的一面，也有消极的一面，由此，在内容构成上既有积极因素，也有消极因素。但是，在我国由于党和政府的正面引导，宗教的正面作用不断增强，积极因素不断扩大。我们要大力挖掘宗教文化中的积极因素，推动宗教通过发挥自身的积极作用来抑制其消极作用，并促进社会主义文化的繁荣发展。

也以佛教为例，在丰富的佛教文化内涵中，同样包含了重要的积极因素。笔者近年来思考如何发挥佛教文化的积极作用问题，认为挖掘佛教的具有普遍意义的理念，使之融入普世价值的潮流之中，有着特殊重要的意义。笔者也逐步形成了“缘起、因果、求智、从善、平等、慈悲、中道、圆融”八个理念，认为这些是佛教义理的精髓，值得大力弘扬。

2009 年 11 月，胡锦涛主席与美国总统奥巴马会谈时说：“全世界已经进入了相互依存的时代。”“相互依存”说与佛教的核心思想缘起论——“因此有彼，无此无彼，此生彼生，此灭彼灭。”（《中阿含经》卷四七《多界经》，《大正藏》第 1 卷）是完全吻合的。由缘起论衍生的佛教基本理念也成为处理当代世界问题的重要参照。笔者经常憧憬，儒、道、佛、西、马等学说，能否通过融通互补、综合创新，以形成适应“相互依存时代”的普世价值，逐渐成为世人的共同行为准则，这可能对和谐世界的建构是有重要裨益的。

五、宗教文化的当代价值

在人类文明发展史中，宗教扮演了极为重要的角色，宗教文化构成了人类文明非常重要的方面。宗教活动在人类历史上占有重要地位，宗教文化是人类文化的宝贵财富。

在当代，宗教文化同样具有重要价值。宗教文化的当代价值可以从多种视角进行分析，这里从两个视角作简要论述。

一是宗教文化要面对当代人类社会的问题，缓解当代人类社会的矛盾，以呈现其价值。当代人类社会的基本矛盾有三：人与自我的矛盾、人与社会的矛盾、人与自然的矛盾。宗教对缓解这些矛盾，尤其是人与自我的矛盾，具有重要的思想启导意义，能够发挥积极作用。

二是宗教文化在当代中国社会生活尤其是文化建设中，能够适应、满足社会不同人群多样性的精神文化需求，充实、丰富社会主义社会的文化百花园，构建、发展社会主义的和谐文化关系，从而为推动社会主义文化的建设、繁荣、发展作出贡献。

六、加强宗教文化建设，发挥宗教文化作用

宗教文化积极作用的发挥，有赖于宗教文化的建设，各宗教的文化建设得越好，就越能充分地展示宗教文化的现实价值，也就能更好地服务于社会主义文化繁荣发展。

当前为了加强宗教文化建设，我以为以下四点是要特别注意的：

（一）要鼓励、推动宗教界提高文化自觉和文化自信，深刻理解宗教文化对社会文化建设和宗教自身发展的重大意义，进而重视宗教文化建设，把宗教文化建设放在宗教各项建设中的突出位置，为大力发挥宗教在当代文化建设中的积极作用夯实基础。

（二）要深入挖掘、整合、阐发宗教文化资源，尤其是要着力挖掘有助于缓解当代人类社会矛盾，有助于提升个人道德素质、和谐人们之间关系，以及协调人与自然矛盾的思想，对这些思想作出与时俱进的新阐释，用现代语言加以通俗易懂、深入浅出的新阐述，以提高人们的思想境界，促进社会的和谐、可持续发展。

（三）要结合世情、国情、教情，创造出我国人民喜闻乐见的形式，如举办相应的文化节、宗教文化讲座、演讲比赛等，来弘扬宗教文化。要继承近年来的创造，搭建宗教文化国际交流平台，继续办好“世界佛教论坛”、“国际道教论坛”、“中国教会圣经事工展”和“中国伊斯兰文化展”，通过这些平台，与会者相互学习，共同探讨，彼此切磋，从而既推动中国宗教文化“走出去”，走向世界，中国宗教界也借此吸取其他国家宗教文化建设的有益经验，推进我国宗教文化的健康发展。

（四）要重视培养人才。宗教文化建设中，宗教界精英人士有着重要意义。宗教界要着力培养具有改革创新精神和能力的人才，以推动宗教在当代文化建设中发挥更大更积极的作用。

由清华简《系年》论《纪年》的体例

李学勤

清华简《系年》已经收入整理报告《清华大学藏战国竹简》第二辑发表了。在我个人接触这批珍贵竹简的过程中，最早看到的少数简的摹本中就有《系年》里的一支，当时虽不知是什么样的典籍，但读出其内容与古本《竹书纪年》相似，便深感其价值重要。到了近期整理考释这篇长达138支简的《系年》时，由于工作需要，更反复细读古本《纪年》，不仅对简文的性质增多了了解，也加深了对《纪年》一书的认识。这里只谈一点，试与大家商榷。

《系年》和《纪年》都是战国时人撰著的史书（《系年》成书稍早于《纪年》），其作者一位楚国人，一位魏国人，所处学术背景不同，写作的目的也未必一样。可是因为时代相聚未远，分析《系年》，还是能够对《纪年》提出一些新的想法，这里要说的是《纪年》的体例问题。

《纪年》简保存良好，全文俱在，只有个别残损，全书结构不难一目了然。这篇史书分为23章，上起周初武王克商，下至战国中期楚悼王、肃王之世，作了通惯概括的叙述。期间史事不少记有纪年，前略而后详，然而全篇叙事罕有在年代上倒错重复的地方。就其记述覆盖周王朝和各主要诸侯国而言，它不是区域史，而是有周一代的通史。

《纪年》是什么样的史书呢？前人如朱希祖《汲冢书考》说：“此书体例与《春秋》不同，《春秋》为断代编年史，故起于鲁隐；《纪年》为通史式编年史，故上起黄帝。”《系年》虽只记有周一代，在一定意义上也可谓通史，特别是它不像《纪年》那样在西周灭亡以后以晋国及随后的魏国为中心。

《系年》完全不是《春秋》那样的编年史，那么《纪年》是不是那样的编年史？如果我们看晚出的会本《纪年》，确实是分年排列的标准的编年史，然而我们在读过《系年》以后，再来看现存的古本《纪年》传文，就在许多地方看到相反的迹象，也便是说，古本《纪年》（至少是一部分）恐怕不是像《春秋》那样分年排列，其体例很可能更与《系年》有接近之处。

以下举出几个例子，以作说明。

《太平御览》卷一三五引《纪年》：“后桀伐岷山，岷山女子桀二人，曰琬曰琰。桀受二女，无子，刻其名于苕华之玉，苕是琬，华是琰，而弃其元妃与洛，曰末喜氏。末喜氏以与伊尹交，遂以间夏。”《艺文类聚》等也有类似引文，无疑是古本原貌。这段话记述夏桀娶二女无子，弃其元妃末喜的经过，不可能是固定的一年中事。今本《纪年》则系之于桀的十四年，并且把末喜与伊尹交等弃去。

杜预《春秋经传集解·后序》引《纪年》：“仲壬崩，伊尹放大甲于桐，乃自立也。伊尹即位，放大甲，七年，大甲潛出自桐，杀伊尹，乃立其子伊陟、伊奋、命复其父之田宅而中分之。”这前后是几年的事，连贯叙述，《尚书·威有一德》正义所引相同。今本《纪年》将互分割系于大甲元年和七年。

《御览》卷八三引《纪年》：“河亶甲整即位，自嚣迁于相，征蓝夷，再征班方。”三件史事不会同属一年。今本《纪年》分系于元年、四年、五年，都是古本没有的。

《开元占经》卷四引《纪年》："穆王东征天下二亿二千五百里，西征亿有九万里，南征亿有七百三里，北征二亿七里。"显为综述之语，今本无法处理，只说"西征还履天下，亿有九万里"，挂在穆王十七年下。

《左传》昭公二十六年《正义》引《纪年》："平王奔西申，而立伯盘以为太子，与幽王俱死于戏。先是，申侯、鲁侯及许文公立平王于申，以本大子，故称天王。幽王既死，而虢公翰又立王子余臣于携，周二王并立。二十一年，携王为晋文公（侯）所杀，以本非适，故称携王。"这段话和《系年》在不少地方相似，绝不是孔颖达综括出来的，它很明显是成段的叙述。今本将之分割系于幽王五年、八年、十一年及平王二十一年，甚至把"伯盘"误从《国语》、《史记》改作"伯服"。古本《纪年》这一段中有"先是"，是追叙的口吻，特别值得注意。

《史记·越世家》索引有六处连引《纪年》，陈梦家《六国纪年》将之汇录如下："晋出公十年十一月，於粤子句践卒，是为菼执。次鹿郢立，六年卒。不寿立十年见杀，是为盲姑；次朱句立。於粤子朱句三十四年灭滕，二十五年灭炎郯，三十七年朱句卒。翳三十三年迁于吴，三十六年七月太子诸咎弑其君翳；【十三年】十月粤杀诸咎粤滑，吴人立子错枝为君；明年，大夫寺区定粤乱，立无余立；十二年寺区弟思弑其君莽安，次无颛立；无颛八年薨，是为菼烛卯。粤子无颛薨，后十年，楚伐徐州。"陈先生标以句点之处，是《索隐》行引一条的末尾，可以看出，至少从"翳三十三年"到"是为菼烛卯"，是不能分割的一段。今本《纪年》将这些分列于周贞定王、威烈王、列王和显王，显然不同于古本。

《越世家》索隐所引《纪年》文中有"后十年"，还可以对照同书《田齐世家》索隐所引《纪年》："齐康公五年，田侯午生。二十二年，田侯剡立。后十年，齐田午弑其君及孺子喜而为公。"有"后十年"这两处，都是无法割裂的，是连续叙事的词语。

在《系年》简文中，正有类似的词语，如其第二十三章云：“（楚）悼哲王即位，郑人侵犊关，阳城桓定君率犊关之师与上国之师以交之，与之战于桂陵，楚师亡功，景之贾与舒子共止而死。明岁，晋董余率晋师与郑师以纳王子定。”同章还有两处“明岁”，都是在连续叙事中标明时序，与上述《纪年》的“后十年”以及前面提到的“先是”作用相似。

从这里我们可以看到，关于古本《纪年》的体例，还有大家进一步探讨的余地。它不是像晚出今本那样标准的编年史，恐怕是肯定的。

《黄震全集》：古籍整理领域的传世精品

傅璇琮

黄震（1213—1281），字东发，一字汝震，号于越先生，南宋庆元府慈溪县（今宁波慈溪市）人。他不仅是南宋后期一位能吏，而且也是一位著名的经学家、理学家和史学家。黄震为学善于博采众说，务求其是，注重致用，在中国学术史上占有十分重要的地位。近年来，学术界对他的研究虽说有一定成绩，但对其遗留于世的著作，长期来缺乏必要的整理。宁波大学张伟教授与浙江大学何忠礼教授合作，悉心整理，点校完成《黄震全集》，精装出版，全书共分 10 册，计 270 余万字，前有说明，后有附录，内容全面，资料丰富。总而观之，具有以下三个突出的特点：

一、遗著汇纂，厥功居伟。黄震一生著作甚富，虽流传下来的只有《黄氏日抄》、《古今纪要》、《戊辰修史传》、《古今纪要逸编》四种，但黄震一生的活动及思想，基本体现在其中。黄震的著作散见各处，学者在研究黄震时，大都只利用其中的一种本子，鲜有顾及版本间的不同差异者。《黄震全集》的整理者第一次将黄震的四部遗著汇为一集，搜罗到各种版本，爬梳比较，择善而从，实非易事。其中《黄氏日抄》，有人认为国家图书馆藏南宋积德堂本为绍定二年刊本，现在全集的整理者否定了这一说法。《全宋文》收录了《黄氏日抄》第六十九卷以后的黄氏自作之文，是以文渊阁《四库全书》为底本，校以光绪刻本。《黄震全集》中亦以文渊阁《四库全书》为工作本，但参校多种本子，较《全宋文》相关点校更为精审。经此努力，黄震遗著终于第一次拥有了“全集”本，树起了一块黄震著述整理的里程碑。

二、校勘精审，尤重他校。古籍校勘向有对校、本校、他校、理校四法，当今学界的古籍整理虽然成果累累，但重点轻校是一个不容忽视的倾向，整理者大多只作对校，而忽视他校，或在他校上所下功夫有限，这就限制了古籍整理应达到的高度。《黄震全集》的整理则不然，对校勘四法有较为娴熟的运用。全集校记，不仅采用对校之法，且更多采用他校之法，此点尤可称道。黄震学识渊博，著作中或明引或暗引前人的文字很多，尤其是他的研经述史部分，大量采录前代文献，这就为他校提供了用武之地。全集的点校者不嫌繁琐，不辞辛苦，查核引文的出处，并直接据以校订原刻的一些错误。如《黄氏日抄》前六十八卷为黄氏读经、史、子、集笔记，张伟教授用《十三经》、《续资治通鉴长编》、《宋史》、《宋史全文》、《道命录》、《伊洛渊源录》及周敦颐、二程、朱熹、张栻、吕祖谦、 陆九渊等有关理学家的文集进行参校，在这方面下了很大的功夫。以卷五十六中的《读诸子二·吕氏春秋》为例，共出校记 32 条，其中有 27 条参校了《吕氏春秋》原文。黄震《古今纪要》十九卷是一部以人物传记为主体而贯通古今的通史著作，其详今略古、提纲挈领的写法，使一般的读者难以窥其端倪。何忠礼教授考其史料来源，发现除宋代部分外，基本上来自《二十四史》中的前十九史，于是在整理点校时，以文渊阁《四库全书》为工作底本，校以十九史所载的相关纪传，并适当参校耕余楼刊本。宋代部分，则参校《宋史》、《续资治通鉴长编》、《名臣言行录》等有关宋代典籍，经此一番大工作量的校勘工作，得以对原著中一些由于文 字过简而造成不易理解的地方，进行适当的疏通，使文义更为明确。以其中的卷十六《五代》为例，校勘记多达244条，大多注明是据《新五代史》改或正。有的校勘记，不是机械地罗列文字的异同，而是深入到学术的层面予以剖析。如第二条关于张汉鼎的校勘记云："考之新旧《五代史》，并无张汉鼎其人，故此处'张汉鼎'三字疑为衍文。"第一二七条校勘记云："考之《新五代史》卷四七《杂传·张廷蕴传》载：'李继叛于潞州，庄宗遣明宗为招讨使，元行钦为都部署，廷蕴为马步军都指挥使，将兵为前锋。廷蕴至潞……明旦，明宗与元钦后至。'此处谓'元行钦、廷蕴先一日登程破之'。明显有误。"再如卷十九《本朝三·神宗》第二条校勘记云："'四年'原作'元年'，按《宋史》卷一四《神宗一》载，治平四年正月，英宗去世，神宗继位，'（九月）癸卯，以权御史中丞司马光为翰林学士'，据此可知，司马光为御史的时间，决不在熙宁元年，而是在治平四年。"第三条校勘记云："按《长编》卷一九一，嘉祐五年五月癸丑条载，赵抃早在该日即以侍御史为右司谏，谏院供职。又据《宋史》卷二一一《宰辅二》载，赵抃于治平四年九月由知谏院除参知政事，知杭州。由此可知，此处言赵抃于［熙宁］二年入谏院误，耕本同误。"第四条校勘记云："按《宋史》卷二一一《宰辅二》载，韩琦罢相在英宗治平四年，富弼为相在神宗熙宁二年，此处言'富弼继韩琦为相'，并不很正确。"这样的校勘记，不但显示了点校者精湛的考证功力，而且指出黄震原著的错误，更有助于读者进一步评估黄震史学的得失，极具学术意义。经此一番校勘，原刊本中的许多鲁鱼亥豕、不知所云之处，得到了改正，文意也得到进一步理顺，从而使黄震遗著的面貌焕然一新。此举不仅大大便利了读者，节省了读者的翻检之劳，也为深入研讨黄震的历史观提供了最佳的范本。

三、订误纠谬，后来居上。黄震的著述，向无点校本，唯《全宋文》中收录了黄震的散文，其点校的得失，可资后来者借鉴。《全集》充分吸收了《全宋文》点校黄震散文的优点，也尽可能改正了其点校的错失。如《全宋文》卷八〇四五所收黄震《回陈总领书》文云：“据实平说参之，愚夫愚妇亦无有不合者。”《全集》将“参之”后的逗号移之“平说”下，甚当。《全宋文》又点云：“虽伊洛说出天地之性、气质之性，亦不过为孟子解性善之说人生而有性，已是气质之性，天地之性已自付与在其中。”如此标点，其义费解，《全集》本在“解性善之说”后加一句号，则文意豁然贯通。再看《全宋文》卷八〇五〇《修吴县尉衙纪事》云：“距震之官五十有五年间，无与葺一椽瓦者，而屋颓矣。”这里将“距”与“间”配合，不大符合汉语表达的习惯，《全集》将“间”字下属，表“期间”之义，读来更顺。《重修转般仓记》云：“至有张大籴事者，尝倚转般为子母相私之地。”《全集》本将“籴”改正为“粜”，一字之差，意义完全相反。凡此，皆为《全集》点校者胜过前人之处。

何忠礼先生为宋史研究的著名学者，张伟曾先后师从何忠礼、徐规两先生，长期来研究黄震，成果丰硕，著有《黄震与东发学派》，两人联袂，堪称点校黄震著作的最佳人选。他们精心校勘，订误纠谬，保证了《黄震全集》的点校质量，足以使其成为信实可靠的传世精品。《黄震全集》的整理起点不凡，成绩斐然，堪称古籍整理出版工作的最新成果。《黄震全集》的出版，也可视为黄震研究的新起点，为进一步推进对南宋学术史的研究奠定了坚实的基础。

学术研究与艺术鉴赏的完美结合

——学习启功先生艺术史及书画鉴定论著的体会

傅熹年

前中央文史研究馆馆长启功先生又是国家文物鉴定委员会的主任委员，精于鉴定古代法书绘画和碑帖，世人都以大鉴定家目之，但详读先生有关撰述，其学术之渊深、涉猎之广博、鉴定之精审，特别是研究之旨趣、目标，实远非一个“鉴定家”的称号所能概括的。

“书画鉴定”一般人认为是判定真伪问题，但如从学术角度而言，实是审查书法史、绘画史的素材，去伪存真，解决书法史、绘画史的史料问题，只有在确切而具典型性的素材的基础上才能逐步形成正确的艺术史，也只有在正确的艺术发展观点的指导下，才能准确判断素材之真伪及其历史、艺术价值，二者互为补充、互相促进，最终目的是解决艺术发展史问题。若从实用角度讲，判定真伪主要是为公私收藏服务，这就比较简单了。有志者只要勤于过目，体认各家的笔墨特点、习惯手法、印章暗记，再多读历代著录，了解作家生平和名作流传情况，积以岁时，熟能生巧，也可成为一般的鉴定家，如专攻某些近现代名家之鉴定，则更易做到。但遇到艺术史上的重大问题或需对有疑义的重要作品作分析研究时，因多涉及传统文化的深层内涵，一般鉴定家往往就不易措手了。由此可知，同是“书画鉴定”，从学术研究角度或从实用角度出发，在性质、深度和水平上是大不相同的。启功先生在古文字学、经学、史学、古典文学、哲学、宗教诸方面均有深入研究，且熟谙典章制度、礼仪民俗、戏曲小说，本人既是书法、绘画大师，又熟读历代书画著录，有极高的艺术素养和敏锐的鉴赏眼光，故能在学术研究与艺术鉴赏结合的基础上，从整理、充实中国书法、绘画发展史的高度，有目的地去考订若干古代书法史、绘画史上的重要实物和关键性的历史公案，取得高出侪辈的卓越成就。

启功先生在《山水画南北宗说辨》中就开宗明义指出："我们绘画发展的历史，现在还只是一堆材料，在没有得到科学的整理以前，由于史料真伪混杂和历代批评家观点不同的议论影响，使得若干史实失掉了它的真象。为了我们的绘画史备妥科学性的材料基础，那么对于若干具体问题的分析和批判，对于伪史料的廓清，我想都是首先不可少的步骤。"数十年来，他的大量研究工作和撰述，如《古代字体论稿》、《兰亭帖考》、《论怀素自叙帖》、《孙过庭书谱考》、《平复帖说并释文》、《山水画南北宗说辨》、《戾家考》等，都是围绕着为书法史、绘画史"备妥科学性的材料基础"和对"伪史料的廓清"这一总的目标而进行的，所研究都是些和法史、绘画史上的重大问题和著名的历史公案，但举证充分，说理明晰，故虽考证极其精密而不失大的宗旨。启功先生研究古代文物和艺术品同时也注意以其考经、考史。在《米芾画》一文中因郭天锡所跋日月干支与史不合，而郭书又为真迹无疑，因而推知当时所颁之历即如此，并引申说："世习称金石足以考史证史，自近代发现古简牍及写本以来，又知出土文物足以考史证史，不知世所视为美术古董之法书墨迹，固为未摹刻之金石，未入土之文物也，又岂独书法可赏已哉！"这又是先生学术与艺术贯通，能取得他人所不能得的成果之例。下面谨就个人管窥蠡测所领会者试略言之。

《古代字体论稿》是从字形和书风两方面研究古代字体发展的专著。这问题历代都有人进行过研究，但或因学识不足，对丰富而多有歧说的文献记载未能理清；或限于目力和见识，不能把所论字体与实例准确对位，甚至受流传谬说误导，引用伪迹、伪物，都未能很好地解决。启功先生既对古代文字学有深入的研究，又极熟悉历代文字实物并重视考古方面的新发展，以文献记载和实物互证，从文字发展由繁趋简、由象形至符号的变化规律出发，对史籍所载各种字体、书体逐一考证，举出其实例，并理清各种字体、书体间的继承遭递关系和主流与分支的关系，正体与艺术化变体的关系，条分缕析，极有说服力地阐明了历史上存在的各种字体、书体的特点和发展演变关系，解决了文字发展史和书法发展史上的重要问题。这里关键之处是作者既有深厚的学识，又有对实物的鉴别目力，把二者结合起来，遂能取得超越前人的成果。

《兰亭帖考》是启功先生在书法史研究上又一力作。兰亭帖是王羲之书法中的代表作，对后世影响极大。其原本久已殉葬唐太宗昭陵，传世只有唐宋时少量摹本、临本和历代大量石刻本，不下百种。关于兰亭帖原本的流传和进入唐内府的经过，唐代即有种种说法，甚至演为小说，对流传下来的摹本、临本和石刻本因其面貌不无小异，孰更近真，也有种种歧说，成为书法史上聚讼多年的公案。启功先生的论文分三部分加以研究。第一部分归纳文献中对兰亭帖本身及摹本、临本、石刻本的记载和评论，最后概括说兰亭帖“唐初，……有许多书手进行拓摹临写。后来真迹殉葬昭陵，世间只流传摹、临之本。北宋时发现一个石刻本在定武军地方，摹刻较当时所见的其他刻本为精，就被当时的文人所宝惜，而唐代临摹之本，也和定武石刻本并行于世，……定武本……屡经槌拓……，笔锋渐秃，字形也近于板重，而摹临的墨迹本，……字形较定武石刻近于流动，后人揣度，便以定武石刻为欧临，其他为褚临。《兰亭》的情况，如此而已。”这就扼要地理清了现存诸本的脉络关系。第二部分辨李文田对兰亭序文及书风之怀疑，指出《世说》本文称《兰亭集序》，而刘注称《临河序》，二者异名，且有草稿与节文之异，不能因其不同而怀疑兰亭帖文本身。又指出简札碑刻功用不同，书体即异，并引出土简牍中行书体格与兰亭帖一路有极相近者为例，说明决不能以其不似晋碑书体而致疑，并着重点明“王羲之所以独出作祖的缘故，……简单地说，即是在当时书法中革新美化，有开创之功而已，”从书法发展趋势上指出王氏书法和兰亭帖的价值。第三部分把现存之唐摹本、唐宋临本、定武本石刻、历代传刻本、伪造本按系统逐一归类，化繁为简，并重点就定武本、唐临本、唐摹本三类详加论述。指出定武本调整行距加阑，已非原本面貌，并以其艺术卓识指出传世唐摹本中只有神龙本行距前松后紧，中有浓淡墨改定加字之处具有草稿特点，保存兰亭帖原本面貌最完整。此文对兰亭帖的流传经过和现存实物做了周密的分析和历史性总结，是研究兰亭序的重要成果。60年代中期，以康生、陈伯达为后台，重拾李文田旧说，发动“兰亭论辩”时，曾指名要先生表态。在当时的严重气氛下，自无人能与之相抗，但先生在被迫所撰文中仍说：“我体会×××同志所谈，是说东晋时期书法必定带有隶书笔意。又说《丧乱帖》和《宝子》、《杨阳》等碑有一脉相通之处，使我的理解活泼多了。”实际上《丧乱帖》倒是和《兰亭帖》一脉相通而与爨、杨诸碑迥异，故如对方承认《丧乱帖》和《爨宝子碑》一脉相通，即有隶书笔意，则对兰亭书风的致疑也就不能成立了。先生在极困难的情况下，利用对方持论矛盾之处，委婉地表示了自己的不同意见。当时二位后台正忙于筹划更大的动作，无暇挑剔，先生也就“过关”了。

对旧题唐张旭草书四帖真实年代的考定是启功先生学识与目力结合、鉴定水平高出侪辈的又一例证。传世有一件狂草书古诗卷，写在五色笺纸上，宋人题为谢灵运书，载入《宣和画谱》，到明代董其昌又改题为唐张旭书，清代收入乾隆内府，因袭董氏旧题。现代又被人大力揄扬，言之凿凿，号为张旭传世名迹。启功先生从书风判断它应为北宋人所书，但必须有显证始能解世人之惑。他撰《旧题张旭草书古诗帖辨》进行考证，先指出宋人是利用诗中“谢灵运王子晋赞”一句恰在二纸相接处而“王”字适在前纸之末的情况，改“王”字为“书”字，而移下纸于他处，以冒充谢灵运书的情况，并介绍明丰坊查出所书有晚于谢氏八十余年的庾信诗因而判定必非谢灵运书和明董其昌又武断地判定其为唐张旭书的经过。通过对帖中文字逐句逐字进行研究，先生发现诗中“北阙临丹水”

一句庾信原诗为“北阙临玄水”。按五行方色，北方癸水也确应为黑色，亦即“玄”色，据此判定帖文为有意改“玄”为“丹”。又进一步据《宋朝事实》指出“玄”字为赵宋始祖“赵玄朗”名讳之一，而宋真宗追定其祖名为“玄朗”且下令避讳之事在真宗大中祥符五年十月戊午，即 1012 年。这就极有说服力地证明此帖既非谢灵运书，也非张旭书，而应出于北宋人之手，其时代上限为 1012 年。此帖是北宋佚名人的草书佳作，先后被宋人、明人强加以谢灵运、张旭之伪名，变真迹为伪物，故先生在文中感慨地指出“法书名画，既具有史料价值，更具有艺术价值。由于受人喜爱，可供玩赏，被列入‘古玩’项目，又成了‘可居’的奇货。……上自帝王，下至商估，为它都曾巧取豪夺，弄虚作假”。又说“‘好事家’的收藏目的，并不是为科学研究，而是要标奇炫富。尤其贵远贱近，宁可要古而伪，不肯要近而真”，言婉而讽地规劝当代鉴定家们要为人民负责，采取实事求是的科学态度，不要学那些“宁可要古而伪，不肯要近而真”的古代帝王和“好事家”。

《〈平复帖〉说并释文》一篇是启功先生研究传世最古法书西晋陆机书《平复帖》的论文。文中首先理清此帖在宋元以来的流传历史，判定其为北宋以来流传有绪的名迹，也是传世最古的法书真迹，但最重要的还是对帖文的考释。此帖共 9 行 86 字，用秃笔写成，与今草不类，而略近于近年出土的汉晋简牍，其字历代著录均认为古奥难以尽识。先生早在 40 年代即据印本作了初步释文，后又据真迹订正，形成定稿。释文之难度除逐字辨识外，又因帖纸首尾完整，未经割截，所释必须文义可通且与史传相合。先生详考史传、本集、总集，旁及传世魏晋典籍，除完整之字外，连残损的五字中也有三字据文义及史传推释出。然后又对帖中提及的贺循、吴子杨、夏伯荣三人与陆机的交游略加叙述，还对帖中透露出的当时品藻人物的风气和分寸作了评述。全篇论文约 3000 字，却从短短 86 字帖文中钩稽出如此多史料，极有说服力地解决了古法帖中的一个著名难题，并从帖文内容上也证明此帖确出于陆机之手。这是只有靠多方面的学识和高度的鉴赏能力相结合才能做到的。

启功先生在释文方面又一重要的成果是为黄庭坚《诸上座帖》作释文。此帖用狂草写成，纵横恣肆、墨渖淋漓，往往逸出法度之外，所书又为禅僧语录，用词生僻诡异，机锋迭出，历来号为难读。先生熟悉佛学，多读禅僧语录，又对各体草书及其变体深有研究，故能举重若轻，全文释出，了无滞碍，解决一个传统难题，极为同行、同道钦服。此项工作先生未撰专文，其释文附于《故宫博物院藏历代法书选》所影印的此帖之后。

《山水画南北宗说辨》是启功先生在绘画史研究方面的重要论文。董其昌在明末书画有重名，对清以后书画发展也颇有影响。除书画风格外，它在绘画发展上提出“南北宗”的说法，武断地把他赞成与排斥的画家划分成“南宗”和“北宗”，分类排队，加以褒贬，对后世也有一定影响。但董氏创此说是出于以不屑来掩盖自己不能的自私动机，实有打击别人、抬高自己之嫌，所言并不符合绘画发展的实况，也影响后人正确认识绘画发展史，属绘画史上必须解决的关键问题，故启功先生撰此文辟之。文中首先申明撰此文的上述目的，然后分三点加以剖析。第一点据董氏及其追随者的言论详考“南北宗”说形成的过程，并把其说归纳为四点：一、唐时画即分南北宗；二、南、北宗分别以唐王维、李思训为首，画法、画风不同；三、南、北宗唐以后各有其传授系统；四、南宗为文人画，当学，北宗为行家画，不当学。然后分析其说中种种矛盾不符事实之处和董氏自己出言反复、言行不一的情况，点明创立此说只能是别有用心。第二点谈“南北宗”说的借喻关系，指出董氏此说既不是指南北地域，也不是指画法差异，而是以禅宗南北宗在禅修上的“顿悟”与“渐修”的差异来比拟他所划分出的画家的‘南北宗’，提出以王维为首的南宗画可以“顿悟”，故高于只能“渐修”的以李思训为首的北宗。第三点剖析董其昌立南北宗说的动机，指出他提出此说是标榜“文人画”高于“行家画”，并指出，“总结来说，‘南北宗’说，是董其昌伪造的，是非科学的，动机是自私的。……‘行家’、‘利家’问题，可以算是促成董其昌创造伪说动机的一种原因，但这绝对不能拿它来套下‘南北宗’两个伪系统。……我们必须把这臆造的‘两个纵队’打碎，而具体地从作家和作品来重新做分析和整理的工夫”。至于这一说法的不良影响，他说：“‘南北宗’说和伴随着的传授系统……是晚明时人伪造的，但三百年来它所发生的影响却是真的。我们研究绘画史，不能承认王维、李思训的传授系统，但应承认董其昌谬说的传播事实，更要承认的是这个谬说传播以后，一些不重功力，借口‘一超直入如来地’的庸俗的形式主义倾向。”明确表示出撰此文的目的是“廓清”伪史料，为“绘画史备妥科学性的材料基础”。

除对艺术史问题和重要文物的研究考订外，启功先生还撰写了《书画鉴定三议》，针对书画鉴定工作中的时弊，就正确认识鉴定工作有其局限性和思想方法、工作态度诸方面提出看法。其第一议就指出要认识“书画鉴定有一定的模糊度”，指出人人均有其局限性，受学术水平、思想方法、主观偏好、外界影响诸方面的限制，鉴定家不可能全懂，其意见也不可能总是正确，客观上也会有很多目前我们尚不能认识的问题，故谦虚谨慎、多闻缺疑、认识鉴定工作有其局限性和存在着一定的模糊度，应是做鉴定工作唯一科学的态度。他还提出应重视现代科技的发展，利用现代科技以补人的能力所不足的设想。第二议提出“鉴定不只是真伪的判别”，其中有种种复杂的情况，如古法书复制品、古画摹本、后加伪款的无款古画、真假拼配、代笔、作伪等，其中有些不是简单用真伪二字所能包容的，要仔细分析，认真体认，并要敢于实事求是承认自己不懂，而不要以权威自居。他举王国维为例，说“凡有时肯说或敢说自己有不清楚、没懂得、待研究的人，必是一位真正的伟大鉴定家”。第三议提出“鉴定中有世故人情”，指出除限于鉴定者的水平造成失误外，还有可能因社会上的种种阻力作出的“屈心”的不公正的鉴定。他据所知的真人真事，仿章学诚《古文十弊》的体例总结出八条，即一皇威，二挟贵，三挟长，四护短，五尊贤，六远害，七忘形，八容众，逐一分析其原因并举例说明，最后提出要虚心容众，不搞一言堂的问题，引颜真卿的话说：“齐桓公九合诸侯，一匡天下，葵丘之会，微有振矜，叛者九国，故曰行百里者半九十里，言晚节末路之难也”，以此语与同仁共勉。此文既论及鉴定工作的原则、方法，也强调鉴定者自身的业务和品质修养，提倡头脑冷静、谦虚谨慎、实事求是、正确认识自己。启功先生在文中有些处以剖析自己为例，说理平和，语重心长，虽以书画鉴定为题，也可供其他类鉴定工作参考，是既有高度学术水平又有现实针对性的重要论著，也可以认为是他作为鉴定委员会主任委员对鉴定工作健康发展的一些意见吧。

上面所述只是启功先生这方面研究成就的一部分，但从中已可看到，和其他鉴定家不同之处是他兼有对传统文化有深入广博研究的学者和当代书画大师的身份。他那些最令人心折赞叹的研究成果产生于传统文化的深厚素养与敏锐准确的艺术鉴赏眼光的完美结合。正是这种结合，使他能透过外表，深入内容，看到别人熟视无睹的问题，发表别人所不能发的卓见，独树一帜，居当代鉴定大师之前列，为同辈所推重，为后学所景仰。

但美术史研究和书画鉴定又只是启功先生学术成就的一个方面，先生在本职工作古典文学研究方面的成就，如《诗文声律论稿》、《汉语现象论稿》等，在古汉语语法和诗文声律方面也取得开创性的重要研究成果。古诗的韵律问题高深、复杂，让初学者望而生畏，启功先生巧妙地以截竹竿作比喻，排列组合，深入浅出地阐明其基本规律。古文如贾谊《过秦论》读起来声调铿锵，抑扬顿挫，老辈学者多能背诵，但经启功先生一分析，其平仄、节奏一目了然，发前人所未发，对于探索古代行文用字的规律做了探入的探索，在古汉语的语法特点研究上也做出了开创性的成果。至于在古小说方面，先生对红楼梦的研究和注释更是尽人皆知的了。

从启功先生在学术研究上的多方面成就可以看到，深厚的传统学术素养充实了他在书法史、绘画史研究和书画创作上的文化底蕴，而书法史、绘画史研究和书画创作实践又有助于他对传统文化作开创性探索，他在书法绘画上的成就和学术研究成果是相辅相成、相得益彰的。

考虑到先生在本职工作古典文学研究方面的成就，特别是在古汉语语法和诗文声律方面的开创性研究成果，如果世人仅以鉴定家和书画大师待之似乎就不够全面了。《元史》载元代史官杨载在评论赵孟頫的成就时曾说："孟頫之才颇为书画所掩，知其书画者不知其文章，知其文章者不知其经济之学。"希望这里所述的对先生在艺术和书画鉴定领域卓越成就的体会不致以偏概全转移学者对先生在另一重要学术领域的创造性成果的注意。

莫言获奖十八条

王　蒙

2012 年，莫言获得了内外瞩目的诺贝尔文学奖，然后出现了各种说法。现以此为典型案例，作分析如下：

第一，诺贝尔文学奖是当代影响最大的一个世界性的奖，它有相当长久的历史，有北欧的大致上是社会民主主义的意识形态背景，有一批年老的、相当认真地从事着评奖事业的专家，有相当的公信力与权威性，同时也因其不足与缺陷而不断受到质疑与批评指责。

第二，它是西方世界的主流文化强势文化的符号，从事这项评奖工作的个别专家，确实也有自我感觉良好的种种表现，对中国的文学常意在指点。中国的一些人士，则对之又爱又恨，又羡又疑，又想靠近又怕上当，既想沾光贴金扩大影响，又怕被吃掉被融化演变吃亏。有些写作人，像小蜜蜂一样地围着被视为权威的评奖人士飞舞（语出香港作家黄维梁教授），希望通过此奖的认可来为自身加分求证添利。它反映了第三世界、正在迅速崛起和平崛起的我国，在文化上还缺少足够的清醒的自觉与自信，对外部事务的知晓也还有待推进。有时候此奖奖给了我们不喜欢的人，主事者们大怒，干脆将之否定。有时候则是可以接受的人选，皆大欢喜，说明我们其实喜欢此奖。我们可以通过莫言获奖这一好事，总结提高以非强势非世界主流的古老独特文化，面对强势主流文化时的各种经历与经验教训。我们应该逐步树立不卑不亢，实事求是，明朗阳光，该推则推、该就则就的敢于正视、敢于交锋、敢于合作、敢于共享的通情达理、尊严、自信、坦然的态度。

第三，我们现在很提倡中华文化的“走出去”，一出国门，就会碰到同样一个非强势非主流文化面对强势与主流文化的问题，有时候你不想讲意识形态，但西方意识形态的代理人们揪住你的意识形态不放。有时候对方认为他讲的是并无意识形态色彩的普适价值或专业学术，但是引起你的意识形态的深恐上当的警觉，尴尬而且踯躅为难。这方面的自觉与自信，应该落实为从容不迫与实事求是，落实为眼界拓宽、心胸扩大、知己知人，追求真理。不必花一大堆钱到处送票然后吹嘘自己进了什么欧美演出大厅；也不必一言不合便断定对方亡我之心不死。简单地说，我们要大大方方，彻底超越、摒弃、清除义和团对八国联军的心态与逻辑。当然，看到那些八国联军式的高高在上的对中国的指手画脚，也令人觉得他们还迷迷糊糊地生活在近庚子年代。

第四，文无第一，武无第二。文学是语言的艺术，是十分个性化、风格化的创造，它的接受、欣赏、评析、传播也是与受众个人的个性与风格爱好分不开。诗仙诗圣，唐宋八大家，托尔斯泰与巴尔扎克，普希金与拜伦、雪莱，哪个第一，哪个次之，岂有公认定论？奖励文学，排名次，是非常困难非常冒险的事情。

但是在当今信息化、媒体化、市场化的时代，寂寞的文学与它的主体即作家们，他们中的多数人，其实相当愿意得到社会的扶持乃至炒作。与此同时，一些掌握了相当的社会资源的人士，有志于通过评奖推动文学事业，发现尚未被认识的文学天才，向受众推荐优秀的文学作品，直至从财务上支持作家并客观上支持严肃的文学出版事业，这是一件好事，是值得欢迎与赞扬的义举。

第五，文学奖搞得再好，它不是一个文艺学、语言艺术、美学、小说学或诗学的范畴，它主观上是一种文化友好加慈善的活动，最多是文化活动文化事业文化行为，不是文化创造更不是文学创造本身。客观上它已经成为重要的传播手段，是可能获得巨大成功的品牌营销，是文学的推手，当然也是已有成绩的文学家的美梦，是名利双收的大喜事，是为自己的作品与知名度进行促销的天字第一号手段。

第六，生活中常常让你觉得大奖比被奖的文学作品与作家更牛得多。一本好书出了，不过如此，大奖拿上了，响动甚巨。原因是大奖调动了社会资源，与国家、权力、财力结合在一起（如诺贝尔奖是由瑞典国王授予的。法国的龚古尔奖、美国的普利策奖，也都有很高的规格。同样，龚奖也受到为出版商谋利的批评），堂堂皇皇地闯入文学的象牙之塔（如果当真有这样的塔的话），以世俗之力去干预有脱俗之心的语言艺术。这样，各种奖被传媒与大众所十分关注。而单枪匹马的作家，没有这种实力。

第七，好的文学奖最感人的是它的伯乐作用。一个默默无闻的爬格子——敲键者，一登龙门，身价百倍，正是大奖最令人敬佩和感激之处。但是大奖也可能挂一漏万，也可能有遗珠之恨，也可能有看走了眼的地方，这也难免。前者我们可以举出海明威与加西亚·马尔克斯，后者我们可以举出一大批旧俄作家。对此，我们可以客观评价，既不必苛求苛责，也不必对某奖顶礼膜拜。我早就喜欢说的一句话是模仿一个电视广告词，原词是“新飞广告做得好，不如新飞冰箱好”，我的话是“诺贝尔文学奖做得好，不如文学好”。

第八，文学追求脱俗，作家与做奖，不可能绝对免俗。写作与做奖，都是肉体凡胎的人类干的活。获奖者不是神仙。奖不是天赐金钟罩或飞天成仙灵药。各种世俗生活中都有失误或缺陷，作家与做奖中不例外，这不足为奇。我愿意相信主办此奖的专家的纯洁心意，但世俗中的人的判断受到世俗因素的影响，也属正常，例如受到国际形势、国家关系的影响，受到本身的价值取向的局限，受到社会风气时尚的影响（有时候刻意地去反时尚，也是受到时尚影响的表现），受到语种与翻译的影响，受到影视戏剧视听作品的咋咋呼呼的影响，乃至存在着某种公关活动的影响等，都是可能的，都是可以理解的。同时我们不能否认关键的关键仍然是作品。没有好的作品能翻译好？能搞出好的配方？能响出动静或拉好关系？能碰上铃兰花（瑞典国花）运？离开了文学作品谈某某获奖，那都是庸人论文，是将文学奖与文学干脆八卦化。

第九，诺贝尔文学奖与社会主义国家发生过不少碰撞。苏联帕斯捷尔纳克与索尔仁尼琴的获奖，都得到了苏联当局的负面反应。但肖洛霍夫获奖，则是皆大欢喜。中国一高一莫，也是一怒一喜。同时，我们不妨注意一下，诺奖颁发也曾与美国龃龉。在我国、包括对莫言影响甚大的诺奖得主加西亚·马尔克斯，是卡斯特罗的好友，他曾长期被美国政府禁止入境，并因此受到美国作家的强烈抗议。诺奖也奖过阿拉法特的友人，葡萄牙共产党人作家萨拉玛戈、意大利左翼剧作家迪里奥·福等。我们最好不要简单地将此奖视为异己敌对势力的表演，正如不能将瑞典学者视为中国文学的考官与裁判一样。

第十，莫言获奖当然不是偶然。他的细腻的艺术感觉，超勇的想象力，对于本土人民特别是农村生活的熟悉，他的沉重感、荒诞感、幽默感与同情心，他的犀利与审丑，他的井喷一般的创作激情与对于小说创作的坚守，都使他脱颖而出。早在11年前，日本诺奖得主大江健三郎就在北京预见了莫言将获此奖。

第十一，有人不喜欢莫言的作品，指出他写作上的某些粗糙乃至粗野粗鄙。这里有个性上的隔膜，也有言之有理的真知灼见。大奖并不能帮助作品的完善，这些评议是完全正常的，乃至是有益的。

第十二，说莫言的作品是皇帝的新衣，不如说许多庞然大物有皇帝新衣即破绽的一面。这奖那奖也未尝没有破绽，人类文明、民族传统、普适价值，吹得上了天的令人目眩神迷的说法，都不是无懈可击的。托尔斯泰大贬莎士比亚，陀思妥耶夫斯基厌烦屠格涅夫与别林斯基，都有他的道理，也都不是结论定论。

第十三，文学的魅力之一是它的可解读性，即它具有相对阔大的解读空间与分析弹性。对于一部文学作品，完全可以你解读你的，我解读我的。不能因为别人的解读不合我们的意就疑神疑鬼，也不必跟着北欧的风起舞，甚至于也用不着急于给莫言搞操行评语。至于将对莫言获奖的讨论变成对莫言的政治鉴定，责备莫言尚未做到又白又专、成为现行体制的敌手，那种立论，廉价、偏颇、浅俗、几近疯狂，可以与将文学人一律视作黑线的“文革”重组文艺队伍论并列，堪称难兄难弟。

第十四，莫言获奖的最大积极意义在于，他使中国堂而皇之地走向了牛气十足的“诺贝尔”，也使“诺贝尔”大大方方地走进了摸着石头过河的中国。所谓诺贝尔文学奖出现了真正的中国元素，也就是中国文学中出现了认真的诺贝尔元素。这与主观动机与一厢情愿的解读无干，莫言获奖意味着互相的承认。莫言在瑞典学院的讲话《讲故事的人》获得了诺贝尔所在地的知识界的好评，也全文刊登在了《人民日报·海外版》上，这太好了。它有利于民族、本土、中国特色与西欧、北美、基督教文明即所谓普适或普世的交通直至对接，用文学的夸张来说，它有利于世界和平与和谐世界、和谐社会的构建、文化的繁荣发展走出去与请进来。如果此后中国出现十个二十个更多的莫言与获奖事态，中国将会有所不同，世界将会有所不同。它的意义要慢慢地看。一些持反面看法的鼓噪者，正是力图用零和模式，用非此即彼的思路来简化世界。

第十五，诺奖开始运作以来，已经颁奖给100多位作家，真正对文学事业产生巨大影响的人物与作品，其实有限。有人视诺奖为神明，视本土作家为粪土，这是面对强势文化的第三世界国家的文化虚无主义表现，也是十足的愚蠢与幼稚无知。

第十六，国家不幸诗家幸，在一个社会土崩瓦解之时常常会有一批影响巨大的文学人物如鲁迅出现，而另一种情况下，文学有某种边缘化的趋势。加上信息科学的迅猛发展，视听、网络的冲击，传统的严肃的文学写作目前远非一帆风顺。这种情势下的莫言获奖，是大好事，瑞典科学院对于文学事业的坚守，也值得赞扬。顺水推舟，借力打力，我们何不趁此机会多谈谈文学？

第十七，无疑，此奖是发给莫言个人的，但个人的写作有自己的语境、同行、人文环境。在莫言获奖的同时，我们想到毕飞宇、迟子建、贾平凹、韩少功、刘震云、舒婷、铁凝、王安忆、阎连科、余华、张承志、张抗抗、张炜（以姓名汉语拼音首个字母为序）等优秀作家的劳绩，我们不能不珍视，不自觉与自信于我们的当代文学创作。

第十八，一些国家自身的作家作品成就与影响一般，但他们奖项的轰轰烈烈，大大增加了他们的人文话语份额与人文气势。这对于我国热心于走出去的同志应该有很大启发。与其抱怨旁人，不如当仁不让。我希望，首先，中国自己的文学奖，应该办得更好更权威更有规格。奖金应大幅提高，发奖最好是国家领导人出面。其次，中国（包含委托港澳）应该举办世界性文学大奖，至少是华语文学大奖。

哭"老大"罗哲文

舒 乙

罗老走了。头天出差之前还在为他的治疗忙碌，打了差不多一下午的电话，帮助联系专家会诊。对最后的结局是有心理准备的。但清早醒来，看见的头条短信是"走了"，还是非常悲伤，不禁泪流满面。

称罗哲文先生为"老大"，是有故事的。

原来，文物界有一个"三套马车"的称谓，是指80年代初的单士元、郑孝燮和罗哲文三位先生。那时，政协刚刚恢复活动，文物界的专家是最早行动的队伍之一。"文革"中文物普遍遭到严重破坏，许多著名的文物景点百废待兴，亟待保护和维修。单、郑、罗三位都是全国政协委员，利用政协委员视察的名义，率领政协委员们频频地到各地去察看文物现状，发出保护的呼吁，极力去改变那些濒临彻底毁坏的珍贵文物的命运。他们不辞劳苦，马不停蹄，连续作战，但常常遭到白眼，甚至被赶出门外，骂他们是"老棺材瓤子"，意思是多管闲事，不怕死呀。当时，单老70多，郑老60多，罗老50多，罗老自称是"小弟弟"。转眼到了21世纪，单老已仙逝，郑老也90多了，行动不便，已不大出门，唯一活蹦乱跳的就是罗老。他虽也已80高龄，但依旧"满天飞"，有一半时间在飞机上，到各地去参加各种文物古建的视察、论证和咨询，忙得不亦乐乎。此时，我和姚珠珠都是全国政协委员，常和罗老一起参加有关文物的视察活动，有时还一起签名写提案，久而久之，罗老就戏称有了"新三套马车"。罗老排老大，他80岁，我70岁，排老二，姚60岁，排老三。"新三套马车"每年都有几次共同的重大活动，一直到今年年初。当时，罗老收徒，举行了隆重的收徒仪式，特邀我们二位做他的见证人，让我们无限感动，但也真是消受不起。10多年下来，我对罗老有了更深刻的认识，越来越感到他的可爱和可贵，把他尊为最可学习和最可尊重的长者。

罗老在文物界岁数不算最大，但他参加工作最早，在很长的时间里，他和谢辰生老人一起是健在的硕果仅存，因为他是朱启钤先生创办的中国营造学社的仅存的一位成员，又是梁思成在四川李庄招收的徒弟，他的去世标志着一个以营造学社成员为标志的时代的结束。

正因为他活得岁数长，在中国古建文物界整整工作了71年，在长达2/3个世纪里，经历了几乎所有的现代古建文物界发生过的重大事件，是真正的国宝级的见证者和亲历者，没有他不知道的。我曾到河北承德围场去考察，在田间察看过乾隆皇帝的七块石碑。没有路可达呀，往往要在土豆地里步行，还要涉水，要爬坡，回来后很得意地向罗老夸口，问罗老可曾看过，他说他全看过，而且不止一次！我问他："那，布达拉宫您去过几次？"他不经意地说："记不得了。""大概呢？"这回他想都没想，脱口而出："起码十次。"

罗老喜欢拍照，脖子上经常挂着两三架照相机。在他家里，有一个书架放满了照片，一摞一摞，每摞上别着一个小纸条，那可是个大宝库。邯郸响堂山佛窟附近有一座砖塔，是最古的砖塔之一，已很残破，需要按原样大修，找不到资料。最后在一份美国旧报纸上发现一张50年代的照片，正好可以参考，仔细一看，上面注有"罗哲文摄于五十年代初"的字样。可见，他所拍的古建文物的照片是多么有价值。"文革"时，北京拆城墙，罗老抱着照相机偷偷跑去拍照，照了一套拆北京老城墙的动态图。拆着拆着在西直门城墙里面又拆出一个元代的小城门，极有史料价值。倒是保护呀，不，照拆无误。罗老心疼得每天一大早就去蹲点，全被他拍照了下来，现在成了唯一的档案，也保存在他的书架上。可以想见，那里面藏着多少类似的宝贝。可惜，对那些已被拆掉或者已被破坏掉的文物，他所拍下的照片恐怕也无人可以辨认了。罗老的离世损失之大，仅此一例便昭示明白，哎！

我曾在全国政协文史委的提议和帮助下，出版过一本关于大运河的小书，题目叫《疼爱和思考——一位政协委员四次考察大运河亲历记》。书中配有许多照片，除了选用了同行的姚珠珠委员拍摄的资料之外，还找罗老要了不少有关大运河的照片。他二话不说，极慷慨地拿来一大堆照片，让我随意选用。罗、姚二位无意之中成了这本著作的共同的著作。有朋友索要此书时，罗老总是笑眯眯地在扉页上签上自己的名字留念，表现了罗老一贯的与人为善和豁达大方。

罗老多才多艺，能诗擅书，张义生同志已经为他出版了一套诗词集，有精、平两种版本，平装本尤佳，配有照片和诗的注解，不仅有文学欣赏性，还有工具性，不失为一部好书。张义生正着手为罗老编辑一套书法集。编这套书的难度更大，因为罗老一生写过许多字，有匾额，有题词，有正规的书法，还有大量词诗手迹，散布很广，也散失了不少，收集起来颇觉不易。我在许多地方，包括在很小和很偏远的地方，都发现有罗哲文的题字，以文物景区的匾额为多，确实说明罗老的足迹遍天下，多处留有手迹，享有极高的声誉，反过来也说明其书法收集起来难度甚高。加上如前所述，他的照片的整理和出版更是亟待进行，有大量工作需要后人去续上，将他的事业真正继承和发展下去。

罗老是位大家，随着文化积淀的增长，他在许多领域都有涉猎，都有著述，在古建、文物、文博、城建、规划、园林、旅游、诗词、书法、摄影等等方面都有见解。他很勤劳，一直写作不辍，常在报刊上见到他的文章。他很忙，出差时间多，下了飞机不管在哪里，总是伏案写作，不用电脑，都是手写，常有长文和专著问世，而且又见解独到、新颖，让人佩服。

去年，罗老88岁，是他从艺70年的日子，因为他18岁在四川江津师从梁思成、林徽因二位老师，进入了古建文物界，从此一发不可收，留下了大量工作照片和著述，逐渐成了古建文物界的领军人物。我们建议为他办一次生日宴会，好好庆祝一番。被他拒绝，说什么也不同意。他说不可为难领导，也不愿麻烦其他高龄的同行，他只同意为他编一本纪念册，内容包括两部分，前一半是照片，反映他一生的经历；后一半是论文，选其代表作，涉及各个领域，反映他一生的学术成就，题目叫《古建文物守望者罗哲文——从艺七十年》。不同意办生日宴会，只同意出纪念画册和论文集，这种安排再次反映了罗老谦和的为人和一贯的务实精神。记得在编辑此书时，“新三套马车”曾经多次约定坐在星巴克咖啡馆里一起选照片，一起编写说明词。罗老口述，我们做记录，边记边听他讲故事，知道了许多他的有趣的人生经历。譬如，他说他曾负责为马王堆考古现场照相，当从棺材积水中取出古漆彩绘酒具，摆好姿势，准备按快门时，几秒钟之内，酒具竟瞬间楞在眼前化为乌有，一点痕迹也没留下，吓死人！从此再也不敢脱水操作了，换来了可贵的教训。又譬如“文革”中，在“五七”干校，巧妙地和造反派周旋，死不盲从，反而频频向外写信，抱定保护文物的主题，结果，反倒被上级直接点名叫回北京，去主办文物的出国展出。再譬如，他曾多次到山西五台县的佛光寺去搞研究，一次遇大雨，竟在佛光寺逗留了七天，闲着无事，便在大殿里仔细察看每一个角落和细节，居然发现正殿大木门背后写得有字，擦去积尘，识得上面的墨迹中还有年号的记载，赫然是唐代的纪年，高兴得不得了。当初梁、林几位先师发现佛光寺时，曾在研究报告中对该木门的年号留得有疑问，说不知是否是唐代的。结果被罗老在20多年后，找到了准确答案，解决了一大疑问，写成论文，告知天下，皆大欢喜。罗老的这种发现在他漫长的一生工作经历中绝不是孤例，还有不少同类性质的发现可以载入史册，譬如，在考察河北赵州桥时，建议疏通桥下的河道，竟由水下的污泥中找到多块完整的桥身两侧的护栏板，石刻十分精致，都是古代的原装，为赵州桥的原真性完整性提供了极为珍贵的实物见证。罗老还谈了他辅助梁思成先生为保护日本古都向美国空军提供京都的文物所在地的分布图的细节，说日本友人准备为梁先生在京都立一尊雕像。雕像已塑铸好，安装的细节也谈判了多日，是对梁先生的很好纪念。罗老还详谈了林徽因先生和清华大学建筑系参与了中华人民共和国国徽的设计，为国徽提供了设计方案，有照片为证。他确实是一些重大的历史事件的重要直接参与者和见证者。由这些讲述中生动地反映了罗老一生的丰富多彩和难能可贵。

罗老性格随和，老是笑眯眯的，老是夸奖别人，肯定别人，不大提别人的缺点和不足，但是他也有自己的一套处事办法：第一，他有自己的主张，有倡议，有新招，有好点子，属于建设型的和思想活跃型的人。他经常提好建议，而且往往是提供开创性的思路，影响一大片。2006 年开“两会”时，他找到我，要我替他提一个提案，他因年龄关系已不再担任政协委员，这案就是后来有重大影响的大运河保护和“申遗”的提案，当时有50多位政协委员共同签名联合提出，其实，始作俑者就是罗老。成立长城学会的倡议者也是他，创立“大运河学”和成立“大运河学会”的倡议也都出自罗老的头脑，虽然后者尚未成为事实。将“陈独秀墓”列为国保单位的建议也是罗老的主张。总之，他以擅长创意为己长，是一位有活力的引路人。第二，他能坚持己见，不同意就不同意，不当和事老，很有原则性，并不总说拜年的话，表现了一位有良心的中国知识分子的正直和气节。他常常和谢辰生老人并肩作战，以自己的良知和执着为我国的文物事业做出了不懈的贡献，成为有口皆碑的权威学者和旗帜。他是个“外圆内方”的典型。

罗老身体一直很好，他从不上医院，有点头痛感冒顶多自己买点小药，休息两天就好了。去年由博物馆日主会场回来，前列腺出了问题，排尿有困难，但他依然不太在意，实在坚持不住了才上了医院，可惜医院竟找不到他的病历，他确实以前从未看过病，没有建立过个人医疗档案。他的这个没上过医院，而且有病不愿去找医生的习惯害了他。他对事事都有主张和那个在关键时刻能坚持己见的特点在身体出现毛病的时刻，同样也负面地影响了他的生命。他始终不肯住院，联系好了权威专家和医院也被他一次次婉拒和谢绝。我们为他的病情着急，眼看着他的健康状况急转直下，身体越来越虚弱，连他钟爱了一辈子的牛栏山二锅头（俗称“小二”）也不喝了。我们便向国家文物局领导写信呼吁对他进行抢救。单霁翔、董保华等同志纷纷出动，不仅及时登门看望并安排了医疗措施，还下了死命令，非有负责人的集体批示罗老不得再外出视察了。即便如此，罗老还是一心扑在工作上，不愿意离开书桌半步，终日忍着伤痛伏案写作，直至彻底跌倒爬不起来。后来被强行送入医院，但终因为时过晚，抢救无效，患肺炎而亡。

这是一个热爱工作，不知疲倦，最终倒在工作岗位上的大工作狂。他热爱生活，热爱这个世界，热爱事业，热爱朋友，彬彬有礼，和朋友聚会从不空手，不是带一首诗作送人，就是带一幅由文物上拓印下来的有他题字的卷轴来。这么一个有成就有修养的老人的离世让无数朋友，认识的和不认识的，为他落泪，为他惋惜，到哪儿再去找这么可爱可敬可亲可歌可泣的小老头啊！不写了，又落泪了。

2012 年 5 月 17 日至 19 日于波尔多和巴黎

尼克松竞选与蒋介石、宋美龄晚年的感情风波

杨天石

一位“女子”，一位“小人”，使蒋介石很“苦痛”

1972 年，晚年的蒋介石已处于重病中，深为一位“女子”，一位“小人”所苦。其 3 月 17 日日记云：“女子与小人之言不可听也，”从文意揣度，这里所称“女子”，所称“小人”，均非泛指，而是确有其人，认为他们的话不可听。

同年 5 月 27 日，蒋介石日记云：“独上中兴宾馆视事。近日精神苦痛，

以女子、小人为难养也，故拟独居自修。”中兴宾馆，即今之台北阳明书屋。从这一段日记看，这一位“女子”，这一位“小人”，使蒋介石精神很“苦痛”，所以想一个人“独居”。蒋介石原来和宋美龄同居于离台北圆山不远的士林官邸，“独居”，自然是离开宋美龄。那么，这一位使蒋介石感到“难养”，认为其言“不可听”的“女子”可能指的是宋美龄了。

说到做到。三天后的下午，蒋介石离开士林官邸，独自搬到位于阳明山的中兴宾馆。

上了阳明山，蒋介石仍然心情不佳。看来，在这位“女子”和这位“小人”之间，蒋介石认为更难以相处的是这位“女子”，亲近吧？“不逊”；疏远吧？“则怨”，她会闹情绪。

“惟女子与小人为难养也”，是春秋时代孔子在《论语》中讲过的话。1972年3月至6月之间，蒋介石为何三次想起孔子的这句话，所指何人？使蒋介石精神“苦痛”的原因何在？

“女子”，指宋美龄；“小人”，指孔令侃

要回答上述问题，还需要从蒋介石日记中搜寻答案

1972年5月17日蒋介石日记云：“晚见令侃，心神厌恶，国家生命几乎为他所送。妻既爱我，为何要加重我精神负担？”原来，“小人”，指的是孔祥熙和宋蔼龄的儿子孔令侃。看来，孔令侃做了“大错事”，“国家生命几乎为他所送”，自然，蒋介石见了他就厌恶，而且，这件“大错事”又和宋美龄有关。蒋介石承认，宋美龄是爱自己的，但是，这件“大错事”却“加重”了自己的“精神负担”。一段时期以来，蒋介石之所以“精神苦痛”者，其源盖出于宋美龄与孔令侃也。

孔令侃毕业于上海圣约翰大学。毕业后任财政部特务秘书、中央信托局常务理事。抗战期间，到美国哈佛大学留学。宋美龄出访美国，争取美国朝野支

持中国抗战时，孔令侃担任宋美龄的秘书，为宋美龄出过不少力，也因此颇得宋美龄的宠爱和信任。

蒋介石尤其痛恨孔令侃

在“女子”宋美龄和“小人”孔令侃之间，蒋介石尤其痛恨孔令侃。

1972年2月9日，蒋介石日记云：“晚为令侃事痛愤。”

同年6月7日，蒋介石日记云：“晚间，令伟言令侃要来见我，心神为之痛苦不堪，但只好听其来见。”“令伟”，指孔二小姐，孔祥熙的掌上明珠，不仅在孔家受宠，在蒋介石夫妇那里，也很“吃得开”。

孔令侃想见蒋介石，先通过妹妹孔令伟打招呼。蒋介石虽然心神“痛苦不堪”，但碍于孔令伟的情面，不好不见。

第二天，孔令侃来了，谈到和美国的关系，孔令侃很得意，但蒋介石却大为不满，6月8日日记云：“上午与令侃谈话时，任其美国对他开玩笑，而彼自以为得意，殊为可叹。”国民党迁台后，孔令侃长期定居美国，任台湾当局驻美国“大使馆”参事，从事对美秘密外交。其任务是做美国政府和美国国会议员的工作，例如争取美国的政治支持和物质援助，向美国购买飞机、舰艇以及武器、军火等。后曾被蒋介石聘请为“国策顾问”。从上引蒋介石日记可知，孔令侃的对美工作出了大错，但其本人却毫无自觉，所以蒋介石既痛恨这个外甥，又很看不起他，写下了“殊为可叹”四字。

过了一个多月，蒋介石想起孔令侃来还愤愤不已。7月11日日记云：“耻辱仇愤，没有一时能忘。我的病源起于令侃，我的国耻亦发于令侃，用人不可不谨慎也。”

看来，孔令侃的错误犯得很大。它是蒋介石的“病源”，也是蒋介石的“国耻”，所以他时刻在怀，无时能忘。

这一时期，中美关系出现大转折

国民党迁台后，美国政府长期和台湾当局保持着密切的外交关系，但是，也在逐步谋求调整和中华人民共和国的关系。

1968年，尼克松击败民主党人汉弗莱和独立竞选人华莱士当选为美国第46届总统，开始疏离台湾，接近大陆中国。1969年3月，中苏两国军队在珍宝岛发生军事冲突，美国政府视为联华制苏难得的机遇，开始酝酿政策转变。同年10月10日，美国国家安全事务助理基辛格会见巴基斯坦空军元帅谢尔·阿里·汗，告知他美国将停止两艘驱逐舰在台湾海峡的例行巡逻，希望他通过总统叶海亚·汗向北京方面传达。11月19日，美国作家白修德通过罗马尼亚向北京递交信函，暗示美国将从台湾撤军。

托人传话，转递信函，都还是私下的秘密活动。进入1970年，美国政府逐渐公开表明对北京的友善态度。这一年2月，尼克松向国会提交外交报告，声称“中国人民是伟大的、富有生命力的人民，他们不应该被继续孤立于国际大家庭之外，从长远来说，如果没有这个拥有7亿多人民的国家出力量，要建立稳定的持久的国际秩序是不可设想的”。尼克松原是强硬的反共派。他的上述言论预示，美国政府的对华外交政策即将出现大转折。

蒋介石对华盛顿和北京的接近保持高度警觉。尼克松向美国国会提交外交报告之后，接连发生的一系列事件，使蒋介石日益不安。

1971年4月，以美国乒乓球协会主席格雷姆·斯廷霍文为首的美国乒乓球代表团应邀访问北京，周恩来在和代表团谈话时表示：“你们这次应邀来访，打开了两国人民友好往来的大门。”

同年7月9日至11日，美国总统国家安全事务助理基辛格经巴基斯坦秘密飞抵北京，与周恩来、叶剑英六次会谈。16日，发表公报：声称获悉尼克松总统曾表示希望访问中华人民共和国，周恩来代表中国政府邀请尼克松总统于1972年5月以前访华，尼克松总统接受这一邀请。中美两国领导人会晤，目的在于谋求中美两国关系正常化，就双方关心的问题交换意见。

尼克松非常重视北京的邀请，也使他很兴奋。同年10月，尼克松在接受《时代》周刊访问时明确表示："如果我死之前有什么事情可能的话，那就是到中国去。如果我去不了，我要我的孩子们去。"

在尼克松发表上述谈话后不久，基辛格即于同月20日至26日再次访问北京，为尼克松访问做准备。基辛格在北京的最后一天，第26届联合国大会通过决议，恢复中华人民共和国在联合国的一切合法权利，立即从联合国的一切机构中驱逐台湾蒋介石集团的代表。蒋介石对此虽然早有思想准备，但是，事到临头，蒋介石还是有"晴天霹雳"之感。

1972年1月，尼克松连任美国第47届总统，和台湾关系进一步冷淡，相反，和中华人民共和国的关系却进一步热络。2月21日至28日，尼克松应邀访问北京，美国国务卿罗杰斯、国家安全事务顾问基辛格随行。21日下午，毛泽东会见尼克松。21日至26日，周恩来与尼克松会谈，就两国关系正常化及国际局势等广泛问题交换意见。28日，在上海发表《联合公报》。

这一连串的事件对蒋介石说来自然是极为沉重的打击。除了在日记中称尼克松为"尼丑"，指责他"出卖中华民国"以外，他不得不思考原因何在。

蒋介石怪罪孔令侃与宋美龄

尼克松外交政策的转变自有其国际和国内的深刻原因，但是，蒋介石却想得很简单，认为其原因出在孔令侃和宋美龄身上。1971年12月25日，蒋介石日记云："此次尼丑对华政策之恶化，其咎当在令侃，而夫人仍信其言，幸得改正为慰。"可见，蒋介石将尼克松对华政策的变化视为孔令侃之"咎"和宋美龄的"信其言"。"幸得改正为慰"。宋美龄很喜欢孔令侃，信任孔令侃，听孔的话。大概这时候宋美龄不大听了，所以蒋介石感到欣慰。

孔令侃和宋美龄与尼克松外交政策的转变何干？查1971年12月14日蒋

介石日记云：

尼丑未当选以前，来台北相访，彼满怀我协助其选举资本，应（因）其未先提，而我亦未提也。此等政客，成事不足，败事有余，此乃吾妻专听令侃一面之词所致。今国患至此，令侃之罪不小也。

尼克松于1946年当选为美国众议院共和党议员，步入政界。1952年，作为艾森豪威尔的伙伴，当选为美国副总统。1956年再度当选为副总统。1959年，与约翰·肯尼迪竞选总统，以微弱票差被击败。失败后，尼克松先后在洛杉矶和纽约做律师。1967年4月，尼克松访问台湾，于同月10日会见蒋介石。当时，台湾国民党当局已因经济起飞而有钱，尼克松此行的目的是企图从蒋介石手中得到资助，以便第二年再次参加总统竞选。会谈中，尼克松未开口要钱，蒋介石也就装糊涂，不肯掏钱。

蒋介石何以不肯掏钱呢？从上引蒋介石日记可知，是孔令侃的主意，孔令侃影响了宋美龄，宋美龄又影响了蒋介石。结果，尼克松空手而归。

关于1967年蒋尼会见的情况，蒋介石1971年9月28日日记也有记载：

尼丑昔年在慈湖晤谈时，视为其可厌之政客，以轻薄待之，并未允其助选。

从这则日记中可以看出，蒋介石当时不仅没有答应资助尼克松竞选总统，而且对他持轻视、鄙薄态度。

在仕途上蒋介石不看好尼克松，然而，事情却出乎蒋介石的意料。第二年，尼克松在竞选中获胜，入主白宫。“此等政客，成事不足，败事有余”，蒋介石认为尼克松之所以疏远台北，亲近北京，其原因在于报复1967年台湾之行“空手而归”之恨。

蒋介石称尼克松为“政客”，这一点可能并没有说错，但是，视其为心胸狭隘、瑕疵必报的“小人”，则是把尼克松看错了，把美国对华政策的改变视为尼克松的个人恩怨所致，就更错了。

蒋宋和好，日记辍笔

蒋介石搬上阳明山之后，“独居”到6月19日，宋美龄也搬来“同住”。6月27日，蒋介石日记云：“夜与妻月下闲谈。”7月3日日记云：“与妻车游。”7月14日再记云：“与妻车游。”7月20日又记云：“与妻车游山下一匝。”据台湾作者王丰记载：“每天下午四五点钟，照例这是蒋介石、宋美龄伉俪坐车兜风的时间，蒋先生用过午茶和点心，通常会主动去找宋美龄，问她：“哒（darling）！你要不要去‘车车’啊？”“车车”，意为兜风。上引日记显示出，蒋宋二人已经重归于好。但是，对孔令侃却始终未有原谅之词。

7月21日，蒋介石日记云：“近日体力疲倦，心神时觉不支。”当日在日记中写下“行政院人事拟案”，下书“副院长，谢东闵”。从字迹看，已非蒋介石亲笔。可见，他已经病得提不起笔来了。

谢东闵（1908-2001），台湾彰化人。因不满日本殖民统治，于1925年离开台湾，到上海求学。毕业于广州中山大学政治系。抗战期间，参与筹备国民党台湾省党部，并在福建从事抗日活动。抗战胜利后返台，任高雄首任县长，后曾任台湾省副议长、议长等职。传说，1972年初，宋美龄曾劝蒋介石任命孔令侃为行政院院长，被蒋介石坚决拒绝，宋美龄不以为然地说：“不给令侃做院长，那么副院长总可以给他做吧？”蒋介石仍然不同意，宋美龄抗争说：“令侃做了那么多对国家有利的事情，难道他的能力不够资格做个副院长，不够资格做部长？就算你决意让经国做院长，也该安排令侃当个副院长！”蒋介石在自己已经提不了笔的情况下，特别命人在自己的日记中写下“副院长，谢东闵”几个字，一方面固然是为了任用台湾本地人才，但是否也具有抵制宋美龄推荐孔令侃的意思呢？

7月22日中午，蒋介石突发高烧，确诊为肺炎，从这一天开始，无法再写日记。

旧体词

杨天石

题周庄迷楼，怀南社诸子

迷楼往昔忆颠狂，痛饮长宵待曙光。
蒿目时艰多慷慨，悲歌代哭写华章。

元大都遗址考古

金戈铁马耀寰中，屈指当年数战雄？
百里连营凭想象，颓垣断续野花红。

金门行

自厦门渡海舟中口占

当年万炮击金门，弹雨硝烟起战尘。
但愿从兹兄弟好，虹桥永架不相分。

登金门岛古绝

入境难分外地身，初逢每似对故人。
一水虽分两世界，中华血脉总相亲。

晓起

晓起传来子规啼，山溪缓缓水声低。
当年炮战隆隆处，煦煦清风舞柳丝。

题乳山蒋经国纪念馆

凤凰浴火冀重生，百难千灾玉汝成。
执政从无延万岁，斯言我独敬先生。

参观金门民防坑道

世上常多蜗角争，相仇相杀祸民生。
人间倘使皆亲爱，地下何须建此城。

年轻人怎样成长
——在上海青年干部管理学院的演讲

杨福家

今天非常荣幸有机会和各位青年朋友们交流些看法。关于科学，有一种说法我非常赞成——科学是文化的一部分。我查了下《大英百科全书》，其中对文化的定义很清楚：人类知识、信仰和行为的整体。这三点都与科学有关。中国的《辞海》对文化有广义的定义，也有狭义的定义，意思都差不多。但是我今天不想从理论到理论地讨论定义，我想用一些例子来说明我的观点。

我心目中的好大学

可以说，“美丽心灵”就是普林斯顿大学的文化，没有文化的大学称不上是一流的大学。普林斯顿大学有一组雕塑，是一群没有头的人，其寓意是：希望从学校毕业后，不要成为没有头脑、没有思想的人。

首先，我来讲讲我心目中最好的大学。我们很多人都知道哈佛大学，但知道普林斯顿大学的却不太多。美国大学的排名有很多种，最权威的是《美国新闻与世界报告》（U.S.News& WorldReport）的排名，分5个评价指标，学术研究、雇主评价、师生比例、国际学院、国际学生。其中从研究型大学的角度排名的话，十有八九都是普林斯顿位列第一，第二名一般是哈佛，第三名比较固定，是耶鲁大学。2010年美国《福布斯》杂志发布了一个世界大学排名，它主要是对以本科教育为主的学校进行排名，根据家长、社会对学生的综合评价等评下来，普林斯顿是第二名，第一名是威廉姆斯学院（Williams College），但是今年普林斯顿得了第一名。

所以，我说普林斯顿大学既是最好的研究型大学，又是最好的博雅大学。第一句话大家能理解，第二句话可能有人就有疑问了。博雅大学与研究型大学的区别在哪里呢？“博”就是指广博的知识，“雅”是指有比较高的素养、品质。普林斯顿大学称得上是博雅大学，而哈佛不是。因为哈佛除了本科生之外它还有专业的学院，普林斯顿只有一个研究生院，统管数理物化生，它培养出来的学生是没有一个特定的职业方向的。我在英国待了12年，发现有一个很大的问题：有些学校专业分得很细。英国现在也看到了这个问题，但要改是很难的。我做复旦大学校长第一年，有新生家长来找我说：我儿子明明要读国际经济，你怎么给他分到经济系去啦！愤愤不平。但是没有经济哪来的国际经济？这种趋向现在有所改善，但我感到还有很长的路要走。

普林斯顿大学最好的旅馆并不大，只能称作“Inn”，也不是五星级，但充满了文化的气息。普林斯顿大学强在哪里？我举几个例子。它拿了将近30个诺贝尔奖，其中2/3是物理诺贝尔奖，还有菲尔茨奖，它堪称数学诺贝尔奖，世界上到现在为止大概有50个人拿到这个奖，其中一半是美国人，普林斯顿就占了1/4。除了物理和数学是强项，它在文科方面，比如对俄罗斯的研究也是很有特色的。但就是这样一所大学，如果用我们国家的某些排名指标来评价的话，它是上不了前榜的。比如我们很看重的在《科学》和《自然》上所发的文章数，但普林斯顿的强项数学和物理的主要文章，并不在这两个期刊上发表。

普林斯顿大学有一位获得菲尔茨特别奖的教授叫安德鲁·怀尔斯（Andrew Wiles），他从剑桥研究生毕业以后到普林斯顿大学做教授，之后大约有8年时间他几乎没有发表一篇文章。更奇怪的是，这8年里，没有人知道他在做什么，但是学校、院系领导也都不过问，这就是它的伟大之处，这就是信任。怀尔斯最后解决了数学史上困扰了350年的难题——费马大定理。这样的学校很少，但也不是完全没有。比如法国巴黎第七大学有一位教授Wendelin Welner，校长允许他7年潜心研究；美国康奈尔大学物理系教授 Icenneth Ceddes Wilson，也是好几年没有文章，但是校长很英明，不为难他，结果1982年他拿了诺贝尔奖，作出了非常巨大的贡献。这说明，有没有一个能让学者安心做研究的环境非常重要，如果没有这样的环境，你论文发表数量再多又有什么用呢？

普林斯顿还有一位伟大的人物——约翰·纳什（John Nash），1994年诺贝尔奖获得者。他本来是在麻省理工学院研究数学的，后来患了精神病，结果普林斯顿大学把他请来，让他在学校里待了30年，保留他的办公室，待遇不变，在各方面的关心下，他最终康复，拿了诺贝尔经济学奖。他的故事后来拍成了电影《美丽心灵》，还得了奥斯卡奖。可以说，“美丽心灵”就是普林斯顿大学的文化，没有文化的大学称不上是一流的大学。普林斯顿大学有一组雕塑，是一群没有头的人，其寓意是：希望从学校毕业后，不要成为没有头脑、没有思想的人。

接下来我们讲讲哈佛。哈佛的校门很小，其中有一扇很小的校门上，镌刻的字很有文化内涵：校门的正面刻着Enter to grow in wisdom（入门以增长智慧），反面刻着 Depart to betterserve thy country and thy kind（离开以更好地回报祖国与社会）。这也是一种大学的精神。哈佛大学还有一个标志性的雕塑，是一位脚着金靴坐着的绅士，铭牌上显示“此人叫约翰·哈佛（John

Harvard），他在1938年创立了哈佛大学”。这个雕塑是哈佛有名的“谎言塑像”，为什么说它是“谎言”呢？第一，这个雕塑不是根据哈佛本人的相片所制；第二，哈佛大学是在1936年成立的；第三，约翰·哈佛也不是创始人，他只是在1938年把自己遗产的很大一部分捐给了学校，所以学校委员会决定以他的名字作为校名。人们不禁要问，既然错了为什么还不更正这个雕塑的铭牌内容呢？学校的回答是：质疑的精神是哈佛一向秉持的，“谎言塑像”提醒哈佛人，永远不要迷信传说中的权威，而要努力追求自己坚信的真理。

再来说一下“老三”——耶鲁大学。耶鲁全部的学生加起来大概是5300名大学生、2500名研究生，再加上其他专业的学生，总计11000多。美国所有顶尖大学的人数是没有超过20000人的。在美国，每所大学的使命都不同，耶鲁大学的使命是：为国家和世界培养领袖。迄今为止它培养了5位美国总统，533位国会议员，还有很多大学的知名校长也是耶鲁出身。这样一所学校，它把爱国主义教育放在一个非常重要的地位。在耶鲁的校园里伫立着一尊美国民族英雄、耶鲁校友内森·黑尔的雕像，底座上镌刻着黑格尔的一句名言：“我唯一的遗憾就是，我只有一次生命献给我的祖国。”胡锦涛主席在2006年4月访问耶鲁大学并发表演讲时，也特地提到了这位耶鲁的杰出校友。

耶鲁大学之所以能成为世界一流大学，还在于，它在184年前就把大学的理念讲得清清楚楚，这就是1828年的《耶鲁报告》，这个报告值得我们从事教育工作的人都去读一读。报告提倡：大学教育应该是完整的教育，大学毕业生应该是接受全面教育的人。其间还详细讲到，学校给本科生所设计的课程并不包含专业的学习，耶鲁大学的教育目的并不是传授特定的知识，而是传授所有专业都需要的专业课程。这其实就是“博雅”的一种想法。报告中说，任何学科对于专业技能都有帮助，各个学科之间都是相互映照的。一个人难道除了以职业谋生就没有其他追求了吗？难道他对他的家庭、对其他公民、对他的国家就没有责任了吗？承担这些责任需要各种深刻的知识素养，我们培养的人不仅要在专业上非常出色，而且要具备全面知识和高尚品德，这样才能成为社会的领军人才，并在各方面有益于社会，他的品质使他在社会的各阶层都能散布知识之光。

与大家共勉的几句话

希望所有的青年朋友们快活快活再快活，快活能够导向人生的辉煌，但是自己快活还要使他人快活，这样你的生活就会更有意义。同时，我也希望大家记住一个字：China，不要忘记我们有这么一个古老的祖国，要多考虑怎么为我们的国家做贡献。

可能也有人会说，一所培养领袖的综合性大学，当然要把素质教育（政治）放在第一位的。那么，下面我们就一起来看看以科技著称的斯坦福大学是怎么教育学生的？

有一位从小在美国长大的华裔科学家给我写过一封很长的信，他说斯坦福大学是一所信奉素质教育的大学，刚进大学前两年是不分专业的，所有本科生不管你喜欢什么都要选修一门为期一年的基础课——文化、观念和价值观，在这门课上，不仅要学习西方的经典，如柏拉图、笛卡尔、马克思等，还要学习东方文化的代表著作，如孔子和孟子等。课程的中心就是围绕“人何以为人”这个主题展开的，无论学生将来选择什么专业都必须首先回答这个问题。我们现在很多学生一提到素质教育，就不是很听得进，其实他们完全误解了这个词的含义。

事实上，世界上所有一流大学都讲素质教育，都把育人放在首位。之所以设置这些基础课程，其目的就是教育学生“做人第一，修业第二”，这也是我今天要送给大家的第一句话。

第二句话是：要抓住机遇。李政道先生80岁的时候出过一套书，其中第一本书的首页有这样一句话：一个人的成功有各种各样的因素，其中机遇或许是最重要的，从本质上来说它也是最难驾驭的。大家知道，发电机和电动机的发明者法拉第，他是靠自学成才的。法拉第小时候因为家庭贫困，到一个书店给人当学徒，这个工作使他有机会读到许多科学书籍。有一次他在报纸上看到一则著名科学家戴维（Sir Humphry Davy）要来做演讲的公告，他就去听了。听完以后他写了一封信给戴维，谈了自己的体会。戴维觉得这个年轻人很了不起，于是把他请到自己的实验室做助手。法拉第抓住了这个机遇，在科学研究领域大展身手。戴维在临终之前说，他一生中最伟大的发现就是发现了法拉第！这说明发现人才是多么重要，而如果没有这样一个机会，法拉第是不可能取得成功的。今天你们面前的机会就比我们年轻时代要多得多，问题是你能不能把它给抓住了。

我要送给大家的第三句话是：要文理兼学。年轻人如果能做到文理结合，拥有广阔的知识背景，你的生命就会变得更充实，你也能够更加从容地面对今天的世界。古语说得好：腹有诗书气自华。古典的诗文充满了人文情怀和道德的教育，科学与科学史中也充满了做人的道理，长期浸润其中会受到良好的影响。

有一位科学家，他大学本科是学历史的，但是后来拿了诺贝尔经济学奖。有人觉得很奇怪，历史和经济怎么能结合在一起呢？实际上，历史并不只是背背书那么简单，从本质上说它是一种批判性的阅读。历史上有很多东西是需要你有自己的判断，需要有批判性的精神，这一点与经济有共通之处，因为经济最讲究的就是逻辑关系。不知道大家有没有发现，很多美国的大法官都是历史系出身的，因为做法官也要有批判性。还有一位科学家，本科硕士学的英国语言文学，最后却成了1989年诺贝尔医学奖的获得者。这其实就是斯坦福大学所强调的：没有专业之别。

美国有一批非常优秀的本科院校，英文叫Liberal Arts College，很多人把它翻译为“文理学院”，其实更好的翻译应该是“博雅学院”，还是强调做人第一。我今年4月份和几位朋友去美国，访问了威廉姆斯学院，这个学校位于波士顿东北200公里左右的地方，它在很多排名上都是第一名，那么它到底厉害在哪里？访问过程中有一件事留给我非常深刻的印象。

我们总说，看一个学校好不好就看它是不是关心学生，是不是把学生需求放在第一位。这话大家都会说，关键是看你怎么做。威廉姆斯学院一位教师发现，有一个学生在数学物理化学上很有天分，实验也做得非常漂亮，但是他却拼命选修法律的课程，于是就找他谈话了。学生说，我的学费4万多美元，都是家长借的，家里希望我能找一个容易赚钱的工作来还债，所以才拼命学法律。教师把这个情况汇报给校长，结果校长做出一个决定，所有学费全部还给那个学生，而且从现在开始不要交一分钱。我听了之后非常惊讶。这才是真正的关心学生，把学生的需求放在第一位。

我们现在都非常强调素质教育，真正进行素质教育是要有具体措施的，一方面师生之间要有非常密切的联系，学生能够近距离接受名师的教诲；另一方面还要有非常丰富的第二课堂，鼓励学生相互讨论相互质疑。可以说，世界上最杰出的本科学校都是贯彻博雅教育的。

所以接下来，就是我想跟大家共勉的第四句话：要有质疑的精神。现在创新二字我们谈得非常多，创新的关键就看你能不能提问题，能不能质疑。复旦的校训是两句话：博学而笃志，切问而近思。李政道说他最欣赏每句话的第二个字——“学”和“问”，是学习问问题，而不是学习回答问题。有一句话叫做：创新植根于讨论，创造源于讨论。大家知道，在梵蒂冈有一幅拉斐尔所作的壁画《雅典学派》，描绘的是一群智者争论不休的场面，画面中心是柏拉图和亚里士多德，师生之间争得面红耳赤。讨论，这是创新的开始。老师是老师，但是老师不一定代表真理。这也就是亚里士多德所说的：我爱我师，我更爱真理。

哈佛早期的校训就是“真理（Veritas）”。

我要跟大家共勉的第五句话是：育人第一。我理解共青团是一个青年人的组织，也是一个育人的组织。这个组织的目的不只是培养几个干部，而是通过这些干部影响越来越多的年轻人。所以，我希望学校能真正把培养年轻人作为第一任务，育人第一。

我们来看看著名的剑桥大学是怎么做的。首要的一条，设立住宿学院。这个住宿学院和我们普通的住宿学院不同，他们的辅导员都是些“又高又大”的人物。为什么说“又高又大”呢？因为他们中有诺奖获得者、英国科学院院长、各大学院的院长等等。这才是真正下本钱的育人第一。我曾经问过耶鲁大学的校长，耶鲁的王牌是什么？我以为他会讲是医学院或者法学院，不是的，他说住宿学院是我的王牌。我又问，你手中怎么会有这么多的钱？他说都是校友捐的，因为他们感到这个学校改变了他们的一生。所以我觉得，大学在本质上必须把学生放在第一位，如果不把学生放在第一位，它是无法生存的。

我在香港科技大学碰到一位讲座教授（Lecture Professor），我问他给学生讲不讲课，他很奇怪地说，我这个讲座教授是终身的，但有一个条件——必须要讲课。我记得我进复旦读书的时候，都是一流的教授给我们上课的。第一年，是获德国哥廷根大学博士学位的国家二级教授兼系主任王福山给我们上普通物理；第二年，是获得普林斯顿大学博士学位的一级教授周同庆给我们上课。那时候，这些赫赫有名的大教授都是非常关心学生成长的。我觉得，大学现有制度是值得进一步研究改进的。

说到底，我希望大家“快活与辉煌”，这四个字是最近伦敦奥运会闭幕式上，国际奥委会主席罗格讲话的主题 Happy and Glorious。我希望所有的青年朋友们快活快活再快活，快活能够导向人生的辉煌，但是自己快活还要使他人快活，这样你的生活就会更有意义。同时，我也希望大家记住一个字：China，不要忘记我们有这么一个古老的祖国，要多考虑怎么为我们的国家做贡献。我把这个词的每个字母拆开：C 就是 Citizen，一个大学是要培养优秀公民的；H 是 Honesty，如何重树诚信，是当前非常关键的；I 就是“我”的意思，要善于发现自我，温家宝总理在两年前的教育工作会议上讲到，要知道自己的火种在哪里，点燃自己的火种你就会有所成就；N 是 Never give up，面对困难，不要放弃，要坚持下去；最后一个 A 是 Ability，人不仅要有学习的能力、思考的能力，更重要的，还要有与人相处的能力。

最后送给大家一句话，这句话出自大文豪海明威的名著《老人与海》——“生活总是让我们遍体鳞伤，但后来，那些受伤的地方一定会变成我们最强壮的地方”。年轻人要在艰苦的环境下锻炼，一定会有更多的成就。

感悟《杏坛弦歌》

杜廼松

张展华先生的新作《杏坛弦歌》，是一本可读性强的好书。

该书内涵丰富，以文学和历史知识作为抒发和论谈的基石，多视角、多层次建构和点染了一朵朵优美瑰丽的奇葩。

笔者与该书作者张展华先生相识已多年，记得那还是上世纪 60 年代中叶的事（1964 年 10 月—1965 年 5 月），说也有缘，我们分别从北京和西安不同系统和单位，被分配到陕西省西安市小寨公社先锋大队参加“社会主义教育运动”。当时我在文化部所属北京故宫博物院工作，展华先生则是陕西师范大学中文系的在读大学生。在老乡家我们同吃、同住、同劳动。由于在一起工作，自然接触也多，大约有半年多时间。当时我对他的印象是：风华正茂、勤奋好学、思维敏捷、勇于探索。几十年来，虽然不在一个城市和不同系统工作，但彼此间有着一定的信息往来。

展华是陕西户县人，1966 年毕业于陕西师范大学中文系，后一直任教于克拉玛依市第九中学（原克拉玛依炼油厂中学）语文高级教师。曾任克拉玛依市语文学会副会长，也曾获得该市“教学能手”称号。他曾说过：“学生是他永远的春天。”他刻苦学习钻研专业知识，敬业于平凡的工作岗位，将青春年华和精力无私地贡献给了祖国的教育事业。展华在退休前时有文学作品发 表，退休后有了闲暇，更有条件施展他的才华，而笔耕不辍。

展华先生是农民的儿子，他纯朴努力，曾说过：“感恩祖国，感恩父母，感恩师长，感恩远方的故乡，感恩脚下的戈壁。”该书的问世体现了作者的高尚灵魂和理想，其内容定会对读者产生一定的教益。

《杏坛弦歌》内涵丰富，其中多篇文章是作者发表过的，部分是首次公开发表。结集后更凸显了其价值。全书分“杏坛弦歌”、“信笔谈闲”、“诗以言志”、“名亦有道”等几大部分。不但反映了作者知识渊博，更体现了他热爱生活的人生态度与追求。

展华先生几十年从事教育事业，热爱本职工作，敬业精神可从诸多文章内反映出来。在《我的教师情结》一文中云：“三十多个春秋的教学生涯，是我全部生命的价值所在。我心中有一种挥之不去的教师情结。”为了搞好语文教学，他写出了不少有分量的有关文学方面的论文，《说文眼》、《絮话汉语中的对偶句》、《古诗词的特殊句型》、《有必要学点格律诗词及其写作》、《关于模糊语言学》等等篇章都是重要代表作。在这些论述中，他强调“文眼”是全文精神的交汇点，是最精要之所在。他还列举古今优美的句型：“昔我往矣，杨柳依依，今我来思，雨雪霏霏。”（《诗经·采薇》）“乱花渐欲迷人眼，浅草才能没马蹄”（白居易《钱塘湖春行》）。以此提出“对偶美”这一重要修辞方法是“汉语中特有的语言现象”的文学与艺术价值。展华先生云：“中国是一个诗国”，“我对古典诗词有着割舍不了的情结，时常不知不觉地顺口流出”。表达内心对古典诗词的一种极致情结。他希望大家都要学点诗词，“腹有诗书气自华”、“养浩然之气”，来陶冶情操。作者不但阐述了律诗的格式与调谱，而且按照诗词格律规律，亲自作诗多首，以启迪、导示读者与其互动。

作者用大量的篇幅，采用散文形式，来抒发生活中零散片断的人或事，表达思想情感和看法。一篇篇散文是作者在学习、工作和大量社会实践中的亲身体验。《我以“码字”熨平生》一文写道：“我的精神家园在书籍里，在文字里，我以码字熨平生，我觉得这块天地十分广阔，花香鸟语，四季如春。”《河·雪》、《月·星和克拉玛依的灯》、《古镇忆旧》、《翠鸟》、《乌尔禾一日游》、《幸福是什么》等等，都是代表作。作者以大爱至美、宽阔的胸怀，展示了自己的人生哲理。仅举一些有代表性的语句：“虽然人生是短暂的，但都应该有如雪的品质：明净、无私、宽容、和谐。”“幸福就是这样，看你如何衡量，你觉得满足，幸福就随之而来。”有的话有如人生格言。每篇散文用简洁、坦荡、优美的语言，向读者表达了层次不同的意蕴。

古人云：“君子以厚德载物”、“见贤思齐”。作者不惜笔墨，用诗词形式歌颂了一些人和事。如：《天池月晓》、《昙花》、《油城春赋》、《克拉玛依河冬赋》、《送别老王兄弟——写给我的一位农民工朋友》、《清明，遥祭母亲的坟茔》等等，以纯真的情怀讴歌了人间的真善美。

展华先生的知识和兴趣是多方面的，闲话《锅盔》、《搅团》、《麦饭》、《韭菜饸饸》等数篇文章，追踪溯源一些饮食文化。文章引经据点，以讲故事的通俗语言进行阐述，使读者倍感亲切。

总之该书以多种文学体裁，表达了作者的爱好与追求，可谓很多文章都有着波光日影的效果，读后让人赏心悦目。不失为一本春风化雨的好书。

记几位已故的史学家

陈高华

1960年9月，我从北京大学历史系毕业，分配到当时的哲学社会科学部历史研究所工作，转眼已度过了40多个春秋。时光流逝，白了少年头。回忆过去的岁月，感慨殊多。一些已故师友的声音容貌，时时涌现在心头。

翁独健

刚到历史所，领导介绍所内研究机构的设置，征求个人的志愿。我在大学四年级曾参加民族调查，在新疆工作一年，对民族历史发生兴趣，听说历史所设有民族史组，便报名参加。历史所为什么会设立民族史组呢？原来，1956年中、苏、蒙三国开会协商，共同编写蒙古史，中方出席会议的代表是翁独健、韩儒林、邵循正三位先生。会议决定，中方组织力量，整理有关汉文资料。历史所设立民族史组便是为了承担这一任务，翁独健先生被指定为民族史组的负责人。翁先生早年毕业于燕京大学，后来到美国和法国留学，是我国著名的蒙古史专家。他在新中国成立后曾任北京市教育局长，后任中央民族学院历史系主任，兼任历史研究所研究员。

翁先生当时是民族所副所长，还有许多社会工作，但他对民族史组的工作十分关心，经常到组里来，有时还找我们到他家里去谈话。他有宏大的计划，要组织力量，整理编纂各种资料和工具书，翻译境外的蒙古史料，全面开展中国元史、蒙古史研究，赶上世界的先进水平，常常以此勉励我们。为此他指导陆峻岭先生编纂《元人文集篇目索引》，何高济先生翻译波斯史家术外尼的《世界征服者史》。对于几个出校门不久的年轻研究人员，则以基础训练为主。上个世纪50年代的大学生活，有过多的政治运动，正常的教学秩序受到很大的冲击。以我来说，上了五年大学，真正念书只有一年半。二年级下学期整风反

“右”，三年级赶上“大跃进”，学校里开展双反运动，整天开会，红专辩论。四年级下放，参加民族调查，在新疆跑了一年。五年级回校上课，系里有意要为我们补课，特意开设了古代史史料学等课程，但没有多久，反右倾运动很快又开始了，接着便是教学革命，集体编书，全班同学齐上阵，以论带史，以论代史，热火朝天，日夜加班，一直到毕业前夕才停止下来。这样的经历在当时是带有普遍性的。翁先生了解我们的情况，便采取种种办法，为我们补课。

西方大学的历史系，无例外地都有“史学方法”课程，为学生介绍搜集资料、写作的一些基本规则。新中国成立以前，不少大学历史系也开设这门课。新中国成立以后，进行大学院系调整，历史系的课程安排完全学习苏联，“史学方法”课被取消了。翁先生则很重视史学方法，利用各种机会，给我们讲授搜集资料和写作论文的基本要求，他强调要尽可能穷尽与研究题目有关的一切资料，要像前辈学者所说那样：“上穷碧落下黄泉。”同时必须区别原始资料和转手资料，尽可能使用原始资料。在论文写作方面，他强调要主题明确，结构谨严，对前人的成果必须有全面的了解并有明确的交代，引用资料的版本必须清楚，要我们以过去的《燕京学报》以及当时的《红旗》杂志为榜样。这些教导在今天来看也许显得平淡无奇，但当时对我们这些还在研究工作门槛外徘徊的年轻人来说，则有醍醐灌顶之感，得以少走许多弯路。

翁先生特别重视外语的训练，他认为蒙古史是一门国际性的学问，必须掌握外语，了解国外的研究动态，才能避免闭门造车，盲目自大。尽管当时国内外学术交流完全处于停滞状态，他仍尽可能地关注国外的研究动向，并给我们作介绍。这在现在来看是很普通的事情，但在当时是难能可贵的。翁先生还要求我们学习蒙语，元代文献中有许多蒙语词汇，有些文书是根据蒙语直译而成的，没有一定的蒙语知识就很难理解。为此他请了民族所的照那斯图先生（20世纪80年代后期任民族所所长，八思巴文专家）为我们讲授蒙文。照那斯图先生每周上课一次，持续了一年左右，因为政治运动等原因就被迫停止了。时间一长，我学的蒙文知识大部分也淡忘了。但还记得蒙文字母、元音和谐律，还能查查词典，就是这点东西对研究工作也有很大的好处。现在我能和学生一起读《元典章》，有不少地方便得益于那时学的一点蒙语知识。1963年起，又开始了新的连续不断的运动。1964年所内对研究室、组进行全面调整，民族史组不复存在，翁先生也很少来历史所。“文化大革命”以后，翁先生仍担任民族所的领导，有很多的社会工作。我虽和翁先生仍有一些接触，但已不像过去那样有经常请教的机会。1985年翁先生因病去世，这是中国历史学界的一大损失。在我的心中，一直把翁先生视为自己的老师，自己科研道路上的引路人。

杨向奎

杨向奎先生原在山东大学工作，后调到历史所。我到历史所时，杨向奎先生是所的学术秘书，负责全所的研究工作。以前我常看山东大学的《文史哲》杂志，很景仰杨先生的学问，但作为一个青年研究人员，和杨先生距离甚远，平时没有什么接触。1962年到1963年间，在杨先生主持下，历史所部分研究人员开始了曲阜孔府档案的整理。这是一项很有意义的规模很大的工作，听说以后，对杨先生的魄力和眼光十分钦佩。

“文化大革命”结束以后，我和杨先生住处相近，渐有往来。特别是上个世纪80年代，为了所内工作，常要向杨先生请教，他总是热情地给予指点和帮助。有件事至今记忆犹新。当时我曾分工负责研究生工作，尹达同志不幸去世，他名下有两位学习原始社会史的研究生，需要另行安排导师。经过研究，拟请所外一位专家担任。我原以为这件事简单，但到这位专家所在单位商谈，却遭到拒绝，碰壁而归。我们只好重新研究，考虑再三，决定请杨先生担任。杨先生事情很多，这是给他增加新的负担，能否答应，我内心是颇为不安的。但去一说，杨先生慨然同意，帮助我们解决了困难。两相对比，使我感慨殊深。类似的事情还有一些。工作之外，有时也和杨先生谈谈史学界的动态和掌故。杨先生经历宏富，和史学界的很多前辈都有交往，许多人和事，娓娓道来，令人忘倦。聆听之余，我萌发了一个想法，如果杨先生能写回忆录，一定很精彩，可以为20世纪中国史学保存许多珍贵的资料。我便提出这个想法，并且建议可以陆续写出，先在《中国史研究动态》上发表，以后再整理成书。杨先生表示可以考虑，很快便写出《史坛忆往》一文，刊载在《动态》1989年第2期上。这篇文章虽然不长，内容却很丰富，例如其中谈到早年在北大求学时就对物理学有很大的兴趣，可知杨先生晚年钟情于物理学绝非偶然。文章还谈到钱穆、钱玄同、顾颉刚、傅斯年、蒙文通、童书业、高亨等先生，虽然每人不过寥寥数语，着墨不多，但都能勾画出精神面貌，给读者留下深刻的印象。可惜的是，回忆文章没有能继续写下去，今天回想起来，仍是很大的遗憾。

杨先生对后辈十分关心，历史所不少人在成长过程中都得到他的指点，我也是受惠的一个。上个世纪90年代中期，他给我写过一封信，原文如下：

高华同志：大著“元史研究论稿”及“元朝的审判机构和审判程序”收到，谨此致谢。我先看有关衍圣公及元代陆学等篇，更加相信元代文化不下于宋，即以文学论，当时的元曲作者，乃是艺人本身，更容易接近群众，与唐诗宋词之庙堂化者不同。如果以您的学识写一部“元代文化史”，包括文史哲及风俗人情等，实是功德无量，现在缺少这样一部书，人们以为元代时间短、统治者在当时说又较落后而忽视之，其实不然。

90年代中期起，我把研究重点转向元代社会风俗史和元代文化史，这和杨先生的鼓励是分不开的。

杨先生认为史学是社会科学中的基础科学，因为它是探讨社会发展规律的科学；而物理学是自然科学中的基础科学，因为它是探讨自然发展规律的科学。他是一个杰出的史学家，晚年又潜心于物理学，就一些重大问题提出了自己的见解。敢于在相距遥远的不同学科之间进行探索并取得成就，在中国史学界无第二人。这需要很大的勇气和智慧。中国古代哲人云：究天人之际，穷古今之变，成一家言。这是做学问的最高境界，也是极难达到的。杨先生的学术实践，正是自觉地朝着这样的目标努力。

孙毓棠

孙毓棠早年专攻秦汉史，新中国成立以后，在经济研究所工作。1957 年被错划为“右派”，随后调来历史所工作。来历史所后，孙先生重点研究中国古代经济史。但在“文化大革命”以前，我和孙先生没有什么来往，只有一次听他讲中世纪欧洲的庄园制，留下颇为深刻的印象。

“文革”发生后，孙先生受到了冲击。当学部下放河南息县东岳时，孙先生也在其列。“五七”干校打乱原有的组、室，采取连、排、班编制，历史所百余人编为一个连队，下分三个排，排下有班。孙先生和我编在同一班。这个班的任务是种菜，整天在地里劳动，孙先生则因年老体弱被指派去看管工具。学部笔杆子很多，但是对干校生活却很少有人加以记载，现在能看到的只有外文所杨绛先生的《干校六记》。其实那一段苦涩的历史是很值得回味的。干校所在的息县东岳，土地贫瘠，劳动艰苦，生活条件也很差。刚到东岳时，全连男性成员住在一个大仓库里，用木板搭成双层铺，一个挨着一个。息县夏天酷热，常在 40 度以上，直到深夜热气不散，仓库密不通风，虽然劳动强度极大，身体疲乏，也难以入睡。年轻一点的大多在仓库外的泥地上铺一层塑料布，加上席子，露天睡觉。我记得还要在旁边放一盆水，半夜热醒了，起来擦把脸，才能继续入睡。身体差的和年纪大的“五七战士”如孙先生，只能睡在仓库里。孙先生已年近花甲，又有哮喘病，印象中有一天晚上他的哮喘病发作，经过抢救，才转危为安。后来干校用自己的力量造了一批简陋的土坯房，每间十四五平方米，也是双层铺，要住六七个人。我和孙先生是同班战友，得以同住一室。

朝夕相处，接触自然多了起来。经过“文化大革命”的冲击，特别是清理阶级队伍的运动，人与人的关系都很紧张，彼此说话都很谨慎。初到干校一段时间内，以体力劳动为主，政治气氛相对宽松一些。孙先生平时沉默寡言，起初交谈的话题多是生活和工作方面的事情。时间久了，彼此戒心渐除，有时也聊聊别的话题。我在“文革”前喜看杂书，常去翻阅新中国成立前的旧杂志，对孙先生的过去略有了解，闲谈中不免好奇问及，孙先生不以为忤，总是耐心解答。记得起来的，有他与闻一多先生的友谊，他与一位逻辑学家在英国的交往，等等。现在想起来，这些交谈多少给他带来一些乐趣，在当时单调而艰苦的环境中略解寂寞。几个月以后，为了标点二十四史和《清史稿》的需要，孙先生和翁独健先生等被调回北京。一天早晨，我送孙先生到大路上，这几位老先生会合以后坐车到信阳，返回北京。

一年多以后，我被调回北京，参加《中国史稿》的编写工作，有时遇到疑难问题，便求助于孙先生。但更多的来往，则是在打倒“四人帮”以后。这时的孙先生，尽管体弱多病，仍以巨大的热情，全身心地投入到科研工作中去。晚年他主要忙于两件事，一是《中国大百科全书》“中国历史”卷的编纂，一是中外关系史和中亚史学科的建设。

《中国大百科全书》“中国历史”卷的筹备工作由历史所承担，孙先生是负责人。他为此付出了大量的精力，从框架和词条的设计，到执笔者的选择，都有周密的考虑和细致的安排。中国历史卷能够顺利上马，和孙先生的辛勤工作是分不开的。后来成立了中国历史卷的编委会，侯外庐先生为主任，孙先生和其他几位前辈学者为副主任，他同时又是秦汉史分卷的主编。一直到去世以前，他都关心这一工作，甚至在病床上仍手不释卷，对稿件进行加工处理。我自己有幸在筹备阶段便参加了一些工作。“桃李不言，下自成蹊”，孙先生的身教，使我受益匪浅。

孙先生早年是诗人，发表过长诗《宝马》和许多短篇。《宝马》以汉武帝派遣李广利出征西域为题材，我闻名已久，无缘得见。在干校时曾因好奇向孙先生提起，他置之一笑。1992 年孙先生的门人余太山同志将孙先生早年诗作整理出版，题为《宝马与渔夫》。拜读之后，对孙先生有更多的了解。这是一篇长达八百行的叙事诗。全诗“句句有来历，字字有出典”（卞之琳先生语），作者当时不到 30 岁，但可看出已具有深厚的史学功力，不能不令人由衷的钦佩。中国古代有无史诗，存在争论。咏史诗颇多，但那是对历史人物和事件发议论，而且大多为短篇，和严格意义上的史诗有别。《宝马》篇镕史入诗，文史交融，可以称为新型的史诗，就文学创作来说亦是可贵的探索，在现代诗歌史上应有其独特的地位。史学家和诗人，一实一虚，好像距离很远，但在孙先生身上得到了统一。孙先生早年说过：“思想和情绪经过艺术的雕镂、锻炼才能给你最大的‘痛快’。”晚年教导学生说：“一个史学家应是半个文学家。”这些话有丰富的内涵。史学家不一定是诗人、作家（对大多数史学家来说也不可能），但都应在加强文学艺术修养方面多作努力，这是孙先生身体力行也是值得我们认真学习体会的。

马雍

一年一度出阳关，嚼雪眠沙只等闲，
旧曲渭城君莫唱，此心今已许天山。

这是一首充满豪情壮志的诗篇，如果原来不知道作者，谁也不会想到出自体弱多病的马雍先生之手。

马雍先生在“文革”前长期在家休养，很少上班。“文革”后期身体有所恢复，参加国家文物局组织的吐鲁番文书整理工作，作出了很好的贡献。上个世纪 70 年代后期历史所建立中外关系史研究室，孙毓棠先生任主任，马雍先生任副主任，协助孙先生工作，后来改为主任。同时他还担任了中亚文化协会和中外关系史学会的组织领导工作，为这两个学术团体付出了大量的精力。

1982年以后，我和马雍先生接触渐多。1983年，我们二人往巴黎，参加中亚文明史编委会，彼此有更多的了解。中亚文明史是联合国教科文组织在上个世纪70年代发起的，编委会成员约20人，.其中中亚国家（中国、苏联、阿富汗、蒙古、巴基斯坦、印度、伊朗）每国代表2人，来自其他国家（有美国、匈牙利等）的学者数人。编委会的任务是拟订提纲，选择作者。中亚地区的历史极其复杂，而且与现实息息相关。中亚文明史的编写很自然受到各方面的重视。当时苏联在教科文组织中势力很大，编委会便由苏联代表塔吉克共和国科学院院长当主席。70年代后期，中国百废待举，原本顾不上这些事情，但是有些友好国家因苏联影响过大，希望中国能派代表参加，在编委会内起平衡的作用。中国有关方面考虑这一要求，权衡利弊，决定派代表参加。成立中亚文化协会，实际上为了这项工作的需要。原来派出的代表是南京大学韩儒林先生和马雍先生二人，韩先生因病去世，领导上决定由我来顶替。这一年5月，我在长沙开会，临时被召回北京，马雍简单介绍了情况，便匆忙出发了。一到巴黎参加会议，才知道厉害。这不是一般的学术会议，而是充满了火药味的战场。当时中苏关系很紧张，在会上苏联代表处处与中国为难，有些国家的代表则与之呼应，一吹一唱，攻击中国，从历史到现实，公开污蔑中国是民族沙文主义。我们忍无可忍，据理力争，还以颜色，彼此针锋相对，常常激烈到会议开不下去的地步。遇到这样的场面，只好休会，然后由第三方出面说合，求得妥协。从6月6日到9日，休息半天，实际开会三天半，吵了三天，只有最后半天通过决议时比较平静，因为前面吵够了，该说的话也都说过了。那几天我们的神经都处于高度紧张的状态，开会时竖起耳朵，生怕漏掉对方的每一句话（教科文组织的同声翻译水平很高，也很认真），并要及时作出反应。会下要分析情况，商量对策。马雍先生的咯血旧疾因此复发，但他坚持与会，直到结束。他比我有经验，既能坚持原则，击中要害，又能掌握分寸，有礼有节。我们两人互相配合，终于使苏方的意图未能得逞。这次巴黎之行，使我大长见识，也从马雍先生身上学到了很多东西，毕生难忘。

马雍先生的身体本来就不好，患有多种疾病，但他视学术重于生命，不顾亲友的规劝，经常抱病超负荷地工作，伏案写作之外，还不时到外地去考察。除了自己的研究，还热情培养年轻人。同时又有许多学术组织工作。鉴于联合国教科文组织主持的《中亚文明史》难以充分反映我们的意见，他有志组织中国学者用自己的力量写作一部《中亚史》，阐明我们的观点，此项计划得到院、所的支持，并付诸实施。

过重的负担，消耗了大量的精力，对他的健康造成了伤害。从巴黎回来不久，这一年8月中亚文化协会在乌鲁木齐开会，一个重要内容便是汇报巴黎会议情况，并组织力量参加中亚文明史有关中国部分的撰写。会议原定由马雍先生主持，但开会前夕，他突然发病，住进医院，我只好临时赶去顶替他的角色。到乌鲁木齐以后我去医院探望，他的精神不错，还是谈笑风生，挂念着工作。回北京后他的身体状况时好时坏，终于再次住院治疗。1985年6月，中亚文明史编委会在巴黎召开例会，他已无法前往。出发以前我去医院看望，他不顾病痛讲了很多应注意的问题。这次会议同样充满了火药味，发生多次面对面的交锋，我常想，如果老马能一起来多好，这已是无法实现的愿望。

马雍先生博学多识，才智过人，长于谈吐，常为友人及后辈所称道。畏友中山大学姜伯勤教授，是当今的敦煌学权威，当年亦曾参加吐鲁番文书的整理，至今谈及马雍先生，仍为其才华倾倒，赞叹不已。我国的中亚史研究和中外关系史研究，严格来说，是在20世纪20年代起步的，不少前辈学者如冯承钧、张星、向达等为之付出了心血，打下了一定的基础。但是，不可否认，直到70年代，这两个学科的总体水平，还是很落后的。“文革”结束以后，在党和政府关怀下，在一些学者提倡和组织下，这两个学科得到飞快的发展，至今已面目一新。孙毓棠先生和马雍先生，为此作出了很大的贡献。马雍先生不幸中年谢世，未能实现他将中国中亚史研究推向世界前沿的宏愿。但是他的杰出贡献是不会被后继者忘记的。

学问之道，薪火相传，优良的学术传统，是科研工作进步的极其重要的财富，而这种优良的传统，常常在一些杰出的学者身上体现出来。我在前面说到的历史所几位已故学者，就是这样的典型，他们的道德文章，永远是我学习的榜样，也是留给历史所的一笔巨大财富。

敦煌莫高窟南区窟前考古
发现的颜料、调色碗残留颜料及相关问题

樊锦诗

1963年7月至1966年5月，为配合莫高窟南区中段危崖加固工程，敦煌文物研究所（敦煌研究院前身）考古专业人员，在莫高窟第129窟以北至第21窟窟前，长约380米、宽约6-15米范围内进行大面积考古清理发掘。发掘中发现了在该区段底层洞窟中的一些大、中型洞窟前面，有与洞窟相接的五代、宋、西夏、元修建的建筑遗址22个。与此同时，还发现了现底层洞窟以下的北魏或西魏建第487窟、隋或初唐建第488窟、时代不明的第489窟和三个小龛。20年后，上述考古发掘资料，以及“文化大革命”后清理发掘的莫高窟南区南段第130窟前殿堂建筑遗址发掘资料，一并发表于《莫高窟窟前殿堂遗址》考古报告。第487、488窟出土遗物略多而集中，窟前建筑遗址的遗物较零散而多为采集。现将莫高窟第487、488窟以及窟前采集的颜料和调色碗残留颜料介绍如下。

一、第487、488窟出土的调色碗残留颜料

第487窟与第488窟相连，均位于莫高窟南区中段，在现底层洞窟第467、53、54窟之下层，也即开凿在现地面以下的洞窟。

根据遗迹，第487窟原建时有前、后室。后室（即主室）平面呈长方形，约52.8平方米，高约4米多。地面中部偏西凿出约7.5平方米、高0.3米左右的方形砾石低坛。窟顶前部为两面斜坡的人字披形顶，后部为平顶。在人字披形窟顶正下方地面上，有窟顶坍塌掉落的断面呈半圆形的泥塑椽子和椽间壁画，以及断面呈梯形的泥塑横枋和横枋上绘画的菱形方格纹图案壁画遗迹。四壁的正壁无龛，南北两侧壁对称地各凿四个均为1平方米左右、等人高的小禅室，前壁开门通向前室，四壁未发现壁画痕迹。前室横长方形，宽6.2、进深2米。正壁中央开门，通后室，门两侧上部有梁孔、下部两侧有地栿孔，两侧壁下部外端有地梁槽。

我们注意到，第487窟窟顶人字披形顶部掉落的泥塑椽子，泥塑横枋上的菱形方格纹图案壁画遗迹，与莫高窟第257、254等北魏洞窟人字披形窟顶的制作方法和纹样相同；此窟后室地面凿有方形低坛，南北两侧壁相对各开凿四个小禅窟，与莫高窟西魏大统四～五年（538～539）左右建造的第285窟的结构形制相近，故此窟可能开凿于北魏或西魏时期，其功能应属供修行者禅修之用。前室无前壁，而正壁有梁孔和地栿孔，两侧壁外端有地梁槽遗迹，说明前室原来似有木构建筑。

第487窟创建后其后室不知什么时候被改造加工，其痕迹有：1. 南侧壁原有小禅室四个，现只存三个，西侧的一个小禅室相当于东侧两个小禅室之大，显然是将西侧两个小禅室打通扩大而成。2. 南侧壁东侧两个小禅室内的两侧壁上凿出凹槽，推测可能为装木板，置物品而凿。3. 北侧壁东侧三个小禅室之间隔墙均被破坏，使三个小禅室连成一片，北侧壁西侧两小禅室之间虽尚存隔

墙，但被凿了穿洞并放置石块。4. 北侧壁的东侧小禅室北壁被凿破，与其北侧第 488 窟相通。此外，地面上有烧土和烧灰痕迹。烧土层上出土一批遗物，它们是：南侧壁东侧小禅室内出土圜底带流坩埚 1 件，平底陶钵 1 件，陶质小型油灯碗 5 件；北侧壁西侧两小禅室之间穿洞下垫土中出土水波垂帐纹直腹双耳陶罐 1 件；后室（主室）地面上出土陶质调色碗 14 件，碗内残留红、绿、蓝、黄、白色颜料，残留红色颜料的石质研磨杵 2 件，陶质油灯碗 24 件，“乾元重宝”1 枚，小口陶罐，陶质造像头部残块，四瓣花纹样瓦当，木雕花蕾等各 1 件。

第 488 窟也大体保存了原建时的结构，平面呈长方形，约 17 平方米，高约 2.5 米。地面中部偏西处挖有直径约 0.90 米的椭圆形坑，深约 0.50 米。窟顶为两面斜坡的人字披形。四壁未见壁画痕迹，东壁偏南处开一窟门。此窟大小和窟顶结构，与莫高窟隋代、初唐洞窟相近，窟门开在东壁偏南处，用途不明。

第 488 窟也有被改造的痕迹：南壁被凿破，开二个门，分别通向其南侧第 487 窟后室和前室之北壁，成了两窟相接的通道。窟顶东北处还凿了“天窗”，以供采光；此窟的地面与北侧第 487 窟地面高度接近，是在原地面上垫高近 0.4 米厚沙石之后形成的。地面上也有烧灰痕迹。此窟出土有陶质小型油灯碗 7 件，小陶盆 1 件，碎陶片 30 片。

综上所述，从第 487、488 两窟都有烧土层遗迹和烧土层上出土遗物的迹象说明：两窟改造后互相连接，合为一体使用。从烧土层分析，两窟改造之后，火灾之前曾经被使用过。因为无人活动不会引发火情，只有人的活动，才会引发火情。在烧土层上留下的遗物并无被烧的痕迹，说明两窟大火之后仍在继续使用。第 487 窟烧土层上出土的“乾元重宝”（公元 758 年铸造），说明继续使用的时代是在唐后期，至迟在晚唐时期。根据出土的一类为残留不同颜料的陶质调色碗和石质研磨杵、铜坩埚、油灯碗、直腹双耳陶罐、小口陶罐等制作颜料工具的遗物；而另一类为陶像头部残块、木雕花蕾、四瓣花纹样瓦当等艺术品部件的遗物分析，两窟发生火情后使用者为从事塑像和绘画的塑匠、画工。唐后期或晚唐的这些画工、塑匠们把这两个曾经废弃的洞窟重新加以改造利用，可能作为加工制备颜料和加工艺术品部件，并存放绘画材料和工具的“作坊”。因为第 487、488 窟改造后并无绘制壁画遗迹，在此“作坊”加工制备颜料，显然不是供本窟使用，而是为了其他洞窟制作壁画，或加工零部件。因第 488 窟没有更多制作颜料工具的遗物，有可能兼作住宿用。

二、窟前采集的颜料和调色碗残留颜料

据笔者在敦煌研究院陈列中心文物库房调查，本院收藏有莫高窟窟前采集的遗物，它们包括：1. 1951 年在莫高窟第 55—61 窟区间清沙中采集的遗物有：青金石颜料 1 块，残留绿、红、黑色颜料的陶质调色碗 5 件。2. 1963—1966 年窟前发掘清理时在窟前建筑遗址范围外采集的遗物：第 126 窟前裂缝中采集残留红、白、绿、土红、石绿、黄、粉色颜料的陶质调色碗 11 件，外涂土红颜料陶罐 1 件，绿釉盘 1 件；第 43 窟前采集石绿颜料 1 块；第 15 窟前砖面遗址下的沙层中采集残留绿色、红色石质研磨杵 3 件；第 29 窟前采集黄色颜料 1 块；窟前地点不明处采集的残留红色颜料石质研磨杵 1 件。3. 1963—1966 年窟前建筑遗址中发掘的遗物：第 44 窟前五代建筑遗址地基下的烧土层下发现有唐代土红颜料 1 块；第 25 窟前宋代建筑遗址下发现残留红色颜料的陶质调色碗 1 件。因《莫高窟窟前殿堂遗址》考古报告未发表第 44、25 窟遗物，又无记录，故均作为采集的遗物。

三、窟前发现的颜料与洞窟壁画颜料之比较

敦煌研究院的保护科技人员运用便携式 X 荧光光谱仪、X 衍射光谱仪和显微镜，对本院藏窟前出土和采集的颜料以及调色碗残留颜料作了科学分析，确定了上述颜料的主要元素和矿物组成，归纳分析结果如下：

红色颜料：朱砂、土红、朱砂和土红混合，单一朱砂结果较多，仅有一个

样品是朱砂和铅丹混合。

绿色颜料：石绿、氯铜矿、石绿和氯铜矿混合。

蓝色颜料：青金石、石青。

黄色颜料：雄黄、雌黄。

白色颜料：方解石、方解石和云母混合、方解石和石膏混合。

黑色颜料：墨。

1983年，徐位业等人使用X衍射光谱仪对莫高窟洞窟壁画的颜料进行过系统的分析。上世纪80年代以来，敦煌研究院在对洞窟历次保护修复的同时，都要对保护修复洞窟的颜料做调查和分析，积累了较多的洞窟颜料分析资料，如李最雄等人也对敦煌壁画的颜料做过系统分析和研究。这些分析结果可归纳如下：

红色颜料：朱砂、土红、铅丹、朱砂和铅丹混合，土红和铅丹混合，朱砂和土红混合。

绿色颜料：氯铜矿、石绿、石绿和氯铜矿混合。

蓝色颜料：青金石、石青、人造群青（清代）。

黄色颜料：雄黄、雌黄。

白色颜料：滑石、方解石、石膏、云母等。

黑色颜料：墨、二氧化铅（铅丹的变色产物）。

我们将窟前出土、采集的颜料分析结果与洞窟壁画颜料的分析结果作了对照比较，发现出土、采集的颜料与调色碗残留的颜料，以及洞窟壁画的颜料基本一致。出土和采集的红色颜料主要以朱砂和土红为主，但个别样品（Z0902）中也发现有少量铅元素，这说明有铅丹存在。调色碗残留的红色颜料中发现有朱砂、土红或铅丹并存的现象，说明画工在调制颜料时，将颜色相近的红色颜料常常放在同一个调色碗中调制。而在洞窟壁画红色颜料分析结果中也同样发现了大量三种红色颜料混合使用的现象。出土和采集的绿色颜料主要是氯铜矿和少量的石绿。洞窟壁画的颜料分析结果证明，敦煌壁画从北魏至五代使用的绿色颜料以氯铜矿为主、石绿使用的相对较少。第55—61窟窟前采集的蓝色颜料为珍贵的青金石，敦煌壁画从北魏到元代都使用青金石作为蓝色颜料，新疆克孜尔石窟和丝绸之路沿线的其他石窟的壁画中也多发现蓝色的青金石颜料。莫高窟出土和采集的颜料还发现了黄色颜料，主要为雄黄和雌黄，在个别调色碗中的红色颜料中也发现了雄黄的存在。与红、绿、蓝三种颜料的使用相比，黄色颜料并非是构成壁画的主要颜料，但在一些洞窟中也发现了雄黄或雌黄的存在。出土和采集的调色碗中残留的白色颜料主要为方解石，或方解石与云母，或方解石与石膏混合，也与洞窟壁画的白色颜料分析结果相合。通过以上的对比分析，证明了窟前出土和采集的颜料与洞窟壁画颜料基本一致，而两者的这种一致性，则说明窟前出土、采集的颜料和调色碗，均为古代画匠绘制敦煌壁画所使用。

四、敦煌文献记载的颜料与窟前发现的颜料及洞窟壁画颜料之比较

据敦煌藏经洞文献记载，古代敦煌，除城东的莫高窟，城西的西千佛洞外，还有众多佛寺、佛堂和兰若（私家建小寺庙）。石窟、佛寺、佛堂和兰若等佛教建筑内都应有供人膜拜的佛教塑像和展示佛教内容的壁画。敦煌在佛教兴盛的时代，有名目繁多的专门从事制作彩塑和壁画的机构和专业工匠，如官办画院，民间画行，寺院画僧，画匠、塑匠、泥匠和打窟人等。而颜料是制作彩塑和壁画的重要材料，也成为敦煌市场贸易的主要商品。敦煌藏经洞文献中也不乏颜料的相关记载。现举例说明。

S.3553v《咨和尚启》，是一封带给石窟上某和尚的书信，信中提到了绘制敦煌壁画所需的丹（铅丹）、马牙珠（蛤粉）、金青（青金石）等颜料。现全文录下：

今月十三日，于牧驼人手上赴将丹贰斤半、马牙珠两阿果、金/青壹阿果。咨和尚，其窟乃繁好画著，所要色泽多少，在此/觅者，其色泽阿果在面褐袋内，在此取窟上来。绿是东/头消息，兼算畜生，不到窟上。咨启和尚，莫捉其过。

敦煌文献还保存了有关红色、绿色、青色、白色、黑色等颜料的记载。如P. 2032v《后晋时代净土寺诸色入破历算会稿》云:“白面三斗，油贰升，粟四斗，福子面上卖录（录即绿）、丹、青用”，“粟三斗，愿果买金青用”，“粟五斗，邓住子边买炭用”。 P. 3763《十世纪中期净土寺诸色入破历算会稿》云 :“粟二斗，于画匠安铁子所卖（买）同（铜）绿用。” 这类颜料的记载还有很多，不再一一枚举。

敦煌文献也有关于买卖白色颜料——胡粉的记载。如S. 4642《年代不明（公元十世纪）某寺诸色斛斗入破历算会牒残卷》云:“麸壹硕伍斗，买胡粉用。麸叁硕，买胡粉画幡用”。胡粉学名为铅白，在敦煌壁画中亦有发现。S. 5448《敦煌录一卷》还记载，敦煌当地出产石膏。其文云:“石膏山在州北二百五十六里。乌山烽，山石间出其膏。”

除上述有关记载颜料的文献外，还有一份关于记录壁画颜料、颜色的珍贵文献，即李木斋藏《壁画图像记》。《壁画图像记》是对壁画中多身藏传密教神像的肤色和衣饰颜色所做的详细记录。其记录方式主要有两种：一为颜料。如丹、珠、丹红、紫、绿、同绿、青、白、黑；二为同种颜色的色彩浓淡。如深紫、淡紫、大绿、二绿、深绿、淡绿等。

以现代矿物颜料的名称来看，《壁画图像记》中记录的颜料“丹”指铅丹，“珠”为朱砂，“丹红”为密陀僧（一氧化铅），“紫”应为某种植物颜料，“绿”为石绿、“同绿”为氯铜矿，“青”为石青，“白”为某种白色矿物颜料，“黑”为墨或碳。同种颜色呈现出色彩浓淡差别，是由于同种颜料颗粒大小差异所致。

《壁画图像记》可能是当时画工在记录壁画色彩时常用的一种记录方法，

描述了壁画所表现画像各个部位所用的颜料和颜料的色彩浓淡。

总之，前揭文献中记录的矿物颜料种类有：铅丹、朱砂、密陀僧（一氧化铅）、石绿、氯铜矿、青金石、蛤粉（碳酸钙）、铅白和墨。这些颜料与我们多年科学分析的敦煌壁画颜料是一致的。而且，也与莫高窟窟前出土和采集的颜料相一致。

五、结语

莫高窟窟前出土和采集的颜料种类，与敦煌壁画颜料、敦煌文献中所记载的颜料有高度的一致性，反映出敦煌壁画颜料使用的鲜明特点。这些颜料色彩艳丽、性质稳定，不仅构成了独特的佛教壁画艺术，也为我们保存下了珍贵的佛教绘画遗产。在营造敦煌壁画的千年历史岁月中，颜料作为重要的贸易商品和艺术创作材料，是我们研究莫高窟佛教艺术、文化交流、贸易路线等方面最重要的素材。

学科带头人在学科建设中的地位与作用

王永炎

本文拟对学科人才梯队培养，尤其是学科带头人在学科建设中的地位与作用略抒己见，不当之处还望赐教。

一、人才梯队培养是学科建设三要素之一

实现学科发展目标，稳定学科研究方向与构建学科人才梯队是学科建设相互关联的三个要素。针对现实状况，学科发展目标亟待拓展，面对新世纪科学与人文融合的主题，中医中药学科门类应树立服务人类健康为现代医学科学与生命科学做贡献的宏伟目标；学科研究方向的漂移尚未得到根本好转，强势学科缺乏核心竞争力，弱势学科的研究方向尚未形成，诸如中医基础理论研究，中医预防医学研究、中医急症研究、中医临床疗效评价以及中药资源保护利用与药材道地性研究等亟须提高学术地位及学术影响力。我们将学科发展目标的实现落在研究方向上，显而易见，加强研究方向的稳定性，与时俱进，扶植培育新兴研究方向，关键是人才梯队的建设。有鉴于人才队伍新老交替，新一代学科带头人对把握学科宏观目标，研究思路理念以及科研项目的设计、运作、评估等缺乏经验的问题凸显出来。为了有针对性地寻求解决办法，首先需要明确学科带头人在学科建设中的地位，定位明确后则实行有为才能有位的具体政策措施。一般而论，学科带头人应是学术骨干的中坚，是学科建设的组织者和领导者，依照国情应实行学科带头人与科室主任单轨制；学科带头人应是实现学科发展目标的重要保障及保持学科研究方向稳定性先进性的主要支撑力量。

二、人才梯队的层次与职能

学科带头人是学科人才梯队的组织者与领导者。学术带头人是学科建设的指导者，多数是学科某一研究方向的奠基人。学术骨干是实施学科科研教学的主要成员，可以是项目与课题的负责人，学科带头人可推荐遴选某位学术骨干做后备学科带头人按照高等院校或科研院所的相关要求进行培养。笔者建议将进站的博士后工作人员与在读的博士、硕士纳入学科人才培养计划之内。对于已越退休年龄的老教授老科学家邀聘为学术带头人，自然德高望重，善于启迪后学是必备条件，而作为指导者关键在于对本学科门类与相关学科、前沿学科领域熟悉、精通的状况，对把握目标与研究方向，具体到大项目的申报、科技成果的评估，尤其是人才培养的规划、计划富有经验与真知灼见，以及其自身的学术地位与影响对学科建设所具有的重要指导作用。对于学术骨干主要要求在本学科门类的成就，需要一级学科的知识与信息，二级学科的基本功，三级学科的专攻，课题与成果落实在三级学科的研究方向上面。还应指出，多学习源的人才培养对中医药学科与多学科渗透融合，培植新兴研究方向至关重要。

一类是生物学、化学、数学、物理学、信息学的相关人才学习中医中药，再一类是史学、哲学、逻辑学、心理学、环境生态科学等学科人才引进与从事中医中药研究，以提高学科在大科学中的活力。对于在站的博士后人员应强调在基础与应用基础研究领域做创新性的科学研究，当做新兴研究方向后备学术带头人加以培养，这对拓展学科影响力与核心竞争力是不可或缺的工作。

三、学科带头人的素质与培养途径

专家群体的牵头人必须在研究方向上有杰出的学术成就，而更重要的是宽广的胸怀，善于做“人”的工作，能团结反对过自己的同志一道工作；具备大学科广兼容的理念，敢于求真求异，提倡敢说“不”的群体；积极扶持探索，能正确对待超常人才，肯于循循善诱，发挥其所长；注意克服“大一统、均贫富”在科技教育界的弊端，鼓励年轻一代脱颖而出。对于中医药学科门类的方法学研究注重科学与人文合而不同互补互动，提倡归纳法与演绎法并重，还有就是肯于吃苦持之以恒，具备锲而不舍的爱国激情。

学科带头人的培养途径有三：首先是研究方向，在稳定的基础上有创新发展的学术骨干可接替上一代学科带头人；通过学术引进消化吸收，多学科交叉渗透融合，构建新的研究方向，成为第一代的学科带头人。再者是承担重大课题项目的负责人，其中包括WHO邀聘与国际多边、双边的合作研究项目，长江学者特聘教授，国家自然科学基金委杰出青年基金以及国家相关部委设立的人才培养计划项目，通过项目运作取得标志性成果，获得国家与省市级与全国性学会科学技术奖励，成长造就专家团队，积淀了竞争学科带头人的实力。应该指出项目运作强调“出成果”，切忌急功近利，营造宽松育才环境十分重要。对于博士授权的新学科点，在设定学科发展目标之后，应着眼于中医药学科门类的新领域，在百米起跑线上构建研究方向，如中医预防理念与预防医学、中医循证医学、生命科学原理与中医学、心理学逻辑学融入中医学的临床基础研究等，按计划选拔人才，送国内外领衔学术机构专门培训，这也是学科带头人培养的途径之一。

四、学科带头人的工作职责

不同层次的教育科研机构的学科带头人有不同的要求，以高等院校为例，高水平研究型院校、科研教学型与教学科研型院校，三个不同的层次，虽然学校都要求教学与科研两个中心，学科建设均重在科研，然而高水平研究型在人才梯队构成、经费装备软硬件的配备等，是按国家队的水平设置，学科带头人的学术地位与影响要求达到或接近国际先进行列。至于科研教学型与教学科研型，依照科研、教学具备的基础与学术知名度的差异，对于学科带头人的职责要求也有所不同。具体说学科带头人的工作职责：第一是制订科学、合理、可行的学科建设计划，必须强调以研究方向的稳定性为核心，全面规划各类人才的培养方案，尤其是后备学科带头人的遴选。学科团队的活力可体现学科带头人以人为本理念与协调协作驾驭全局的水平，关键是“人才”，学科带头人以身作则率先垂范是起码的条件，而善于适时适度地调整人际关系，在稳定中求发展则关乎学科建设计划实施的成败。第二是组织课题项目的投标招标，科研成果评估鉴定申报奖励，组织科技专著与重点论文的撰写与发表，这是学科的支撑，是研究方向稳定性与先进性的展示。目前当以把握激励机制和完善管理制度作为工作重点，投招标要择需择重择优，评成果要公开公正公平。第三是学风建设，有学者说实事求是的良好学风是学科的灵魂，是取之不尽的力量源泉。诸如李时珍、叶天士、居里夫人、爱因斯坦，高尚、纯朴为科学事业献身的精神是今人的楷模。在改革开放处于社会转型的新阶段，将关爱作为教育的基础，善于发现团队内学人的优良品德加以弘扬，应是学科带头人的本职，调动一切积极因素，热爱集体为学科建设出力，当然奖罚分明也属必需。如上三条应是学科带头人基本的职责，不同的教育科研机构还有细则，笔者的一些体会仅提供参考。

五、新世纪中医药学科门类发展趋势催人奋进

科学与人文的融合是新世纪主题思想之一，中医药学科是科学与人文融合比较好的学科，科学求真人文求善，两者互补互动。当今我们需要整体论、系统论、理性论指导下的还原分析，诸如络脉络病与病络的基础研究；辨证行为、处方行为与方剂配伍理论研究；肥胖病与超重、亚健康状态的基础应用研究；中药材道地性与资源保护可持续利用的研究以及中医预防医学、老年医学研究等均展现出优势特色为学术界瞩目。读经典做临床遵循中医药学自身规律培养优秀临床人才，实施中国中医名医战略已经行动起来。还有，模式生物研究方法虽然不可或缺，而重视人体实验，关注临床医学的趋势已见端倪。今天具有社会科学与自然科学双重属性的心理学融入到医学科学之中，使医学的社会性增强了，因此适应社会顺乎自然，注重调节调理调摄调补，维持稳态平衡，促进疾病医学向健康医学转化凸现了中医药学科门类理论与实践的原创价值，成为中华先进文明的闪光点，形势喜人，催人奋进，吾辈学人当自珍重，互相勉励为现代医学科学发展为生命科学的进步多做有益的工作。

脱离时代的作品基本是“山寨”

杨延文

“时代性”是衡量一件艺术品优劣的标准之一。自从清代画家石涛提出“笔墨当随时代”的口号后，“时代性”就一直为艺术家们所津津乐道。然而，时代性是什么？

时代性是所有从业者必须思考的问题。我觉得，每一个文艺家，不只是画家，包括音乐家、作家甚至记者，都应该思考时代性的问题。如果你的作品具有时代精神，就容易被人们认知，就有同感，就与读者拉近了距离，就会产生共鸣。

那么什么是时代性呢？我认为时代性是由这个时代的生活和人文活动所展现的概况，如果艺术家能够把这个概况抓在手里，自然你的作品就与时代同步；如果你不能跟时代同步，你还吹牛说可以引领时代，除非是天才，但这是不可能的。

作为一个画家，总是希望自己的作品能够得到社会的认可，甚至能青史垂名。但是，有些画家总是沉溺于那些程式化的、概念化的创作中，仍然总画一些沉闷的、晦涩的山山水水，这如何让读者接受呢？总的来说，艺术要想发展，不能被未来的人们看到这个时代的艺术烙印，你这个艺术作品基本是匆匆过客，没有多少价值。因为所有的传统作品，都是当时跟上了时代的步伐。所有的传统作品、有价值的传统作品，能够流行的传统作品都是与当时的时代性相合拍。这样产生的文艺作品，才有当时的价值。离开时代，这个作品基本就是“山寨”。

画家往往具有“山寨”思想：自己会什么就说什么好，会的就拼命复制，复制自己、复制前人、复制国外……再把这些“复制品”投向社会，投向市场，误导群众。今天的艺术家所要回顾的就是要问几个为什么，当时的艺术作品为什么留下来，就是因为有了当时的时代性，而且同时具备了艺术性，具备了未来人们参照的艺术性价值观。

时代性从何体现，它还是源于这个时代的生活，这个时代的生活就是根基。把这个时代的人文思想、社会现实、政治主张、国际风云所有综合在一起，你把握了一个全方位的状态，这时候你再以小博大。每一个艺术门类都以小博大，若干滴水就形成了一个“流”，但这个源还是生活。最后我们才能创作出具有这个时代特色的作品。

绘画是一个特殊的艺术门类，是视觉形象，必须用你观察到的社会现象去寻找捕捉到表现这个时代的形象思维，用这个形象思维来展现这个时代。举例说，现在有许多人在画农民工，但是现在农民工也喝矿泉水了，谁现在还拿军用水壶喝水？现在农村的生产都是大生产了，播种有播种机、施肥放在水里就流进地里了、收麦有麦客……时代的变革会涉及每一个人，美术的时代性要深挖当下在总的向前发展过程中人们的精神面貌、各行各业的发展。同时，社会的变革将会推动所有各门类艺术的发展。

对于时代性有人在理解上存在着偏差，认为在绘画中加入一些现代化的设施，加入一些现代化的元素就具有时代性了。其实不然。讲时代性可以歌颂，也可以鞭挞。只不过歌颂那些真善美的东西，鞭挞那些假恶丑的东西，立场不要站错了。

现在，掌握传统艺术的人，固执地认为传统是唯一；掌握现代艺术的人，又固执地认为现代是唯一；搞艺术理论的人，按照自己的主张定标准。总之，就是不管人民，各吹各调。同时，很多画家把职务、岗位作为作品的附加值。这本是风马牛不相及的两件事，却捆绑在一起。结果，大众看到的不是艺术，而是职务。

别人是用理论来说明、证实、补充自己的作品，而我却是以自己的作品来证实自己的理论。

在生活中，我想无拘无束，但不容易做到；在艺术中，我不想无拘无束却做不到，我是一个激情型的艺术家。我不大羡慕别人，不超过别人我就不舒服。有人问我：现在谁画得最好？我说：我！人又问我：未来谁画得最好？我说：我！

中国画学会“第一届全国中国画学术展”评画有感

郭怡孮

中国画学会是全国性的中国画专业一级社团组织，自2011年7月经文化部、民政部批准成立以来，秉承着“传承、开拓、使命”的办会宗旨，团结全国中国画家，积极开展学术活动。

“第一届全国中国画学术展”是由中国画学会主办的大型全国性展览。由厦门当代投资集团、厦门复文美术馆、当代东方投资股份有限公司以及厦门拓文文化传播有限公司承办和协办。展品由两大部分组成，主要部分是由全国广泛征集，自由投稿，并由评委会从3000余件作品中经过初评和复评，最终评出225件入选作品，其中有39件获奖作品。另外一部分是由组委会邀请的部分知名画家的作品，这一部分不参与评奖。

学会邀请了18位专家组成评委会，分人物、山水、花鸟三组进行评选。评委们进行了认真研究，本着发扬传统、认真继承、鼓励创新、支持探索、倡导多样、尊重个性、百花齐放的原则，经过两轮评选，对有争议的作品又经过认真协商，充分发表不同意见，最后达成一致。我们希望通过这次评选、评奖、展出、出版、研讨等一系列活动，激发更多的实践和思考，进而找出引领性、倾向性的学术命题，以提升中国画的理论研究和创作队伍的品质和能力，推动中国画的发展。

我想借此机会谈谈对部分作品的个人感受，与作者和读者交流，以期抛砖引玉。获本次展览一等奖的是姚智雄的花鸟画《春雷》、张纯彦的山水画《黄土地》、梁勃的人物画《云水依依》和庄道静的人物画《夏趣·萤》，就从这四幅作品说起吧！

姚智雄的《春雷》是一幅表现春意盎然、万物复苏、生机勃发的花鸟画，展现了春雷声中满眼新绿的生命气象。用笔酣畅淋漓、墨气盈润、披离点画、神采自出。作者不囿于一枝一叶的具体表达，注重整体气势、气机，又能笔笔有内容，画出枝叶的俯仰向背，似有风雨声。飞鸟展翅而树林迎合，满纸生动又能静气自生，不失为一幅有笔有墨、既写景又写情的大气之作。如果要对此画提些修改意见的话，我认为在层面的构图中再建造骨架，能置柱构梁，画面还会结实。如果在鸟的造型和笔墨处理上再做推敲，这画面的点睛之笔会更精妙。

在制作风盛行的当下，评委们看好这件作品，也有提倡写意精神和倡导笔墨功力的意愿。但评委们绝不希望大家追风，因为写意精神是博大而精深的，生活感受是宽广而丰沛的，笔墨技巧是多样而灵活的，艺术创作和艺术欣赏更是多角度和多层面的。

张纯彦的《黄土高原》，是一幅具有诗性的当代水墨山水画，作者面对积淀了数千年文明的黄土高坡感叹地说："厚重而温暖的美深深打动了我，沟壑、田埂、稀疏的树木、错落的窟洞，在自己的脑海中组成了一幅单纯而极富形式感的画面。"显然这不是完全从写生中来，但却是从生活中来，而经过画家的艺匠形成的"胸中之竹"。作者力求寻找一种新的表现语言，适当运用了一些当代的构成、组合观念，既具叙述性又富表现性，以展现对这片炎黄子孙繁衍生息的黄土地的深深体悟与感动。中国山水画的传统笔法在这里有点失语，但并不影响这幅画的价值，评委们也鼓励这种探索。如果能在传统与生活中深挖一步，对传统有更深的理解，具有更全面的技术积累，这心中的感受还会表达得更为完美，气势与笔力上会更雄强。我感到这幅画还是软了一点、轻了一点。抓住黄土高原的魂，感受再实践，实践再感受，不怕不会出好作品。作者还年轻，希望不要被获奖所累，这正是一个新的起点。

人物画获一等奖的两幅作品，都是精勾细染的工笔之作，表现方法却截然不同。《云水依依》以浅绛的手法，把我们引入了“浣纱”的溪畔，一种安宁、平静、舒缓的生活景象。那是作者在深入大凉山彝族聚居地时，更多地感受到现实生活中原本的贫困与艰辛，反而促使他以抒情的笔调来歌颂彝族妇女内在的美和对美好生活的向往，因此这幅画就有了水一般柔美和泉水一样甘甜的内在主题。山泉、坡石、水口和葱茏的植被，都蕴含着女性的柔美和细腻。

这件作品在造型上还有待提高，脸部有些概念，人体动态上也缺少内在结构。问题出在造型基本功上，梁勃同志工作在基层教学单位，并非专业画家。但在今后的创作中，以创作带基本功，以创作补基本功，完全是一件可行的事。

庄道静的《夏趣·萤》，营造了一个现代都市女孩的童话世界，夜空里、烛光下，萤火点点，似真似梦，氛围的营造使画面多了一些神秘感，展现的是这些现代女孩繁忙的工作学习之余的另外一面。我感叹作者对情感把握的细腻和运用多种技法的能力，在润物细无声中投入了足够的情感。作者具备了较高的写实与提炼的能力，特别是在线条的运用上，疏密相间、虚实相生，白描与晕染结合得恰到好处。画面两组分隔，移步换景，不同时空，增添了作品的丰富感，是一幅很耐看的画。

有人说这不是一幅重大题材，还带有一点唯美情调，这些都可以展开评说。但作者十分熟悉周围这一群人的精神生活，富有足够的艺术感受能力、想象能力和表现能力，这是评委们所肯定的。

获二等奖的有七件作品，山水画中有孙宽的《院里山水》和吴伟波的《响泉》。《院里山水》是以作者的家乡苏州园林为蓝本，在纸上“造园”，似乎在设计自家的院落，自由地筑山、理水、栽树、莳花。作者深有生活感受，又不满足于完全写实，鸟瞰式构图别具一格。表现方法上也有特点，特别是运用了传统画水的“网巾法”，在表现园林之水“洁、虚、动、文”的审美特征方面颇费经营，显示出一种静穆、温婉的江南气息。作者的父亲就是一位擅画江南林园的中国画大家，这也算是父子接力，作者甘苦自知：既有优势又具压力，既要继承又需创新，但愿经过艰苦努力青出于蓝。与作者交谈中他深感笔墨功力的欠缺，这是中青年画家需要共同努力的地方。此画中太湖石的画法还不够典型，如何使山石和植物的关系更自然和谐，如何潜意识地表达出中国园林的精神之美，这都需要不断探索。

吴伟波的《响泉》是一件气象很大的山水画，两旁书写的华嵒的山水诗，是这件作品的灵感之源。中国的山水诗和山水画都是中华奇葩、中国诗情的现代朗照，是当代山水画家们创作的高境界，愿有更多的诗情画意的好作品出现。

《响泉》一作从“响”字出发，山峦起伏，山风吹来，飞瀑如雪，雨洗山翠， 林木葱郁，空谷中如有轰鸣之声。作者下笔雄健、笔法流畅，古人言“笔所未下气已吞”，画出了大山大水的气魄和灵性。如果近处的林木能更加见笔法，层次更加分明，河谷更加蜿蜒纵深，造境将更加幽邃。追浑厚华滋之感、下笔老辣、气象蓊郁，这是我对这件好作品的期盼。

李增义的《冬月》是一件十分别样的画，物象单纯、韵味自生。正因为别人很少这样处理，才引起了评委们的注意。李增义是一位生活在河北农村的农民画家，他描写的就是他家乡周边的山和树，他说：“我一直沉醉在大自然的浑然天成的生生不息的感悟中，非常希望把身边的自然景物进行艺术的升华。”这是一个农民的朴素愿望，一种对美的自然追求。山中的两株幼松给人们带来了生机，呼唤着春天的满山新绿。此画构图简洁，寓意深远，表现充分，让我们浸沉在欣赏新生命的纯美之中，愿这位农民画家尽展其才，把自己身边的自然景物和他深刻的体验尽情表达出来。

宋振成的《黄金珊瑚》以激情的笔墨、瑰丽的色彩、多种材料的综合运用，营造了一个热带植物的家园，是作者深入西双版纳热带雨林而获得的感受。热带雨林是不少画家正热衷探索的画题，那茂密、葱茏、艳丽的花木，那争芳斗艳的草木精神，那热带雨林的原始林相，花、鸟、树、石、苔、水、藤的有机组合，那大自然的强韧生命力，那蓬勃的山野之气，都在等着我们去发现、去表现、去开拓花鸟画的新天地。我是这个队伍中较早的一员，曾无数次进入热带雨林，我愿与中青年画家朋友们携手共进。

《高原兵花儿》，作者范墨是中央美术学院的研究生，在西藏军区大院结识了几位女通讯兵，她们坚定、乐观、自信、开朗，如同西藏高原盛开的格桑花，立即引起了作者的创作冲动，心灵碰撞出火花。作者选择表现她们艰苦训练和工作之余才会流露出的、属于她们那个年龄段的女孩子们的轻松状态，我们却能从中看到这些女孩们献身祖国国防事业的坚强豪迈。稳定的三角形构图使女兵们娇美的身段如丰碑一样矗立在那里，给人一种崇高之感。我很喜欢这件作品，但其也有有待提高的地方，如脸部的刻画。虽然这些面孔都很真实、很生动，但不如衣服般处理得艺术，有点过于自然，有些形象可能过多地参照了照片。影像资料虽然可以作为参考，但提高艺术表现力和造型力更为重要。

《伽蓝下的精灵之十》，“伽蓝”是梵语“僧伽蓝摩”的略称，指僧众所住的园林。这是一幅以佛教寺庙中戴面具的祭神舞蹈为题材的创作，作者借鉴了传统壁画、古代线描、插图版画以及皮影等多种造型元素，利用充满象征意味的面具、法器、服饰、夸张的动作，利用“伽蓝”这一独特的建筑式样，把宗教文化的氛围表现得十分到位。我喜欢这幅画造型的精美与和谐，在材料的运用上也匠心独运，手工皮纸把色彩的原始美尽显出来。曲直方圆、体面虚实，这些绘画规律的恰当运用说明了这位青年女画家不凡的修养。自 2011 年以来，她连续画了十多张类似题材的作品，不断地探索、修定，这种严肃的创作态度不正是值得提倡的吗？

李军（李夏青）的《节日》，是描写哈尼族的传统节日——嘎汤帕节的场景。作者选择了在演出之前一对母子和准备上台演出的人们的一个自然瞬间，采用大聚散的团块式构图，画面整体又重点突出。这是一种以写实、写生为主的写意人物画法。

对这一表现形式和方法，我想从历史发展和当前现状上说几句。自徐悲鸿、蒋兆和先生以来在中国传统人物画的基础上引进西方写实技巧，这是时代的需要，经过几十年、几代人的努力，这种创作方法已成为人物画创作的主流，徐悲鸿、蒋兆和、叶浅予、李斛、黄胄、方增先、卢沉、姚有多、杨之光、周思聪、刘大为、刘国辉以及许许多多活跃在人物画创作的第一线画家，都是在这条路上共同探索，达到了中国美术发展史上人物画的一个新的历史高峰。这些人里有我尊敬的师长和熟悉的朋友，我深知他们所做的努力是呕心沥血的，在中国人物画的重大转型期，做出了极大贡献。他们在造型上下的功夫，在笔墨表现上下的功夫，在二者结合方面、在创造自己的造型和笔墨语言方面所下的功夫都是令人敬佩的。遗憾的是当前出现的一些现象并不让人乐观，缺乏对生活的体悟，更缺乏对笔墨造型的严格训练，创作时依靠照片，对造型的思考少了，能力差了。我们知道造型与笔墨这是写意人物画家必须具备的两个基本要素，造型是人物画的生命之本，皮之不在，毛将焉附？形之不准，神何以出？没有形的支撑，难以想象会有好的笔墨效果。但笔墨又是撑起写意人物画的利器，记得叶浅予先生当年领导我们教改时，曾力主人物画科的学生先上花鸟画课，先熟悉一下笔墨这一武器，也是很有道理的。在当前出现的急功近利和浮躁的思想影响下，造型的意识日渐弱化，笔墨日渐空虚，正是中国画在发展中所遇到的共同问题。特别提到人物画，是因为人物画是中国画三个画科中的重中之重，人物画的发展进步，会起到重要的领导作用。我也欣喜地看到，少数有担当的中青年人物画家，已经认识到他们肩负的使命，勇敢地担当起继承发展的责任，在造型与笔墨的两极努力探索，创造了新的笔墨语言，以展现写实与写意的双重魅力，加深笔墨的感染力和表现力。我希望这部分人越来越多起来，形成气候，共同攻关。

在这次展览中还有很多作品是我很喜欢并值得我学习的，其中有刘丹蕾的《银装素裹》，取材于雪后大山里的野棉花，很独特，泥金纸的富丽堂皇，墨、色、粉、水的冲撞渍染，没骨技法的巧妙运用，画面的构成和装饰趣味，都给我留下了深刻的印象。陈丽的《若花非雨》是一幅现代版的江南烟雨图。姜雪峰的《晴雪》，一改寒林疏雀的冷寂，而是一首迎春的乐曲。李雄范的《咱村乐队》，精勾细染，意趣自生。还有《红河谷》《高原风》《最迷彩》《五月花开》《山的呼唤》《愿借古法开新境》等就不再一一评说。

我们知道，评选和评奖活动，每次都会留下一些遗憾，也会引起争议，这是难免的，评委也是仁者见仁、智者见智。获奖之作并非十全十美、无懈可击，未能入选和获奖的作品也不乏优秀之作。通过评选、展出、出版、研讨，充分听取广大画家和群众的意见，以推动中国画的发展就是主办这次展览的初衷，我们将一届届地举办下去。

从这次展览中我们可以看到，许多画家正在不断加深对中国画这一民族传统绘画的深度思考，这个思考就是我们怎样才能创造出具有民族特色和人文传统的，又能具备现代文化特质和文化功能的新的中国画。这既要我们从世界当代文化的高度来探索中国画的民族特色及可能对世界艺术发展的贡献，同时又要探索中国画的现代之路，任重道远。中国画学会愿与广大中国画家共同努力。

"将无同"：文化融合是人类未来的大趋势

刘梦溪

"三语掾"

"将无同"这三个字，出现在中国历史上学术思想最活跃的魏晋时期，约为公元220年至420年。当时流行的学术思潮是玄学。学者们围绕"名教"和"自然"的主题，展开激烈的论辩。看法虽然不同，双方的风度很好。他们不轻视对手，只论理，而不在意对手地位的尊卑。

"竹林七贤"是当时一个有名的知识分子群体，诗人阮籍和音乐家嵇康是"七贤"的领袖。他们的立场倾向于与"名教"对立的"自然"方面，狂简任达和思想自由，是他们追寻的目标。王戎是"七贤"最小的成员，比他大20岁的阮籍，本来与王戎的父亲王浑友善，后来接触到王戎，相见大乐，此后便只愿意和这个年仅15岁的"阿戎谈"，置王浑于一旁而不顾。

清谈者的姿容仪态也很讲究，最尊崇有范儿的是王戎的从弟王衍，据说他清谈的时候，"神情明秀，风姿详雅"，手里拿的麈尾以玉为柄，因皮肤白皙，手和麈尾的玉柄浑然无有分别。另一位清谈名家乐广，以渊默简要著称。王衍和乐广，极尽当时名士风流之盛，成为魏正始时期的清谈领袖。

清谈在哲学层面发生的争论，是关于宇宙世界的"有"和"无"的问题。中国古代两位天才的思想家王弼与何晏，就活跃于此一历史时刻。关于"有"和"无"的争论，参与的人比较少，"名教"与"自然"的争论牵连面广，参与的人多，持续的时间相当之长。"名教"关乎政治伦理秩序，"自然"关乎个体生命的自由。王弼的观点主要见于他的《老子注》一书，何晏则注《论语》，两人各自从道家和儒家的最高经典追溯自己思想的源头。哲学论争和"名教"与"自然"的争论互为表里，包括高人、雅士、名流在内的魏晋知识分子群体，鲜有置身于这一时代主题之外者。

但到了下一代，情况发生了改变。《晋书》记载，阮籍的从侄孙阮瞻，一次拜见当时已经位至“三公”的王戎。王戎问这位年轻人：“圣人贵名教，老庄明自然，其旨同异？” 阮瞻回答说：“将无同。”当时圈内人士称阮瞻的回答为“三语掾”。“将无”是不含实义的语助词，“将无同”就是没有什么不同，也就是“同”。前辈们争论不休的“名教”与“自然”问题，到下一代人那里，已超越对立，摆脱执着，变成无须争论不必争论的问题了。

《世说新语》的类似记载，是王衍和阮籍的侄儿阮修的互相对问。诚如大史学家陈寅恪先生所说：“答者之为阮瞻或阮修皆不关重要，其重要者只是老庄自然与周孔名敦相同之说一点，盖此为当时清谈主旨所在。”（《陶渊明之思想与清谈之关系》，陈著《金明馆丛稿初编》，三联版，页203）《晋书》记载，王戎听了阮瞻的回答，“谘嗟良久”，最后表示认同。当年持论甚坚的清谈领袖，在时代前行的年轻人面前低下了高贵的头颅。

破除“迷执”

事实上，人类历史上的许多惊心动魄或者惊天动地的争执和论争，到后来都因趋同而化解或由于折中而和合。人类的思维之路所以无限曲折，是由于人们有“执”：执于“一”，而不知有“二”；执于此，而不及于彼；执其始，而不知所终，未能做到孔子说的“扣其两端”。理论运用得僵硬，也会成为“理障”。《华严经》上说：“一切众生具有如来智慧德相，但以妄想执着而不能证得。”这是说，人类本身并非不具备拥有“智慧德相”的条件，只是由于自身的“妄想”和“迷执”，包括“理障”，而不能够实现“证得”。“证得”就是“证悟”，亦即思想的“觉悟”。不能“证得”，就是不得“觉悟”。

文化自觉

如何开启人类的“觉悟”？我国已故的老一辈文化社会学家费孝通先生，

诉诸理性良知，晚年提出“各美其美，美人之美，美美与共，世界大同”的文化论说，即主张世界上各种不同的文化，都有其优长之处，我们既要看到自己的长处，也要看到他者的长处。所以需要“各美其美”，也要“美人之美”。也就是尊重差别，尊重文化的多样性。“美美与共”，指人类的文化最终会走向融合。这是费先生的关于“文化自觉”的理论，对陷入“迷执”的今天的人们而言，无疑是“润物细无声”的春日喜雨。

我国另一位百科全书式的大学者钱锺书先生，他在早年的著作《谈艺录》中也说过：“东海西海，心理攸同；南学北学，道术未裂。”钱先生的意思，东方和西方，各个国家民族的不同人群，彼此的心理结构和心理指向，常常是相同的。已故的哈佛大学中国学学者史华慈教授，提倡“跨文化沟通”，甚至提出语言对于思维并不具有人们想象的那样大的作用。所以有时尽管语言不通，也不是完全不能交流，甚至还可以发生爱情。人类的“同”其实远远多于大于“不同”。

只看到人类的“不同”，是因为“有执”，包括“我执”和“法执”。各种预设的“论理体系”，有时也会成为隔断人类正常交往与交流的围墙。过多地强调人类的“不同”，是文化的陷阱。

“与人同者，物必归焉”

中国最古老的文化经典《易经》，其“系辞”写道：“天下何思何虑？天下同归而殊途，一致而百虑。”这个意思是说，人类的不同在于方法和途径，也就是“化迹”的不同，最终的结点总是要走到一起。《易经》“睽”卦的“象辞”也说：“君子以同而异。”所以不同，是因为有同。与其标立彼此之“异”，不如首先认同求同。这一道理，《易经》的“序”卦，有更为直接的论证：“与人同者，物必归焉。”亦即要达至众望所归，得到他人的认同，自己必须首先“与人同”。大家熟知的孔子的名言“君子和而不同”，讲的也是这个道理。

不同也可以共处在一个统一体中，不同也可以达成“和”的泰局。

“仇必和而解”

对这个问题阐释得最深刻的是中国宋代的思想家张载。他在自己的代表著作《正蒙》中，用四句话表达了他对整个宇宙世界的看法。这四句话是——

有象斯有对，

对必反其为，

有反斯有仇，

仇必和而解。

我把这四句话，称作张载的“哲学四句教”。因为他还有另外的“四句教”，即“为天地立心，为生民立命，为往圣继绝学，为万世开太平”，表达的是宋儒的集体政治理想。

张载的“哲学四句教”意在说明：宇宙万物，山川河流，微尘草芥，个体生命，这一个个有形的物体，都可叫做“象”。“象”不重复，人有人象，物有物象。同为人，象也不同。所谓“佳人不同体，美人不同面”。而“有对”，就是指“象”的不同和不同的“象”，它们各自所处的位置。西哲说，“世界上没有完全相同的两个个体”，也是此义。“象”不是静止的，它运行流动，无往不在，无处不在。不同的“象”，流动的方向不必相同，因此象与象之间“反其为”的情形时时会出现。第三句“有反斯有仇”，不必理解为仇敌的仇。这个字的古写，作“雔”，校雔的雔，两只短尾巴鸟，唧唧咋咋地争短论长。但结果不是一个吃掉另一个，而是互相校正，你校正我，我校正你，存异求同，和合共生，乐莫大焉。

关键是最后一句：“仇必和而解。”简单地说，宇宙间万事万物，不过是对待、流行、校正、和解而已。对待与流行的结果，不是吃掉、消灭，而是通过校正，达至和解、共生。“度尽劫波兄弟在，相逢一笑泯恩仇”，这是中国大作家鲁迅一首诗里的话，最能得张载义理的真传。

结语

张载哲学启示我们，世界各文明之间，虽然存在差异，却不必然发展为冲突。人来的未来，世界历史的大趋势，是走向文明的融合而不是相反。因此我个人无法赞同前些年哈佛大学亨廷顿教授提出的“文明冲突论”。他把西方文明跟伊斯兰文明跟儒教文明，视为不可调和的“冲突体”。这个理论是站不住脚的。他只看到了不同文化不同文明之间的差异和纠结，没有看到不同文化之间的对话、沟通和“化解”；只看到了“文明的冲突”，没有看到文明的融合。

世界上不同的文化、不同的“文明体国家”，需要通过交流与对话达成文化的互补与融合。冲突是人类文明的“反动”，是礼仪文化的“弃物”。所以孔子说：“礼之用，和为贵。”“和”才能成礼。冲突是愚蠢的失礼行为，为人类文明所不取。人类如果因文化的差异与“不同”而出现偶然的对立，彼此当事方应该通过沟通对话，达至“和而解”，而不是走向“仇而亡”。这是中国古老文化的智慧，也是人类本性和人类理性所应该指向的目标。

“打破金盆归庾岭，人间才有自由花”
——近代台湾诗坛的击钵联吟现象

白少帆

击钵催诗，起于炫才斗捷。记载：“竟陵王子良，尝夜集学士，刻烛为诗。萧文英曰：顿烧一寸烛，而成四韵诗，何难之有？乃与丘令楷、江洪等，共打铜钵立韵，响灭则诗成，皆可观也。”嗣后，这种充满竞赛意味、急就成章的文字游戏，至宋渐盛，明、清延继，但以中原地区为主，多行于文会吟宴场合，只作余兴节目看待，而非诗坛活动的重心。

到了清代道光、咸丰间，传承千年的刻烛击钵遗风，在福建沿海首先发展为诗钟的形式，广东也相应有之。徐珂《清稗类抄》说道：“诗钟之为物，似诗似联，于文字中别为一体”；“昔贤作此，社规甚严。拈题时，坠线于缕，系香寸许，承以铜盘；香焚缕断，钱落盘鸣，其声铿然，以为构思之限，故名诗钟，即刻烛击钵之遗意也”；“始于道、咸间……至近代而大盛，作俑者为闽人……粤中亦有之也”；“诗钟分两体，曰嵌字，曰分咏”。

闽人好文，文风始于五代。到了明清，闽岸俨然已为海内文学重镇。闽士文思宕越，文采俊逸，这跟闽地山海结构的独特环境不无关联。而台湾这个中国人的社会，从明末的“遗民世界”衍变为清代中叶的“移民天地”，其主要人口来自闽南的泉、漳二府。闽台之间的地缘、血缘以及史缘、文缘，向来密切无分。即因如此，前述始创于清代道咸时期的闽派诗钟，过海传到了经由移垦社会进入文治社会的台湾。

在此之前，岛内已有诗人结社的历史。清康熙二十二年领台后，官员文士纷纷渡海而至，南明遗老亦有健在的，于是会合而组成台湾第一个诗社“东吟社”。东吟社与同一时期在大陆的复社等诗社基调不同，“旨在联吟，不谈政治”，这是因为离岛台湾特殊的历史际遇使然。

闽派诗钟传入台湾之后，逐渐转化为台湾式的诗钟。台湾诗钟讲求“以唱为重”、“宣唱联句”的发表方式，创作上提倡“熨帖自然”。典句和空句的做法，严格要求，特别是空句得须“看似寻常而有故实”。在体例格式上，除闽派诗钟的嵌字体（含凤顶等七个正格和魁斗等九个别格）及分咏体之外，还派生出合咏和笼纱两体；嵌字体中，新增流水格。

合咏体句拟七律的中联，题目不论写景、言情或者怀古、咏物均可；一题作一联，禁犯题面字，并且必须拈一绝不相涉的字，嵌于联句之内。诗会时，临场加嵌一指定字的用意，在于杜绝宿构。例如，题目“燕”，嵌“灯”字，范联为“故垒尘封兵后屋，空梁泥落佛前灯”（丘逢甲作）。

笼纱体规定，随拈二字为题，据典成联而不露字面。例如，题拈“小”、“东”二字，范联为“春尽惜非三月大，韵平翻在二冬前”（唐景崧作）。

至于流水格，其实是碎锦格的变格，不同处在于句子的眼字须顺序而下，不能倒置。例如：《落花无言》为题，范联有“落魄不堪花事闹，刺心无过冷言侵”（王夷轩作）。

诗钟之会，其定规大致与内地相同：（一）与会者推举代表出题，体裁格式也在当场决定；（二）推举代表捻韵，平韵为主，罕用仄韵；（三）推举词宗，分左、右词宗或天、地、人词宗，每卷（就是一联，闽派诗钟例做四联，但台湾诗钟则不拘若干），诗稿抄成两份或三份，由两到三词宗评选；（四）当场以钟刻或香烬为时限，限到截止（约三至四小时），不得再投。还有，在格式之外，其体例不成文的限制，诸如：不准失黏，忌用重复字，禁露题面字，不使用僻典，不能不扣题等。

清光绪十二年（1886年），台澎分巡兵备道、兼理提督学政唐景崧在其道署内设立斐亭吟社，首次公开以“击钵吟”之称为号召。1908年，日据后的第十三年，新竹县的竹梅吟社出版了首部作品合集，即以《台湾击钵吟集》之名面世，标志着台湾诗坛已成功地从诗钟过渡到击钵吟了。除保留清初东吟社“旨在吟咏，不谈政治”这一传统之外，作品体裁则从诗钟的联句扩展到包括七律和七绝。这时，岛内各诗社的活动已全面采用击钵催诗方式，以寓训练，不再当作余兴。

从斐亭诗社创设的1886年，迄于日人据台的1895年，其间是台湾击钵吟的崛起阶段。在当时，击钵吟对台湾诗界起到三方面的积极影响：其一，开创诗社活动常规化的风气。其二，促进台湾各地、各界文学爱好者的联谊，也因此创造了与大陆来台同道进行切磋交流的机会。其三，推出了一批佳作名篇。

然而，从“沧桑后”（当时的台湾士人以此隐喻台土沦于日寇）岛内诗社的主力人物如唐景崧、丘逢甲、施士洁、林鹤年、陈浚芝（都是清季进士）等人，相继离台，内渡大陆，直到1902年台中栎社重振之前，岛内击钵吟活动处于沉寂状态。不过，日本统治当局却于据台的第三年，即1897年，在台北成立了以日人为主体的“玉山吟社”，介入台湾诗坛。参加该社活动的成员有日吏、汉文学者和汉文学爱好者。在这一年里，“台北知事”村上淡堂邀集日、台两方诗人在台北联吟，随后诗稿结集付印，名为《江籁轩唱和集》。同年，来台履新的第四任“台湾总督”儿玉源太郎，更以《南菜园偶作》一诗（“南菜园”是他为自己寓邸取的“雅名”），令邀全台诗人步韵唱和，后结集为《南菜园唱和集》。1900年，“台湾总督府”在台北淡水馆大花厅召开“扬文会”，点名前清进士、举人、贡生、廪生等一概到会，会上有吟诗唱和者，也有噤默吞泪者。

日方这种举措，无非是使用怀柔、羁縻和笼络的手段，来诱使岛内以士绅阶层为主的诗人淡化敌意，疏远祖国，逐步渗透“虽异族而同文”的观念，最终接受其驱使。不过，现代日本学者另有一说：“甲午一役，日本战胜了老大国清朝，也丧失了过去长时间日本人对中国文化所抱的尊敬之念。日本的汉文学陡告衰退的形势下，要在日本本土以外重振日本汉文学”（绪方惟精：《日本汉文学史》）。在此形势下，置身其间的击钵吟诗社的创作活动，由于空间已被压缩，性质也起了变化，而不得不走向时间的尽头。

从1902年台中栎社重振，到1923年台湾新文学肇始，是击钵吟徘徊于末路穷途的一段时期。这一时期，击钵吟的创作活动呈现出一番虚假的繁荣。表面上看，诗社林立，活动频繁，然而究其实质，诗题多由有趣归于无聊，作品内容空泛。诗社中的有识之士，对击钵吟的日趋堕落也明察于心。为此，栎社的发起人林朝崧有感而发地说：“吾故知雕虫小技，去诗尚远，特藉是为读书识字之楔子耳。”林氏身后，其遗著《无闷草堂诗存》如嘱不收录击钵吟的作品。

南社的发起人连雅堂也一再指出："夫击钵之诗非诗也。良朋小集，刻烛摊笺，斗捷争奇，以咏佳夕，可偶为之，而不可数，数则诗格日卑，而诗之道塞矣。然而今之诗人非做击钵吟之诗非诗，是则变态之诗学也，可乎哉？"从而可以观测到岛内传统国学界对于击钵吟诗会的态度，虽然宽和，但在验对诗人的文化使命感和诗作的品质方面，仍是相当严格的。

当新文学运动发起，由于抱持"五四"中国人文精神的革新派与"珍惜遗民风骨"的传统派之间的交会点在于反抗日本的殖民同化，因此，在日人利用同文手段来推动其同化政策的同时，击钵吟的活动正加速了"旧文学"阵营内部的分裂。然而，新文学运动中的急进者因一时看不清这种情势，未免过于粗率地悉将"新"与"旧"对立起来，以致触怒了国学派人士。

"旧文学"范畴内的国学派与击钵吟派之间，也有论战。前者曾公开指出后者的七大毛病："作者多于读者，根底薄弱；模仿古人，失去天真烂漫的性灵；借用成语，不重创作；伪托他人之作，以造成儿女、门徒、情侣之名气；谨仰词宗鼻息，以邀膺选；无中生有，描写景物多出虚构；如同商人广告，一诗连投数处"（黄衫客：《台湾诗人的毛病》）。尽管如此，国学派领袖连雅堂则以史家宏观的眼光看待："三十年来，汉学衰颓，至今已极，使非各吟社为之维持，则已不堪设想。"

从积极影响方面观察1902年到1923年间击钵吟这一文学现象，连雅堂的评语为其一。其二，作品运用和记录了大量中国历史典故和民俗风情，这种对祖国文化的依恋和认同，回应了在日本统治下台湾人民共同的心声。其三，作品内容并非"概以咏物为主"，其中颇多借题发挥以宣扬爱国思想的佳作，举如，刘竹溪的《春燕》：

几经世态阅炎凉，故垒何曾一日忘；

穿巷不堪余夕照，归巢忠贞好风光。

又如，林痴仙的《盆梅》：

不辞风云老天涯，傲骨偏遭束缚加；

打破金盆归庾岭，人间才有自由花。

明清以降的台湾文学，是中国古代文学、近代文学和现代文学的组成部分。但就创作的体裁来看，古代和近代的台湾文学除诗歌外，在散文、小说和戏剧等方面，乏善可陈。这情形或可归因于其地初辟、人文底蕴尚薄之故。

康熙二十六年（1687 年），台湾作为福建的一个府治，士子首次渡过海峡赴省城福州应乡试；到了乾嘉时期，科举出身的本土诗人逐渐成为岛内诗社主力。可是，从光绪乙未年（1895 年）起，朝廷割让后的台湾既无新科举人和进士，老成者又内渡以去，加上日人介入诗会，而商贾、政客穿梭其间等因素，终使近代台湾文学的最后一幕——击钵吟现象，在白话新文学兴起的第三年（1923 年）让出文坛主位。前后 200 年的古典传统期台湾文学，于是进入了现代的演程。

题画诗一组

薛永年

题李可染《百万雄师过大江》图

领袖诗词入画，笔端生面别开。

高情伟业赞雄才，意境浑成豪迈。

江上千帆竞渡，雄师百万齐挥，

摧枯拉朽扫尘霾，开创人民时代。

题潘天寿雁荡山花图

奇绝空山雁荡花，清刚遒雅势横斜。
生机无限开新径，师首班头忆大家。
（昔年报刊专版有“画坛师首，艺苑班头”之誉）

题黄胄动物册

肖妙如生出，谁云犬马难。
传神勤速写，画路海天宽。

题宋文治太湖香雪图

万树梅花傍水隈，寒香断续趁风来。
五湖烟水多帆影，载得春光去又回！

美术理论与文化自觉

薛永年

新时期以来，美术史论批评获得了前所未有的发展空间。思想的解放，解除了禁锢，美术事业的繁盛，推动了著书立说，写史评画，新见迭出，异常活跃。但同时也存在问题，最容易被发现的问题，是在美术批评方面。

失语失信与批评标准

对于美术批评的诟病主要有二，一是所谓失信，亦即批评文章缺乏公信力。好像批评不需要学理的支撑，桂冠可以靠市场来打造。二是所谓失语，亦即对该批评的现象默然无语。就批评家而言，是面对复杂纷纭的美术现象和美术思潮，失去评判准则，无法衡评月旦，难于激浊扬清。就批评话语而论，是以用西方的理论体系来阐释中国当代美术的发展，用外来词语来描述中国的美术现状，是西方学术语的滥用，亦即“中国文化的失语”，中国文化的缺位。

美术批评不是离开美术特性的价值判断，往往与创造性的鉴赏活动连在一起。理论家的批评不是为自己的理论找例证，而是包括用社会艺术实践来检验自己的理论。美术史家的批评不光是为画家确定历史坐标，而是从联系的事实中抽引有助于前瞻的认识。美术批评的受众，有美术家，也有大众。对于大众，美术批评家像导游。对美术家，美术批评家像诤友。合格的美术批评，既体现社会化的思想价值观念和艺术品评标准，又是批评家个人的发现与创造。美术批评的失语与失信，反映了中国批评标准的缺失，反映了全球化语境下与市场大潮中尚未建立起一套适合中国问题和中国经验的可以涵括各家各派的美术话语体系。

新时期以来，打破了“文革”中的众口一词，美术界也出现了不同声音。持不同看法者，甚至争得面红耳赤，后来有人主张，你说你的，我说我的，互不交锋，多种意见，都享有自己的空间，拥有自己的受众。这种不同主张并存而不碰撞消长的局面，提倡了搁置争论，避免了意气用事。但美术批评旨在弘扬真善美，批评假恶丑，尽管批评家会因角度不同学养差异各有所见，但大的目标应该是一致的。目标的体现，靠的是批评标准，“文革”前的标准有两个，一个是政治标准，一个是艺术标准。但是“极左”思潮成为主流话语之后，政治标准强化了，艺术标准淡化了，甚至把政治思维代替了艺术思维。在艺术作品中，艺术与政治的关系，往往通过道德、审美等中介起作用。但衡量艺术作品不可能没有社会标准，现在，大量的评论讲个人化的标准多，而且偏重于视觉效应，讲社会性的标准少，对心灵效应理解肤浅，没有充分体现担当精神和责任意识。

新时期以来，批评家的共识是尊重艺术规律。要尊重艺术规律，就不能不看到，艺术既有自律性，又离不开外部条件，或者说亦有他律性。美术批评不能没有个性，也不能不体现一定的社会性，不能不承担社会的责任和历史的使命。切实承担责任和使命，就涉及了两个标准。一是社会价值标准，是简单地照搬西方的或古人的文化价值标准，还是树立既是民族的又是当代中国的文化价值观念。二是艺术标准，是离开艺术规律地放言高论，还是遵照艺术规律，既鼓励探索创新，又实事求是地评价其高下优劣，把标准中的新和好统一起来。任何人都可以批评美术作品，但美术批评家的批评，不能没有专业的学术性作依托，按马克思把握世界方式的理论，艺术是一种方式，是与宗教的方式、实践-精神的方式同等重要的，它们是互相不可替代的。

国际语境与文化自觉

当代的美术批评，必须针对如今的美术实际。如今的美术实际，处于全球化的格局中，国人的开放包容，使国际美术交流日增；市场机制的效应，使西方文化传播愈甚。从上世纪后期在西方渐兴的新形态艺术，比如观念艺术、装置艺术、行为艺术、多媒体艺术，不仅已被国人了解，而且国内也有了这方面的探索与实验。百年以来，积弱不振的中国，一直从西方寻找真理，并且引进西方艺术。此前，只有传统的绘画，20世纪以来，则油画、版画、水彩画、水粉画纷纷引进，经过几十年的培育，早已落地生根，成为中国的美术品种。新时期以来，中国不仅有自己的传统美术形态，而且也拥有了西方几个世纪陆续出现的美术形态，当然也包括各种融合中西形态的艺术。

当今世界经济科技的高度发展，并没有解决人的精神归宿问题，因此在经济全球化的情势下，文化的多元化成了大势所趋。作为文化的载体，美术也是如此。世界各民族艺术的发展，并没有历史必然的宿命。西方新兴的观念艺术、装置艺术、多媒体艺术，有其必然出现的逻辑，但旧有的架上艺术——包括中国的卷轴画，不仅在中国，而且在其他国家，也有其不可能被取代的价值。非架上的新媒材艺术与架上的传统媒材艺术的并存，正是文化多元化的特点。二者间的张力、互补与渗透，既有利于艺术的发展，也顺应了不同受众的需求。

在文化多元化的当今世界，要走自己的民族艺术发展之路，形成民族的当代的批评标准，建构自己民族的话语体系，必须以文化自觉为先导。美术批评家需要全面的美术史修养、系统的美术理论知识，还离不开方法论，但更重要的是文化自觉。所谓文化自觉，即文化主体的自省能力与自信意识。一层意思是对民族文化的认识减少盲目性，增加自觉性，意识到文化是民族的血脉，是人民的精神家园。第二层意思是对本民族的文化和外来文化及其相互关系有清楚深入的理性认识。在20世纪的美术史上，宗白华的美学、陈师曾的文人画论、黄宾虹的“道咸中兴”说、潘天寿的《域外绘画流入中土考》及其“中西拉开距离”说，善于把绘画及其思想的发展放到世界范围的社会历史的进程中去考察思索，探求其渊源流变的轨迹和因果关系，从而在西方文化的冲击下，围绕着中西古今之争为中国画自主的生存发展提出了不规避吸收西方的营养又不被主流话语遮蔽的有历史依据的系统见解，反映出那一代学者的文化自觉意识。

构建中国当代的美术理论

目前我们所处的时代，是前所未有的信息时代，中国又处在迅猛的城市化进程中。电子媒体、数字媒体，以图像的形式深刻地改变着文化生态和艺术的感性方式，城市化的迅疾发展，带来了以娱乐性挑战传统艺术功能的大众文化。而当前的美术理论和美术批评虽然在与时俱进，但思想活跃而观念纷杂，因此，没有对当代美术学理的深入探讨，批评就必然不可能学术化。当前有的理论是富于历史使命感和社会责任感的，但研究新情况新问题不够，遇到具体问题还是政治思维。有的理论是伴随着网络化媒体化和城市化从国外引进的西方理论，缺乏分析，缺乏结合中国国情的取舍，就被媒体和专家广泛地接受运用了。

广义的美术理论，包括美术史和美术批评，但是长期以来，人们最感兴趣的是批评，其次是理论，再次才是美术史。而且在美术理论批评中，关注本体的批评，甚至文化的批评，都不够发展。长期以来，美术批评在很大程度上往往与政治的批评、社会的批评、市场的分析混在一起。在市场经济和全球化的背景下，还有一个现象值得注意，那就是美术理论界比较优秀的人才，发生了身份的潜变，搞美术理论的，搞美术史的，都搞起了批评，搞批评的又转换成策展人。策展人大多策划现代艺术展览。本来，美术理论就比较专门，需要有人安下心来认真研究，但目前研究美术本体的，不仅力量不足，而且还有些心浮气躁，坐不住冷板凳。

现在当代的美术理论批评，有的只讲问题意识，不讲艺术质量，只讲中国元素，不讲中国精神，有的认为内容应该是民族的现代的，而艺术语言应该是国际化的。怎样在主流话语中坚持审美地把握世界的方式和中国文化精神而不保守，吸收大众文化和视觉文化的有益因素而避免照搬，都是理论批评面临的大问题。从建设文化强国宏伟目标的高度看美术史论批评，为了从根本上解决批评的失信与失语问题，必须进一步提高文化的自觉性、文化的自信力，积极提升中国当代美术理论的文化厚度与文明高度，更加主动地把“为中国美术立言”纳入文化强国战略来认识。

为此，需要着力研究新情况，探索新思路，破解新难题，深入地研究中国美术的民族文化内涵与种种元素包括其理论形态，透彻地研究西方当代艺术的种种新形态包括有关理论，积极地思索中外美术文化在互动中的关系，花大力气研究当代中国体制内外、传统的、引进的、融合的、美术的、设计的、观念的种种美术现象及其与社会经济文化的关系，在集思广益地构建中国当代的美术理论体系中，以本原文化斟酌舶来文化，以精英文化提升娱乐文化，以和谐文化改造纷乱文化，以竖看历史的文化承传，补充横看世界的文化断裂。用自信的心胸弘扬中华传统文化，用开放的眼光吸收世界先进文化，用批判吸收开拓创新的意识建设中国现代文化，以构建体大思精的讲求核心价值观念的美术理论体系。

唐宋十大词人

赵仁珪

温庭筠（调寄《菩萨蛮》）

蛾眉懒画愁春昼。梧桐逗雨听更漏。

写尽女儿情。却有画外声。

参差披拂句。要眇宜修趣。

词史拓荒人。花间第一春。

（温庭筠《菩萨蛮》有句云："懒起画蛾眉。"《更漏子》有句云："梧桐树，三更雨。"很多学者认为此中有寄托之意。）

李煜（调寄《虞美人》）

每拈诗笔才思涌。文采风流种。

可怜生在帝王家。葬送江山葬送好年华。

幸传几首伤心句。千古流芳誉。

始知盛事本词章。胜似牵羊肉袒作降王。

（曹丕《典论·论文》："文章乃经国之大业，不朽之盛事。"）

柳永（调寄《望海潮》）

江南才子，负笈北上，本期际会风云。

金榜屡空，仕途多舛，庙堂不买经纶。

奉旨作词人。

风流倜傥后，多少辛酸。

羁旅行程，残蝉秋雨暗伤神。

青楼幸遇知心。

有清醇美酒，喁喁柔音。

才子佳人，递笺传唱，良宵一刻千金。

枯笔且逢春。

词史传佳话，唯我独尊：

凡有人烟井水，即有柳词吟！

苏轼（调寄《水调歌头》）

造化钟神秀，苏子降文坛。

星岳同趋泰斗，仰止服膺看。

余事文章书画，游戏诗词歌赋，流溢自心田。

学养充天地，手笔自超凡。

出天府，历中国，贬海南。

世风尝尽，诗人情味最婵娟。

啸咏长江风月，饱吃岭南粗粝，愁苦亦欣然。

若论真名士，自古属坡仙。

（苏轼有诗云："诗人情味最动人"，此乃理解苏轼之关键也。）

又

清旷风波令，豪放大江东。

藐如姑射冰雪，烈似海天风。

喝断红香翠软，扫却尊前月下，浩气贯长空。

海外开天地，林下启门宗。

叙人事，写风物，课桑农。

情真意切，横空健笔亦从容。

调得胸中丘壑，洗尽肠间块垒，万象聚浑融。

燕雀争高翥，云外慕飞鸿。

（风波令即《定风波》。“藐姑射”句见《庄子·逍遥游》）

秦观（调寄《踏莎行》）

锦绣才华，纷纭愁绪。

悠悠情思凭谁诉？

不如对雨泞楼头，凝成泣血伤心句。

岁月无情，人心有据。

千年亦有知心慕。

天涯寂寂断肠人，词坛楚楚长青树。

周邦彦（调寄《少年游》）

美成词境似红楼。

佳丽竞风流。

曲曲回廊，重重帘幕，富贵透温柔。

自然之外求思力，格调更难侔。

荷露清圆，寒梅霜重，众美一园收。

（陈锐《褒碧斋词话》：“屯田词在小说中如《金瓶梅》，美成词如《红楼梦》。”“荷露”句应自然风格，“寒梅”句应思力风格，周词于“红楼梦”中屡见描写。“一园”仍指大观园。）

李清照（调寄《永遇乐》）

少也多愁，老来更愁，命与愁伍。

闺阁青春，夫君远宦，柔语诉幽处。
江南漂泊，良人永逝，更念故朝风物。
真切处，形神口吻，须眉一字难吐。
雅词俚语，交相辉映，句句鲜活媚妩。
婉转情思，传神写照，自古无双谱。
薄情竖子，不怜香玉，反讼慢言轻侮。
君知否，明眸秋水，岂容尘土？

辛弃疾（调寄《满江红》）

沧海横流，方显出、巍峨岱岳。
偏一隅、举朝恬嬉，独标亮节。
文献美芹呈九议，武能飞马闯重穴。
论英雄、自古有何人，真豪杰。
摧锋簇，藏韬略。
髀生肉，心流血。
握长椽、独领词坛新业。
赣水长萦旧乔木，鹅湖难醉好风月。
炳千秋、肝胆化诗魂，真英烈。

又

百战归来，空作个、带湖倦客。
整日伴、灵山风物，黄沙阡陌。
烈酒偏从花下醉，雕弓只向石中射。
叹蛟龙、一旦失鲸涛，池边卧。
功业冷，肝肠热。

英雄事，难寂寞。

笔换刀，挥洒淋漓翰墨。

慷慨悲歌栏楯碎，唏嘘夜雨红巾和。

千首词、化作满天星，长空烁。

姜夔（调寄《扬州慢》）

夜过垂拱，霜寒露重，任他一舸轻篙。

似清塘荷影，浊世显洁操。

惟不忘卢州杨柳，浅斟低唱，韵永格高。

算柳、周，纵有深情，略显轻佻。

天降大任，继苏辛，再领风骚。

将密意柔情，提空尽入，健笔并刀。

洗尽铅华绮靡，对初雪，月下吹箫。

开清空骚雅，别为一代风标。

（据夏承焘先生考证，姜词中有20余首是写思念合肥情侣的，情侣当为姊妹二人，合肥古称卢州，多杨柳，姜词在词中也多用杨柳代指情侣所居之地。）

吴文英（调寄《风入松》）

梦窗词似梦窗名。

碎“梦”小“窗”萦。

循规蹈矩由他舞，予独喜、剑走偏锋。

独立词坛怅触，千年难觅同声。

迷离惝恍苦经营。

只为太钟情。

西湖碧水苏州柳，总勾连、倩影娉婷。

何似“窗”前凝望，任他痴“梦”频惊。

（据考证梦窗有二痴情者，一在杭州，一在苏州。王国维曾拈梦窗词句“映梦窗，凌乱碧”来概括梦窗词特色。）

《淮南子》蕴《易》考

刘大钧

摘要：《淮南子》中引《易》或与易学相关的内容，应本之于《淮南道训》。这些内容与帛书《易传》及《汉书·艺文志》所记载的易学古籍都有着十分密切的传承关系。通过相关章节的比较，我们认为《淮南子》中引《易》论《易》的文字，确由帛《易》流传而来，确为孔子之传。《淮南子》中论“五帝三王”的内容或与《韩氏易传》相关。《淮南子·天文训》包含了丰富的象数易学理论，有些可能是《汉书·艺文志》所载的《古五子》的遗说，有些则是魏相《易阴阳》的内容，还有一些与京房易学中的“纳甲”筮法相合辙。

关键词：帛书《易传》；《古五子》；《易阴阳》；京房

近十几年，笔者在反复研读马王堆帛书《周易》经传资料过程中，发现《淮南子》书中所讲述的内容及其所引《易》文，与帛《易》经传及《汉书·艺文志》所载其他《易》学古籍，都有着十分密切的传承关系，故作此文以辨之。

一

《淮南子》一书所引《易》说，应源自《淮南道训》。案《汉书·艺文志》所载“凡《易》十三家，二百九十四篇”中有“《淮南道训》二篇”，颜师古注：“淮南王安聘明《易》者九人，号九师说。”朱彝尊《经义考·易四》云：“刘向《别录》《七略》作‘十二篇’。”又引刘向曰：“《九师道训》者，淮南王安所造，王聘善为《易》者九人，从之采获，故中书著为《淮南九师书》。”并引王通曰：“《九师》兴而《易》道微。”可见，《淮南道训》在当时研《易》诸家中有很高的学术地位与学术影响。至于“九师”究竟为何人，早已亡传，《经义考·易四》引洪迈曰：“寿春有八公山，正安所延致客之所，传记不见姓名，而高诱序以为苏飞、李尚、左吴、田由、雷被、毛被、伍被、晋昌等八人。”

《汉书·艺文志》云：“昔仲尼没而微言绝，七十子丧而大义乖，故《春秋》分为五，《诗》分为四，《易》有数家之传。”孔子所传之《易》，至汉初虽由田何一人传之，但在传布过程中，随着“《春秋》分为五，《诗》分为四”，至西汉中期《易》亦有“数家之传”，而《淮南道训》应为此数家之一，其学应本自田何今文《易》，而源自孔子也。正因如此，本自孔子所传的马王堆帛《易》经传，与《淮南子》阐发《淮南道训》的引《易》诸说，自当有相同或相通之处。本着这样的认识，我们试着对《淮南子》各篇引《易》诸文与帛《易》的阐发做一比较研究。

案《淮南子·人间训》云：

故《易》曰“潜龙勿用”者，言时之不可以行也，故“君子终日乾乾，夕惕若厉，无咎”。“终日乾乾”，以阳动也；“夕惕若厉”，以阴息也。因日以动，因夜以息，唯有道者能行之。

而帛书《二三子》释“潜龙勿用”曰：

孔子曰：龙寑（潜）矣而不阳（扬），时至矣而不出，可胃（谓）寑（潜）矣。[1]

与《淮南子》释“潜龙勿用”正同。不仅乾卦初九爻言“时”证明了《淮南子》与帛书《二三子》相同，其言乾卦九三爻之解，就更为清楚明白地证明

1 本文所引马王堆帛书《易传》释文，均用廖名春《帛书〈周易〉论集》（上海古籍出版社，2008 年版）本，标点偶有改动，括号中注文系引者所加。

了这一点。帛书《二三子》云：

卦曰："君子终日键键，夕沂若厉，无咎。"孔子曰："此言君子务时，时至而动，□□□□□□屈力以成功，亦日中而不止，时年至而不淹。君子之务时，犹驰驱也，故曰'君子终日键键'。时尽而止之以置身，置身而静，故曰'夕沂若厉，无咎。'"

帛书《衷》篇亦释此曰：

"君子冬（终）日键键"，用也。"夕沂若厉，无咎"，息也。

《易》曰："君子冬（终）日键键，夕沂若厉，无咎。"子曰："知息也，何咎之有？"

对比以上《淮南子》与帛书《二三子》、《衷》篇解释乾卦初九爻与九三爻的文字，其言"时"、言"动"、言"息"，旨义皆相同相通，此亦帛《易》作为今文《易》在汉初仍有传授之确证也。唐代李鼎祚作《周易集解》，集汉魏30余家《易》注，但细考所集诸家解释乾卦初九爻与九三爻的文字，已皆不见《二三子》与《淮南道训》之传矣。这是为什么呢？问题恐怕正在于"九师兴而易道微"上，朱彝尊《经义考·易四》引何乔新曰："九师之《易》，王通以为《易》道因之而微，则无资于圣经可知。""无资于圣经"一句，道出了帛《易》经传与《淮南道训》失传的真正原因：它们都是因为受"有资于圣经"者亦即得势一派学者的压制、打击与排挤，而渐渐退出世人的学术研究视野而后失传的。

《淮南子·缪称训》云：

动于上不应于下者，情与令殊也，故《易》曰："亢龙有悔"。

而《二三子》曰：

《易》曰："抗（亢）龙有（悔）。"孔子曰：此言为上而骄下，骄下而不佁（殆）者，未之有也。

《衷》篇亦曰：

"炕（亢）龙有（悔）"，言亓过也。物之上 而下绝者，不久大立（位），必多亓咎。

《淮南子》以"动于上不应于下"释"亢龙有悔"，而帛书《二三子》以"为上而骄下"，《衷》以"物之上擸而下绝者，不久大位"释之，其释皆以"上""下"之不应言之，显系一脉相承之传也。

《淮南子·缪称训》云：

故《诗》曰："执辔如组。"《易》曰："含章可贞。"动于近，成文于远。夫察所夜行，周公[不]惭乎景，故君子慎其独也。释近斯远，塞矣。闻善易，以正身难。夫子见禾之三变也，滔滔然曰："狐乡丘而死，我其首禾乎？"故君子见善则痛其身焉，身苟正，怀远易矣。故《诗》曰："弗躬弗亲，庶民弗信。"

帛书《衷》篇：

"含章可贞"，言美请（精）也。"聒囊，无咎"，语无声也。

《易》曰："含章可贞，吉。"言美请（精）之胃（谓）也。文人僮（动），小事时说，大[事]顺成，知勿过数而务柔和。《易》曰："或从事，无成又冬（终）。"子曰：言诗书之胃（谓）也。君子笱得亓冬（终），可必可尽也。君子言于无罪之外，不言于又（有）罪之内，是胃（谓）重福。

《淮南子》同时引《诗》"执辔如组"与《易》之"含章可贞"释"君子慎其独也"、"闻善易，以正身难"、"身苟正，怀远易矣"。

坤卦六三爻辞"含章可贞，或从王事，无成有终"，《衷》篇于此漏抄一"王"字，将"或从王事"抄作"或从事"，帛书以"言诗书之谓也"释此句，故《淮南子》引《诗》"执辔如组"与"弗躬弗亲，庶民弗信"以释之。《淮南子》称"身苟正，怀远易矣"，此之所谓"怀远"即《衷》之"君子笱得亓冬（终），可必可尽也"。"必"字在此读"毕"，正因为"闻善易，以正身难"，故帛书方言“文人动，小事时说，大[事]顺成，知勿过数而务柔和”也。“知勿过数”之“数”，在此读为“速”。而“君子言于无罪之外，不言于有罪之内”亦以此也。

《淮南子·缪称训》云：

故至德者，言同略，事同指，上下一心，无歧道旁见者，遏障之于邪，开道之于善，而民向方矣。故《易》曰：“同人于野，利涉大川。”

《淮南子》于此所引者，乃《易》同人卦卦辞：“同人于野，亨，利涉大川，利君子贞。”帛书《二三子》云：

[卦曰：“同人于野，亨，利]涉大川。”孔子曰：此言大德之好远也。所行□□□□□远，和同者众，以济大事，故曰[“利涉大川。”]

《二三子》之“大德”即《淮南子》之“至德”，其“和同者众，以济大事”即《淮南子》之“言同略，事同指，上下一心，无歧道旁见者，遏障之于邪，开道之于善，而民向方矣。”

《淮南子·齐俗训》云：

《易》曰：“履霜坚冰至。”圣人之见终始微言。

帛书《二三子》云：

卦曰：“履霜，坚冰至。”孔子曰：“此言天时谮，戒葆常也。岁□□□□□□西南·温始□□寒始于□□□□□□□□□□□□□□□□□□□□□□□□□□□□□□□□□□□□□德与天道始，必顺五行，亓孙贵而宗不傰。”

《衷》篇云：

《易》曰：“履霜，坚冰至。”子曰：“孙从之胃（谓）也。岁之义，始于东北，成于西南。君子见始弗逆，顺而保。”

上引《二三子》释文有大段残缺，仅就所留的有限文字，亦可看出其承继关系：其所谓“德与天道始，必顺五行”此类内容在《淮南子·天文训》《泰族训》中言之甚多，然而令人不解的是下面七字“其孙贵而宗不傰”。今考《淮南子·齐俗训》在解释《易》之“履霜坚冰至”何以是“圣人之见终始微言”时，讲了这样一段故事：

昔太公望、周公旦受封而相见。太公望问周公曰：“何以治鲁？”周公曰：“尊尊亲亲。”太公曰：“鲁从此弱矣。”周公问太公曰：“何以治齐？”太公曰：“举贤而上功。”周公曰：“后世必有劫杀之君。”其后，齐日以大，至于霸，二十四世而田氏代之。鲁日以削，至三十二世而亡。

太公由“尊尊亲亲”而知“鲁从此弱矣”，周公由“举贤而上功”而知齐“后世必有劫杀之君”。太公与周公这一以小知大、以近知远的故事，恐春秋战国时人们皆知之，故帛书直以“亓孙贵而宗不傰”释坤卦初爻，而不必如《淮南子》般先讲出这段故事使人知齐二十四世灭而鲁却传至三十二世以释“履霜坚冰至”。“孙”在此读“逊”“顺”，“孙贵”即“亲亲尊尊”也。正缘于此，《淮南子》云：“《易》曰：‘履霜坚冰至。’圣人之见终始微言。”亦正缘于此，《衷》篇释“履霜坚冰至”曰“孙从之谓也”、“君子见始弗逆，顺而保毂”。“毂”字疑“穀”字之借，所谓“保穀”者亦即“宗不傰”也。《淮南子》之“见终始微言”即帛书之“见始弗逆”也。今由《淮南子》以这样一段故事解“履霜坚冰至”，而帛书亦以“其孙贵而宗不傰”释此爻，知《淮南子》所释《易》旨，确为帛《易》之传也。估计同样受此传，《春秋繁露·基义篇》亦曰：“《易》曰‘履霜坚冰’，盖言逊也。”

《淮南子·诠言训》：

广成子曰：“慎守而内，周闭而外，多知为败，毋视毋听，抱神以静，形将自正。”不得之己而能知彼者，未之有也，故《易》曰：“括囊，无咎无誉。”

帛书《衷》：

又口能敛之，无舌罪，言不当亓时则闭慎而观。《易》曰：“聒囊，无咎。”

子曰：不言之胃（谓）也。□□[何]咎之又（有）？黑（默）亦毋誉，君子美亓慎而不自箸也。渊深而内亓华。

对比《淮南子》与《衷》此两段释坤卦六四爻的文字，显系一脉之传也。《淮南子》说“慎守而内，周闭而外”，《衷》则言“言不当亓时则闭慎而观”。《淮南子》“毋视毋听，抱神以静”者皆“闭慎而观”“不言之谓也”。所谓“慎守而内”“形将自正”者，亦即《衷》之“渊深而内其华”也。

惜乎《淮南子》传而《淮南道训》失，今人无复得见《淮南道训》所传之今文《易》旨矣。此皆文人相轻，学派互争互残之过也。

《淮南子·缪称训》：

《易》曰：“乘马班如，泣血涟如。”言小人处非其位，不可长也。

《衷》：

川之“牝马”，小畜之“密云”，句之“[适]属”，[渐]之绳妇，肫之“泣血”，五繇者，阴之失也，静而不能僮（动）者也。

《衷》在此以“阴之失”“静而不能动”释屯卦上六爻之“乘马班如，泣血涟洳”。《淮南子》的“小人处非其位”即“阴之失”，“不可长也”显系《衷》之“静而不能动者也”。依东汉人之“得位”、“失位”说，屯卦上六爻以阴爻居阴位，当为得位，而《淮南子》称“处非其位”，《衷》篇称“阴之失也”，显然其说与东汉人有所不同。

《淮南子·泰族训》云：

夫湿之至也，莫见其形而炭已重矣。风之至也，莫见其象而木已动矣。日之行也，不见其移，骐骥倍日而驰，草木为之靡，县熢未转，而日在其前。故天之且风，草木未动而鸟已翔矣；其且雨也，阴曀未集而鱼已噞矣：以阴阳之气相动也。故寒暑燥湿，以类相从；声响疾徐，以音相应也。故《易》曰：“鸣鹤在阴，其子和之。”

帛书《二三子》云：

[卦]曰："鸣鹤在[阴，亓子和之，我]有好爵，与壐（尔）羸[之。"孔]子曰："鸣[鹤]□□□□□□□□□□□□□。亓子随之，通也；昌而和之，和也。曰和同，至矣。'好爵'者，言耆酒也。弗有一爵与众□□□□□□□□□□□□□□□□□□□□之德，为因猷（饮）与食，绝甘分少。"

帛书《缪和》云：

吴孟问先[生曰]："《易》中覆之九二亓辞曰：'鸣额在阴，亓子和之；我又好尌(爵)，吾与壐（尔）羸之'，何胃（谓）[也？"子]曰："夫《易》，耶(圣)君之所尊也。吾庸与焉乎？"吴子曰："亚又然！愿先生式略之，以为毋忘，以匡弟子所[疑。"子]曰："夫额□□□□□者所独擅也，道之所见也，故曰'在阴'。君者，人之父母也；人者，君之子也。君发号出令，以死力应之，故曰'亓子和之'。'我又好尌(爵)，吾与壐（尔）羸之'者，夫尌(爵)禄在君在人，君不徒□，臣不[徒忠。尌君之使]亓人也，訢焉而欲利之；忠臣之事亓君也，驩然而欲明（明）之。驩訢交迵（通），此耶(圣)王之所以君天下也。故《易》曰：'鸣额阴，亓子和之；我又好尌(爵)，吾与壐（尔）羸之。'亓此之胃（谓）乎？"

帛书《二三子》孔子之言"好爵"及"与尔羸之"是纯以饮酒言之："'好爵'者，言耆（嗜）酒也。弗有一爵与众。"据文义，帛书解"好爵"之"好"为爱好之好，而非好坏之好。"爵"虽为酒具，但在此处已以"爵"代"酒"了，故此处之"好爵"者，犹如今人之"贪杯"也。由于西汉今文《易》义的失传，后人因见此爻"我有好爵"之"有"字，因而望文生义，解"好爵"为好酒，言我有好酒而与贤士分散而共之。由于帛书面世，我们方因"'好爵'者，言耆（嗜）酒也"，知此"好"字之确义。"好"字作嗜好解，显然"我有好爵"之"有"字在此应读作"又"，《缪和》篇此爻辞"有"作"又"正谓此也。

今由夫《缪和》言“訢焉而欲利之”“驩然而欲明之，驩訢交通”，知“好”字在此《缪和》中其解亦与《二三子》同也。

我们知道，孔子教育弟子，擅长因材施教，《二三子》中“好爵”以“嗜酒”解之，而在《缪和》篇中可能因受教人群身份的不同，孔子又解“爵”为爵禄：“夫爵禄在君。”此种人君以爵禄驭臣而使臣“訢焉而欲利之”的权谋思想，在《淮南子》中亦有传授。案《淮南子·主术训》：“权势者，人主之车舆；爵禄者，人臣之辔衔也。是故人主处权势之要，而持爵禄之柄，审缓急之度，而适取予之节，是以天下尽力而不倦。”

《淮南子·泰族训》中引中孚此爻又是以“卦气”言之也：“夫湿之至也，莫见其形而炭已重矣。”何谓“湿之至”？何谓“炭已重”？历来注家于此皆故作视而不见以藏拙。所谓“湿之至”，案《淮南子·天文训》：“阳气为火，阴气为水。水胜故夏至湿，火胜则冬至燥。燥故炭轻，湿故炭重。”所谓“炭已重”，《史记·天官书》云：“冬至短极，县土炭，炭动，鹿解角，兰根出，泉出跃，略以知日至。”《史记集解》引孟康注：“冬至日，阳气至则炭重；夏至日，阴气至则土重。”《汉书·天文志》中亦有与此相关的内容。以此我们方知，“夫湿之至也，莫见其形而炭已重矣”是言冬至与夏至到来时，所悬土炭在阴阳二气作用下所造成的燥湿轻重之变也。“寒暑燥湿”者，皆冬至、夏至因阴阳二气之动所带来的变化。故《泰族训》于此引中孚卦九二爻“鸣鹤在阴，其子和之”以示冬至之旨，因依“卦气”说，中孚卦位居冬至十一月一阳复始之际，位居“卦气”六十卦排列的第一卦。以此可知，《淮南道训》当以“卦气”释《易》，帛书《易》亦以“卦气”释《易》也。今对比《淮南子》与帛书《要》对损益二卦的阐释，可以更清楚这一点。

《淮南子·人间训》：

孔子读《易》至损益，未尝不愤然而叹曰：“益损者，其王者之事与！事或欲以利之，适足以害之；或欲害之，乃反以利之。利害之反，祸福之门户，不可不察也。”

帛书《要》：

孔子繇《易》，至于损益一卦，未尚不废书而（叹），戒门弟子曰：“二厶（三）子！夫损益之道，不可不审察也，吉凶之[门]也。”益之为卦也，春以授夏之时也，万勿（物）之所出也，长日之所至也，产之室也，故曰益。授（损）者，秋以授冬之时也，万勿（物）之所老衰也，长[夜]之所至也，故曰产道穷焉而产道□焉。益之始也吉，亓冬（终）也凶；损之始凶，亓冬（终）也吉。损益之道，足以观天地之变而君者之事已。

在抄录这两段文字时，我们发现此两段文字开首部分，几乎完全一致：《淮南子》曰“孔子读《易》至损益，未尝不愤然而叹曰”，而《要》曰“孔子繇《易》，至于损益一卦，未尚不废书而叹”。连同《说苑·法诫》亦云：“孔子读繇《易》至于损益，则喟然而叹……”它们之间如此清楚明白的文字承袭，足证《淮南子》《说苑》引《易》之文，确由帛《易》流传而来，而由《说苑》之文，足证直至刘向时代帛《易》仍在流传也。

《要》中此段文字清楚地记录了孔子以“卦气”释《易》中损益二卦。依传统观点，先儒多定“卦气”说出自孟喜，以为“卦气”之说即孟喜得之田王孙的“易家候阴阳灾变书”。由于帛《易》出土，今以《要》篇所载孔子以“卦气”讲损益二卦，可证此说春秋战国时代早已有传，故“卦气”之说，实为田何系统师承孔子而来也。依《新唐书》所载“卦气图”，益卦当正月末候，节交立春之际，故孔子在《要》中曰：“益之为卦也，春以授夏之时也，万勿（物）之所出也，长日之所至也，产之室也。”孔子于此以益卦泛指一年的春夏，而以损卦泛指秋冬。“长日”是指一年中的“夏至”，因“夏至”是一年中白昼最长的日子。“产之室也”之“产”当指“产气”。案《史记·天官书》：“岁始或冬至日，产气始萌。”“产气”始萌于岁始或冬至，所谓“岁始”即四时之始，亦即“立春”日。“产气”为何始发于“冬至”或“立春”日？“冬至”虽是一年之中白昼最短的日子，但此时阴气盛极而衰，而阳气衰极而复，正如我们前文释中孚卦时所引《史记·天官书》所言，此时由土炭之动知一阳复始，故“冬至”之后阳气日长而阴气日消，而“夏至”之后则阳气日消而阴气日长。“产”即产育万物的意思。“产之室”的“室”字，在此读“窒息”之“窒”。鄙人在《孔子与〈周易〉及〈易〉占》一文中有详论， 此不赘述。“益之为卦也，春以授夏之时也，万勿（物）之所出也，长日之所至也，产之室也，故曰益。授（损）者，秋以授冬之时也，万勿（物）之所老衰也，长［夜］之所至也，故曰产道穷焉而产道焉。益之始也吉，亓冬（终）也凶；损之始凶，亓冬（终）也吉。损益之道，足以观天地之变而君者之事已。”孔子此类阐述在《淮南子》中亦有保留：《淮南子·天文训》：“夏日至则阴乘阳，是以万物就而死；冬日至则阳乘阴，是以万物仰而生。昼者阳之分，夜者阴之分，是以阳气胜则日修而夜短，阴气胜则日短而夜修。”“阳生于子，阴生于午。阳生于子，故十一月日冬至，鹊始加巢，人气锺首。阴生于午，故五月为小刑，荠麦亭历枯，冬生草木必死。”此类述说，皆与帛《易》孔子之说互应互通。

《淮南子·人间训》云：“益损者，其王者之事与！事或欲以利之，适足以害之；或欲害之，乃反以利之。利害之反，祸福之门戶，不可不察也。”此即孔子在《要》篇中所言之“损益之道，足以观天地之变而君者之事已”。而《人间训》所言损益之卦要在言“王者之事”。夫以“卦气”之说言天道亦言人事，互补“天地之变而君者之事”。《要》称“君者之事”，《人间训》称“王者之事”，再证《淮南子》诸《易》说确为孔子之传也。

《淮南子·缪称训》又言损益曰：

动而有益，则损随之，故《易》曰：“剥之不可遂尽也，故受之以复。”

此段文字因历来注家不明“卦气”，故多不知其确旨，其实《淮南子》中此段文字与孔子于《要》中言损益之旨是一脉相承的，皆是以“卦气”言之也。依“卦气图”所列自中孚卦起始的六十卦顺序读之，剥卦居九月“霜降”至益卦居正月“立春”，中间正差三个月，而由损卦居七月“处暑”至复卦居十一月“冬至”中间亦差三个月，或由复卦居十一月“冬至”至益卦正月“立春”，由损卦居七月“处暑”到剥卦居九月“霜降”，其中间皆差一个月。损、益、剥、复四卦在“卦气图”中呈如上相同之差数，说明此四卦随着一年之内阴阳二气此消彼长的变化，而呈现出“动而有益，则损随之”“剥之不可遂尽也，故受之以复”的规律性变化。故由损益而可知剥复，此亦是“又（有）四时之变焉，不可以万勿（物）尽称也，故为之以八卦”（《要》）的体现。故损益与剥复四卦，依卦象言之，虽互为反对之象，而以“卦气”言之，则其阴阳之变“足以观得失矣”。

二

因《淮南道训》由明《易》者九师写成，故西汉已失传与未失传的诸家《易》说，在《淮南子》一书中多有记录与保存。

1. 如《汉书·艺文志》“易传”类录“《韩氏》二篇”，颜师古注：“名婴。”《韩氏易传》早已失传。据《汉书·儒林传》：“韩婴，燕人也，孝文时为博士，景帝时至常山太傅。婴推诗人之意，而作《内外传》数万言，其语颇与齐鲁间殊，然归一也。淮南贲生受之。燕赵间言《诗》者由韩生。韩生亦以《易》授人，推《易》意而为之传。”这段文字向我们提供了一条很重要的线索：韩婴传《诗》《易》而“淮南贲生受之”。汉文帝时韩婴已为博士，至景帝时官至常山太傅，故其《易》说经淮南贲生之传，当在淮南一带流布，疑淮南九师中恐有传其《易》者。朱彝尊《经义考》引王应麟曰：“盖宽饶受韩氏《易》，其上封事引《韩氏易传》曰：‘五帝官天下，三王家天下。’”过去学者多以为此段文字当为《韩氏易传》仅存于世者，然而我们在《淮南子》一书中却多见其说。

案《淮南子·齐俗训》：

所谓礼义者，五帝三王之法籍风俗，一世之迹也。……五帝三王轻天下，细万物，齐死生，同变化，抱大圣之心，以镜万物之情。

又《淮南子·氾论训》：

自古及今，五帝三王未有能全其行者也。故《易》曰："小过，亨，利贞。"言人莫不有过，而不欲其大也。

这段文字直释《易》之小过卦义，并云"人莫不有过，而不欲其大也"，此恐引《韩氏易传》之文也。

不惟如此，《淮南子·泰族训》亦云：

昔者五帝三王之莅政施教，必用参五，何谓参五？仰取象于天，俯取度于地，中取法于人，乃立明堂之朝，行明堂之令，以调阴阳之气，以合四时之节，以辟疾病之灾。俯视地理以制度量，察陵陆水泽肥墽高下之宜，立事生财以除饥寒之患。中考乎人德以制礼乐，行仁义之道以治人伦，而除暴乱之祸。乃澄列金木水火土之性，故立父子之亲而成家；别清浊五音六律相生之数，以立君臣之义而成国；察四时季孟之序，以立长幼之礼而成官。此之谓参。制君臣之义、父子之亲、夫妇之辨、长幼之序、朋友之际，此之谓五。乃裂地而州之，分职而治之，筑城而居之，割宅而异之，分财而衣食之，立大学而教诲之，夙兴夜寐而劳力之，此治之纪纲也。

《泰族训》中的这段文字，恐即盖宽饶所引《韩氏易转》之"五帝官天下，三王家天下"其思想之大要也。故《泰族训》又言："五帝三王之道，天下之纲纪，治之仪表也。"笔者以为此"五帝""三王"之说，战国乃至春秋时代，应早已有传。《说苑·至公篇》："秦始皇帝既吞天下，乃召群臣而议曰：'古者五帝禅贤，三王世继，孰是将为之？'博士七十人未对。鲍白令之对曰：'天下官则让贤是也，天下家则世继是也，故五帝以天下为官，三王以天下为家。’”而《淮南子·泰族训》中所云“乃立明堂之朝，行明堂之令，以调阴阳之气，以合四时之节”云云，汉武帝尊儒之后，王臧、赵绾等曾议立明堂之制，后因二人惹窦太后大怒而皆下狱自杀，遂罢明堂之议。可证“立明堂之朝，行明堂之令”并藉此而“以调阴阳之气，以合四时之节”当为《韩氏易传》的重要内容之一，以此亦可知，《韩氏易传》中亦当有“卦气”之传授也。

2.《汉书·艺文志》“易传”类录“《古五子》十八篇”，颜师古注：“自甲子至壬子，说《易》阴阳。”案《淮南子·天文训》：

壬午冬至，甲子受制，木用事，火烟青；七十二日，丙子受制，火用事，火烟赤；七十二日，戊子受制，土用事，火烟黄；七十二日，庚子受制，金用事，火烟白；七十二日，壬子受制，水用事，火烟黑。七十二日而岁终。……

甲子受制则行柔惠，挺群禁，开阖扇，通障塞，毋伐木。丙子受制，则举贤良，赏有功，立封侯，出货财。戊子受制，则养老鳏寡，行粰鬻，施恩泽。庚子受制，则缮墙垣，修城廓，审群禁，饰兵甲，儆百官，诛不法。壬子受制，则闭门闾，大搜客，断刑罚，杀当罪，息关梁，禁外徙。……

甲子气燥浊，丙子气燥阳，戊子气湿浊，庚子气燥寒，壬子气清寒。丙子干甲子，蛰虫早出，故雷早行。戊子干甲子，胎夭卵毈，鸟虫多伤。庚子干甲子，有兵。壬子干甲子，春有霜。戊子干丙子，霆。庚子干丙子，夷。壬子干丙子，雹。甲子干丙子，地动。庚子干戊子，五谷有殃。壬子干戊子，夏寒雨霜。甲子干戊子，介虫不为。丙子干戊子，大旱，苽封熯。壬子干庚子，大刚，鱼不为。甲子干庚子，草木再死再生。丙子干庚子，草木复荣。戊子干庚子，岁或存或亡。甲子干壬子，冬乃不藏。丙子干壬子，星坠。戊子干壬子，蛰虫冬出其乡。庚子干壬子，冬雷其乡。

这些文字疑恐即《古五子》之遗说也。

由上文所引知，所谓“五子”者即：甲子、乙丑、丙寅、丁卯、戊辰、己巳、庚午、辛未、壬申、癸酉、甲戌、乙亥；丙子、丁丑、戊寅、己卯、庚辰、辛巳、壬午、癸未、甲申、乙酉、丙戌、丁亥；戊子、己丑、庚寅、辛卯、壬辰、癸巳、甲午、乙未、丙申、丁酉、戊戌、己亥；庚子、辛丑、壬寅、癸卯、甲辰、乙巳、丙午、丁未、戊申、己酉、庚戌、辛亥；壬子、癸丑、甲寅、乙卯、丙辰、丁巳、戊午、己未、庚申、辛酉、壬戌、癸亥。而《淮南子·天文训》曰：“甲子，仲吕之徵也；丙子，夹锺之羽也；戊子，黄锺之宫也；庚子，无射之商也；壬子，夷则之角也。”以此，自甲子至壬子之五子，正为十二律吕之五声，合之则六十调。故潘雨廷先生在《易学史从论·西汉的易学传承及其内容》中指出：“《古五子》所谓说《易》阴阳，基本指干支的各种变化自然可分阴阳，这一阴阳概念的形成极早，必当在殷墟甲骨中已有六十甲子表之前。”又说：“即《易》说阴阳与六十干支之基本配合法，其来必在先秦，今以文献为准，则《淮南子》已完全加以说明。” 潘先生此见极确，但笔者要补充的是，《古五子》之说不但《淮南子》一书已完全加以说明，《鹖冠子》一书亦已言之。案《鹖冠子·王鈇》：“天用四时，地用五行，天子执一以居中央。调以五音，正以六律，纪以度数，宰以刑德，从本至末，第以甲乙。”又说：“柱国六十日以闻天子，天子七十二日遣使，勉有功，罚不如，此所以与天地总。下情六十日一上闻，上惠七十二日一下究，此天曲日术也。”由“从本至末，第以甲乙”及“下情六十日一上闻，上惠七十二日一下究”思之，余疑此“天曲日术”中除有《古五子》之内容外，还有《韩氏易传》及《明堂月令》的内容，本人拟另义专论《鹖冠子》与《淮南子》及西汉《易》的关系，于此就不赘述了。

3.《汉书·魏相传》：

又数表采《易阴阳》及《明堂月令》。奏之曰：臣相幸得备员，奉职不修，不能宣广教化，阴阳未和，灾害未息，咎在臣等。臣闻《易》曰：“天地以顺动，故日月不过，四时不忒；圣王以顺动，故刑罚清而民服。”天地变化，必繇阴阳，阴阳之分以日为纪，日冬夏至则八风之序立，万物之性成，各有常职，不得相干。东方之神太昊，乘震，执规，司春；南方之神炎帝，乘离，执衡，司夏；西方之神少昊，乘兑，执矩，司秋；北方之神颛顼，乘坎，执权，司冬；中央之神黄帝，乘坤艮，执绳，司下土。兹五帝所司，各有时也。东方之卦不可以治西方，南方之卦不可以治北方。春兴兑治则饥，秋兴震治则华，冬兴离治则泄，夏兴坎治则雹。明王谨于尊天，慎于养人，故立羲和之官以乘四时，节授民事。君动静以道，奉顺阴阳，则日月光明，风雨时节，寒暑调和。

而《淮南子·天文训》曰：

何谓八风？距日冬至四十五日，条风至；条风至四十五日，明庶风至；明庶风至四十五日，清明风至；清明风至四十五日，景风至；景风至四十五日，凉风至；凉风至四十五日，阊阖风至；阊阖风至四十五日，不周风至；不周风至四十五日，广莫风至。条风至则出轻系，去稽留；明庶风至则正封疆修田畴；清明风至则出币帛，使诸侯；景风至，则爵有位，赏有功；凉风至则报地德，祀四郊；阊阖风至则收县垂，琴瑟不张；不周风至则修宫室，缮边城；广莫风至则闭关梁，决刑罚。

《天文训》又释“五星”曰：

何谓五星？东方木也，其帝太皞，其佐句芒，执规而治春，其神为岁星，其兽苍龙，其音角，其日甲乙；南方火也，其帝炎帝，其佐朱明，执衡而治夏，其神为荧惑，其兽朱鸟，其音徵，其日丙丁；中央土也，其帝黄帝，其佐后土，执绳而制四方，其神为镇星，其兽黄龙，其音宫，其日戊己；西方金也，其帝少昊，其佐蓐收，执矩而治秋，其神为太白，其兽白虎，其音商，其日庚辛；北方水也，其帝颛顼，其佐玄冥，执权而治冬，其神为辰星，其兽玄武，其音羽，其日壬癸。

《淮南子·时则训》又曰：

春行夏令泄，行秋令水，行冬令肃；夏行春令风，行秋令芜，行冬令格；秋行夏令华，行春令荣，行冬令耗；冬行春令泄，行夏令旱，行秋令雾。

今由《天文训》《时则训》之考，知《淮南子》中的“八风”当为魏相所奏引而已失传的《易阴阳》的内容，而“五星”即魏相所云由东西南北中之诸神司规、衡、矩、权、绳司治之内容，此当为《明堂月令》之内容。因为考《淮南子·时则训》在对天为绳、地为准、春为规、夏为衡、秋为矩、冬为权作了大段文字陈述与介绍后，在文章最后总结曰：“明堂之制，静而法准，动而法绳，春治以规，秋治以矩，冬治以权，夏治以衡，是故燥湿寒暑以节至，甘雨膏露以时降。”以此知，《淮南子·时则训》以上所云“明堂之制”者，亦魏相所称引的《明堂月令》的内容。如前文所述，其中皆有“卦气”之内容。《汉书·魏相传》称魏相“少学《易》”，且其学“有师法”，今由《淮南子》中有《易阴阳》与《明堂月令》的内容考之，《汉书》此说是完全可信的。魏相殁于公元前59年，《淮南子》一书于公元前139年献上，如果以此书10年写成计之，则书中言《易阴阳》《明堂月令》等内容距魏相死早了近100年的时间。

4.京房所传的“纳甲”筮法的一些内容，在《淮南子》一书中早有大量的记载。

案《淮南子·天文训》：

凡日，甲刚乙柔，丙刚丁柔，以至于癸。木生于亥，壮于卯，死于未，三辰皆木也；火生于寅，壮于午，死于戌，三辰皆火也；土生于午，壮于戌，死于寅，三辰皆土也；金生于巳，壮于酉，死于丑，三辰皆金也；水生于申，壮于子，死于辰，三辰皆水也。……

此即“纳甲”筮法中“三合”之说也。

《淮南子·天文训》又说：

甲乙、寅卯，木也；丙丁、巳午，火也；戊己、四季，土也；庚辛、申酉，金也；壬癸、亥子，水也。水生木，木生火，火生土，土生金，金生水。

此即“纳甲”筮法中天干地支所属五行及五行相生说也。

《淮南子·地形训》说：

木胜土，土胜水，水胜火，火胜金，金胜木。

此即“纳甲”筮法中的五行相克也。又说：

木壮，水老，火生，金囚，土死；火壮，木老，土生，水囚，金死；土壮，火老，金生，木囚，水死；金壮，土老，水生，火囚，木死；水壮，金老，木生，土囚，火死。

此即“纳甲”筮法中的“旺”“相”“休”“囚”“死”也。“死”“囚”之说未变，无非《淮南子》之“壮”，在“纳甲”为“旺”，“生”为“相”，“老”为“休”而已。

《淮南子·天文训》：

何谓六府？子午、丑未、寅申、卯酉、辰戌、巳亥是也。

《淮南子》之“六府”即“纳甲”中的六冲之说。

由上可知，京房传于后世的“纳甲”筮法，《淮南道训》中应早已有传。

5. 除了以上我们所云《淮南子》中所释《易》文与帛《易》之释大旨皆相同或相通外，帛书《易传》诸篇所言的一些内容，《淮南子》中亦多有所传。

如《要》曰：

故《易》又（有）天道焉，而不可以日月生（星）辰尽称也，故为之以阴阳；又（有）地道焉，不可以水火金土木尽称也，故律之以柔刚；又（有）人道焉，不可以父子君臣夫妇先后尽称也，故为之以上下。

《淮南子·本经训》则曰：

天之精，日月星辰，雷电风雨也。地之平，水火金木土也。人之情，思虑聪明喜怒也。

《要》言：

五官六府不足尽称之。

《淮南子·天文训》则针对此文而曰：

何谓五官？东方为田，南方为司马，西方为理，北方为司空，中央为都。何谓六府？子午、丑未、寅申、卯酉、辰戌、巳亥是也。

这类内容尚多，兹不一一举之。而在《鹖冠子》一书中，亦谈“五官”“六府”“八风”“五正”等等，可进一步证明其说战国时代早已有之。

《淮南子》与帛书《易》还有一个共同点，这个共同点因为两者都不将其放在引人注目的重要位置，因而躲过了人们的注意，那就是它们都非常推崇“大舜”。案帛书《缪和》曰：

芯（聪）明夐知守以愚，[博]闻强识守以践（浅），尊[禄]贵官守以卑。若此，故能君人。非舜，亓孰能当之。

《淮南子·缪称训》则云：

舜不降席而天下治。

它们为什么如此推崇舜呢？《淮南子·缪称训》的一段话似乎使我们找到了答案：

有道之世，以人与国；无道之世，以国与人。尧王天下而忧不解，授舜而忧释。忧而守之，而乐与贤，终不私其利矣。

至此，我们终于悟到淮南王刘安于《淮南子》修成之后，为何立即向汉武帝献上此书了。

《清儒学术拾零》再版前言

陈祖武

承故宫出版社诸位主事不弃，拟将祖武旧日习作《清儒学术拾零》纳入丛书，再版印行。鼓励鞭策，盛谊感人，谨致深切谢忱。1998 年，拙稿承湖南人民出版社初印，正值祖武参加国立新加坡大学儒学国际研讨会返京，遂以提请与会同好指正之拙文权充出版前言。十余年过去，往日之思考似乎未尽失去价值，故而改题《初版前言》予以保留。谨将近期与之相关的若干想法连缀成文，以代再版前言。

在当代中国社会的前进过程中，文化建设已经成为社会普遍关注的一个重大问题。然而，由于急功近利痼疾作祟，拜金浊流无孔不入，诚信缺失，道德滑坡，这方面的工作面临着许多困难和挑战。以下，拟就此谈几点未必妥当的思考，敬请各位批评指教。

一、文化建设的立足点在人

改革开放 30 余年来，随着中国经济社会的大步前进，文化建设也在全方位地向前推进。人民的文化生活丰富多样，国家的文化实力显著提高，一派欣欣向荣气象。但是在前进道路上，又还存在许多不协调的现象，干扰文化建设的健康发展。一些人为了追逐金钱，谋求私利，不择手段，弄虚作假。他们寡廉鲜耻，罔顾他人，罔顾社会，罔顾国家和民族。中华民族数千年养成的传统美德被肆意践踏，中华民族的文明素质受到了前所未有的尖锐挑战。

这样一个局面的形成，原因很多，值得我们认真分析和总结。从文化建设的角度而言，对其本质的认识和把握存在偏差，理论和实际脱节。就是一个不可忽视的原因。

谈到文化，众所周知，近百年来，对其界定见仁见智，各有据依，可谓百花齐放，百家争鸣。尽管如此，而关于其本质的认识和把握，却可以大致看到一个相似之处，即立足点都在人。借用中国古代哲人的话来说，这大概就叫做“一致百虑，殊途同归”。在这个问题上，笔者赞成这样的见解，认为文化是一个民族的精神和灵魂，它既以经济的发展为前提，同时又通过民族文明素质的提高，反作用于经济，从而推动社会和历史的前进。因此，所谓文化建设，归根结底是要解决人的问题，是要达到提高民族文明素质的目的，本质是人，立足点在人。

关于文化建设本质的认识和把握，最近二三十年间，其偏差主要反映在两个方面。第一个方面，是把文化建设视为经济建设的附庸，或者说认为文化建设是手段，发展经济才是目的。较长一段时间以来，有这样一句话颇为流行，叫做“文化搭台，经济唱戏”。这句话所反映出来的，就是这一方面的认识偏差。靠这样的认识去安排文化建设，其结果当然只能是缘木求鱼。第二个方面，是忽视文化建设的本质，将文化建设纳入经济建设的轨道，混为一谈。这就是当前严重存在的试图用文化产业取代文化建设的倾向。其实，顾名思义，文化产业讲的是经济结构、经济布局和经济增长方式，目的在于发展经济。同文化建设相比，二者本质不同，分工各异，断不可眉毛、胡子一把抓，甚至取而代之。因此，经营性的文化产业固然是一个方兴未艾的产业，具有良好的发展前景，但是绝对不能用它去取代文化建设事业。

二、教育是文化建设的根本

我国古代先哲给我们留下过一句至理名言，叫做“十年树木，百年树人”。这就是说，一个人的一生，从呱呱坠地到耄耋垂老，终身皆在不间断地接受教育之中，活到老，学到老。一个人尚且如此，何况是一个民族文明素质的养成和提高呢！因此，文化建设既然以提高民族文明素质为目标，那么对社会成员的教育，尤其是广大青少年的教育，就是至关重要的根本大计，不可须臾松懈。

谈文化建设，断不可离开教育。

令人深感忧虑的是，当前我国的教育环境，尤其是广大青少年的成长环境，情况并不是很好。金钱至上，享乐第一，自我中心，目无他人，久而久之，习以为常，一些不该发生的事情也就变成不可回避的现实。我们自己培养的大学生，不惟驾车肇事，而且竟然将亟待救治的伤者杀害。这难道还不令人痛心疾首吗！严酷的现实告诉我们，同维护和治理生态环境已经迫在眉睫一样，维护和治理教育环境、人文环境，也是一件再也不能够耽搁的事情。要把这件事情做好，当然需要全社会的共同努力，然而中坚力量无疑是广大教育工作者。这里所说的教育工作者，首先自然是指工作在第一线上的广大小学、中学和大学的老师们、教授们，同时也包括作家、艺术家、影视戏曲工作者、新闻传媒工作者和自然科学、社会科学工作者在内的广大文化工作者。传道、授业、解惑的老师，教书育人，职责所在，“春蚕到死丝方尽，蜡炬成灰泪始干”，古往今来，责无旁贷，义不容辞。而对广大文化工作者来说，用健康的、积极向上的精神产品去丰富人民大众的精神生活，尤其是广大青少年的文化生活，去帮助广大青少年生动活泼地健康成长，同样是在行使崇高的教育职责。这是神圣的时代使命和不可推卸的社会责任。

谈到时代使命和社会责任，我们不赞成如下的价值判断，即用简单的“娱乐”二字，去给当代文化工作者的崇高责任定性。固然，我们的文化工作者必须用自己的辛勤劳动，创造健康的精神产品，带给人民大众快乐和愉悦。然而娱乐绝不能成为单一的目的。我们断然鄙弃用娱乐二字去掩盖追逐金钱的目的，更不赞成因之而玷污文化工作者的社会良知。我们文化工作者的一言一行，一举一动，任何时候都不能忘记为提高全民族文明素质服务的职责。寓教于乐这样一个正确方向，不能有丝毫的动摇，必须理直气壮地去坚持。

三、儒学的人学品格

中国古代学术以儒学为中坚，儒、释、道互补而自成一体。自春秋战国间孔子创立儒家学派，在2000多年的历史演进过程中，儒学吸纳释、道，融诸子百家之所长为我有，不断充实和发展，显示了无与伦比的巨大包容能力和历久弥新的强大生命力。儒学已经深层次地融入中华民族的文化心理，成为中华文明不可分割的历史血脉。古往今来，伴随中华民族先民的迁徙以及同世界诸多文明的交往，儒学早已逾出国界，超越民族，成为人类文明的一个重要组成部分。儒学如此特殊历史地位的形成，其根本依据就在于它的人学品格。

儒学以人为论究核心，从个人的修持入手，进而探讨个人与家庭、个人与他人、个人与社会、个人与自然、个人与天下国家千丝万缕的联系，最终谋求人类社会的人我一体，和谐发展。孔子把这样的境界称之为仁，他说："夫仁者，己欲立而立人，己欲达而达人。"（《论语·雍也》）孔子主张推己及人，"先人而后己"，"己所不欲，勿施于人"（《论语·颜渊》）。曾子实践孔子的仁学，进而将其发扬光大，号召人们"仁以为己任，死而后已"（《论语·泰伯》）。在曾子的笔下，儒学的人学品格得到了格物致知、诚意、正心、修身、齐家、治国、平天下的经典归纳，他说："古人欲明明德于天下者，先治其国；欲治其国者，先齐其家；欲齐其家者，先修其身；欲修其身者，先正其心；欲正其心者，先诚其意；欲诚其意者，先致其知；致知在格物。……自天子以至于庶人，壹是皆以修身为本。"（《礼记·大学》）

无论是孔子提出的仁学，还是曾子据以阐释的格致、诚正、修齐、治平，以及北宋大儒张载所发挥的"为天地立心，为生民立命，为往圣继绝学，为万世开太平"，直至清初顾炎武"天下兴亡，匹夫有责"呐喊的迸发，历史的发展充分证明，儒学的人学品格自成体系，不可分割。其间，既包括社会成员自身文明素质的养成和完善，同时也包括为他人和社会服务能力的提高和完善。作为社会的成员，每一个人的一生，都是一个不断完善自我的过程。换句话说，都是一个没有止境的修持过程。而人们不断完善自我的过程，同时也就是不断调整同他人、同自然，同社会的关系，使之臻于和谐的过程。正是在这种不间断的完善和调整之中，人们既实现自己的人生价值，同时又共同推进人类文明的步履。

儒学的人学品格，规定了个人修养与关心他人、服务他人浑然一体，相得益彰，足以成为谋求人类社会和谐发展的宝贵精神财富。我们中国是一个历史悠久的文明古国，今天的中国是昨天、前天的中国合乎逻辑的发展，当代的中国文化，也是中国数千年历史文化在新的历史条件下的必然前进。弘扬儒学的人学品格，使之与时俱进，融域外文明之优秀成果为我有，理所当然是当代中国文化建设的一项重要任务。

繁荣文化，意在信仰

李 燕

本人李燕，曾忝任第九、十两届全国政协委员（兼文史委委员），清华大学教授，现仍担任中国和平统一促进会理事。

数十年来承继先父李苦禅之教诲，以弘扬优秀传统文化为己任。近日，受十七届六中全会有关发展文化事业精神之感召，思绪益盛，不能自已，遂欲提笔直陈拙见，以企同志交流。

我以为，繁荣文化事业并非止于种种文化艺术形式之表，其核心应在于闳强信仰，建树适应新时代的人生观和价值观，以加强中华民族的精神凝聚力，全民动员起来，塑造和推进我国传统的优秀的文化大国形象。

当今，我国的硬实力发展之速，成果之硕，已成举世不争的事实，但种种人文领域的言行缺失，苍白滞后与时风的畸变却令人汗颜。更有造成国格丢失，文明形象淡化、丑化之恶变，尤其令人痛心，这一负面境况正在危及国家软实力的增强！此论绝非危言耸听，乃是有良知的中国文化人居安思危之虑耳！

司马相如有言“祸固藏于隐微而发于人之所忽者也”。先翁李公苦禅晚年痛心慨叹“文革浩劫祸国殃民之甚，固在于无数民族精英的含冤而去，无数文物古迹的失不可复，无数经济损失的难以统计，此皆有形之失，而最甚者在于无形之失——六千年中华文明形成的国人良心良知之失，将延及两代乃至三五代，将会产生难于预料的严重后果，倘不早防，祸害之大，不堪设想！”

当今，每日媒体所现之负面情况，天灾为末，人祸系本，国家领导为之奔波，频现于灾难现场，必有实感，正无须本人赘言矣！泱泱大国治不了矿难？现代之人尚不及大禹、李冰？岂非咄咄怪事！然大祸小祸，除不可战胜之大自然原因之外，皆为人祸。

《易经》有言：“观乎天文，以察时变。关乎人文，以化成天下。”

孙中山先生在《国民要以人格救国》中言及：“社会国家互助之体也”“道德仁义，互助之用也。”又讲：“自根本上做功夫，便是在改良人格来救国”。今引“救国”未免言重，但为国家民族可持续发展的前景着想，目睹现实的负面，不妨以“矫枉过正”之言，或能振聋发聩突破耳障而入乎人心吧！

我以为繁荣文化所欲达到的根本，在于通过对传统文化之社会实践的钩沉补缺，建树全民真诚认同并遵循的价值观，形成与当今“具有中国特色的社会主义”相应的神圣信仰，才能真正成就毛泽东所说的“自立于世界民族之林”。

采取种种文化艺术形式将我国数千年传统中优秀而沉寂的文化重新振作起来，谓之“钩沉”；将大家应当继承却被历史成见剔除或歪曲的祖先文明恢复其本义与本位，谓之“补缺”；由此方能使繁荣文化建立于雄厚的基础之上。

文化发展之首要在于人才，此乃文化繁荣之本，故而发掘、保护、培养人才应为当务之急。尤应表彰扶持多年来甘于坐冷板凳，不趋名利，对传统文化研究做出实在奉献的人；对摆脱历史遗留的各种束缚，解放思想，冷静客观，“与时偕行”（《易经》）地研究、弘扬、普及中华民族优秀传统文化的人。但是，是否真人才，真成果，当以群众与多方人士的实际反响和反复考察为检验成果的最权威方式。万万来不得官本位式的话语裁断，切忌量化式的成果检验标准，定期献礼式的“精品打造”，“立竿见影”式的皆大欢喜，巧立“奖项”的圈内“遴选”，或大轰大嗡的热闹过场与频频空话的会场表态。如此司空见惯之弊，务防为幸。

通察中华人才历史，诚如官运坎坷的苏东坡所言“匹夫而为百世师，一言而为天下法。是皆有以参天地之化，关盛衰之运。其生也有自来，其逝也有所为。”其关键在于对文化人才的不厌发掘，妥善保护和不断培养。发掘人才、保护人才、培养人才的长久之计在于保护人文环境，没有良好的人文环境就出现不了，保护不了人文人才。八年前，我的一份提案《首都“人文环保”迫在眉睫》曾荣获“优秀提案奖”，主要观点也上了报纸：“自然环保不保，必出天灾，天灾可防也可治；人文环保不保，必出人祸，然而此祸潜伏期甚长，爆发点无常，后遗症极长。不可不长治久防。史鉴不少，不可不察。”我率先提出的这个观点，仍留在漂亮的“获奖状”上，聊以自慰。

昔日晏子对齐王讲到强国要防三个不祥之兆：其一，不识人（不知发现人才）；其二，识而不用（忌才妒能，怕用之则胜己）；其三，用而不任（非其才而不能完成上级交下来的任务，被迫请人才来用，用完则去，不予留任）。故呈请政府在挖掘保护保留人才方面做出大的举措，以便发挥他们的积极性，为国效力，方无“报国无门”之叹。

中华民族有着完美的审美体系，有着对社会对自然的宏观的全方位认识。欲使文化事业大发展大繁荣，必须扭转在西学东渐之后，国人中崇洋媚外之心态。因为各种历史原因，近百年来对于中国传统文化的认识发生着巨大的变化：

从传统的尊孔——新文化运动“打倒孔家店”——研究国故的尊孔——“文革”中的批林批孔——发展旅游经济的形式化尊孔，直到现在对国学的重新提倡。对于以孔子为代表的传统文化的认识，始终伴随着百年来对反封建制度的情感宣泄和由此泛滥的对传统文化的虚无主义，并且伴生着民族文化的自卑情绪。直至“文革”中的“彻底破四旧”和“与一切传统观念彻底决裂”的极端口号，真乃“抽刀断水”之蠢举。造成了近四五十年出生和成长起来的中国人虽然已经普及了教育，但是并不清楚更不系统地知道孔子与列祖列宗到底说了些什么，做了些什么，而在成长的烦恼中，却往往成为西方“大片”、“大明星”、“大名流”以及失去灵魂的低俗“艺术”的狂热追逐者。

西方高的科技水平我们要学而人家怕我们学，然而在人文领域，在我看来西方腐朽的价值观与打头阵的“艾滋艺术”却大量涌入，借国人盲目崇洋的心态与金钱闪亮之诱惑，正在搅乱我们的是非与美丑的观念。甚而连 1917 年法国出现的以《甘泉》为题的尿池子，也正面搬进了我们的美术院校和媒体，令学子步尘，竟忘却了屈原大夫的警句：“腥臊并御，芳不得薄兮”。幸运的是仍有清醒学子在交予我的课后心得中真诚写道：“我们这一代学生的成长过程正是国外流行文化娱乐产业大量涌入中国的时候……现在的大多数年轻人更热衷于国外的东西……已经有相当一部分人完全被西化了。记得曾看到一些资料，是关于某国对中国的政策，大意是说中国的历史告诉世界，世界上没有任何人想要占有中国，控制全世界五分之一的人口，因为这是根本不可能的事情。想要支配中国唯一的办法只有从精神层面瓦解中国人，从经济文化角度渗透到中国的年轻一代中，同化他们的思想，才能征服中国。看到这样的资料心中愤怒不已……李老师一直强调我们不能忘本，要爱国，要学习中国国学……在李老师的课堂上我们才真正看重这个话题，重新审视自己。”

因此，要想繁荣中国文化事业，必须要客观地历史地全面地了解我们的祖先是怎样塑造了中华民族文化的万里长城。精选出最代表民族精神民族文化的人物和典籍，花时间大力度补上这一课，普及这一课。一旦目前六七十岁的学者专家再离开这个世界，文化的传承将会更加艰难。这绝不是某个学校某个研究所就能做到的，而必须是国家行为和全民行为的大范围的互动和持久有序的功夫。

近年也时常听到看到“要在文艺作品中添加民族传统元素”的观点和表现。“元素”固然需要，但更需要民族传统文化的灵魂。否则，只能机械组装徒有其表而无法深入人心的短命产品。

方今并非无人慨叹“中国文化人才都在哪里？谁会发掘无官无职无名时的百里奚、韩信、孔明先生？”人文之憾，文人之叹，诚乃国之忧也。只有实践前面所述的正面之言，方有可能以文化充实我们的民族精神。

30 年前本人就在国学大讲座上经常引用如下观点，孟子说“充实之谓美，美而有光辉之谓大，大而化之谓圣，圣而不可知之谓神。”【按：此“不可知”并非“不可知论”，而是令人们感到“其大无外，其小无内”（惠子语）油然而生敬畏之威，方成神圣；而此“神”绝非“有神论”之“神”。】如此神圣存之于心，见之于行，如日月之行，行而有信，天下共仰之，是为“信仰”本义。信仰既美，光大于行，则善利于世；心中若有阴影则信仰可以约束之，不见于恶行。前俄罗斯文学家陀斯托耶夫斯基有言“如果人的心灵里失去了神圣，那么，他是什么事都干得出来的”。在十年政协委员生涯中，我多次引用此言，用意皆在于强调信仰。闳强信仰自可正官风，正民风，树立优秀民族形象，增强国家软实力。

我们的信仰建设绝非从零或负数奠基，因为我们有世界上唯一的历五六千年以上而未间断的文明体系——大中华文明体系。她既有古代列祖列宗留下的文明，又有近代无数国难之中历练出的英雄豪杰，仁人志士所迸发的精神文明，丰沛之至。只要持之以恒地钩沉补缺，勇于实践，一种新时代的大中华文明一定会屹立于世，令举世共仰之！

如今我已69岁，但退而不休，文史工作、艺术创作、教书育人工作依然未停，且自封“员外郎”以自慰自勉，乃中华“士人”传统观念之责所使然也。

今闻六中全会的文化喜讯，即将随感书之成文，或能发表，倘有“冒场”之处，还望同志赐教。

听 海

霍 达

我是抢在台风之前到达青岛的。在北京就听到天气预报说，台风将在今天傍晚登陆青岛，心里便迟疑，我这个年纪，已经不适合“奔赴抗洪救灾第一线”采访了，刚刚经历了北京60年一遇的水灾，却又鬼使神差地到青岛追赶台风，这次“度假”的时间、地点岂不是太荒唐了？可是机票已经买好，青岛方面也已经订好了宾馆，安排了人接机，若要取消这个行程，又怎么说得过去？只好走一趟了。

飞机晚点，到达青岛已近黄昏，来接机的司机小高等候多时了。我问他台风到了没有，他说，还没有，这边儿已经作好了抗洪准备。“大姐您看，天儿阴上来了！”我看看车窗外，泼墨般的乌云正从天边涌上头顶，暴风雨就要来了。

宾馆在远离市区的一个海湾。我随着小高踏进大堂，走进电梯，上了七楼，一直到房间门前，都头脑木然，毫无旅游观光的兴致。但当房门打开，我朝着明亮的落地窗走去，猛然映入眼帘的竟是浩荡的大海！我被惊醒了，精神立刻振奋起来。海滨的宾馆自然是建在海边，这并不意外，令我没有想到的是，它和海竟然挨得这么近，窗外就是海，站在阳台上，极目远望，海天相接处是一条弧形的虚线，那是半个地球的轮廓！

当晚，台风如约而至。大海疯狂了，掀起滔天巨浪，像水墙似地向前压过来，重重地拍打在岸上，发出巨大的声响，我所在的宾馆仿佛汪洋之中的一座孤岛，随时都会被撕裂，被吞没！我不禁悚然，关紧窗户，拉上窗帘，熄灭了所有的灯，却依然难以入睡。窗外，大雨滂沱，狂风呼啸，大海倾覆，教人如何安眠？突然想起"惊天地泣鬼神"这几个字，过去在文章里写到过，并没有真切的体会，现在倒是身临其境了，整整一夜听着万千头怪兽狂吼，真个是"惊天地泣鬼神"！

天亮之后，风息雨歇，没想到台风来得快，去得也快，大海又恢复了缓波抒浪的常态，只是水变浑了，像是黄河。吃过早饭，小高陪我到海边走了走，路灯倒了不少，栈桥也被掀翻了，扎着铁钉的木板散落在沙滩上，一些工人正在收拾。小高说，这次台风，咱这儿只是扫了点边儿，不算大。听那语气，波澜不惊，真是海边经过风浪的人。我说，几十年来，我到过中国的黄海、东海、南海，也到过外国的黑海、红海、地中海，甚至远涉大西洋，领略过各具特色的海洋风光，却唯独没有经历过台风，这次总算见识了，弥补了一项缺憾。我喜欢大海，没有白来！

说这番话的时候，我们已经回到宾馆，正走在七楼的楼道里。这时，忽听得身后有人答话："大海？大海在哪儿呢？"

我回头看去，见是一位身穿黑色短袖衫的中年女性，正朝这边走来。

"窗户外边就是啊，"我随口说，"你的房间没有吗？"

"没有……"她茫然地看着我。

明白了。海滨的宾馆，并不是所有的房间都朝着大海，也许是为了省钱吧，她订了背阴的房间。可是，大老远地赶来，就是为了看海的，她显然已经迫不及待了，入住的第一时间就要看到大海，大海在哪儿呢？

我笑笑。打开自己的房门，说："来，到我这儿来看吧！"

她并不推辞，匆匆走进来，就像我第一次进这个房间一样奔向窗前，惊奇地望着面前的大海，情不自禁地发出一声感叹：“啊……”但也仅仅待了片刻，便转过身，朝我说声“谢谢”，又匆匆跑了出去。我没有来得及问她从哪儿来，更不知道她是做什么的，这些似乎都不重要，“相逢何必曾相识”，大家都是来看海的，在大海面前，无论什么年纪的人，都天真得像个孩子。

第二天，我又在楼道里碰见了她，正在往电梯那边走，身边还带着两个男孩儿。

“你到海边去过了吗？”我问她。

“去过了，总算见到真正的大海了！”她朝我笑笑，两手揽着孩子匆匆走了。

又一次擦肩而过。

他们走远了，小高低声对我说：“大姐，您看见了吗？她那俩孩子，都是……瞎子！”

“是吗？”我一愣，“我刚才怎么没注意？”

“没错儿，那个大点儿的还拄着根竹竿儿呢，眼珠儿是浑的，一看就是……”

“两个都是吗？”

“都是。”

我的心一沉。人间竟然有这样的事，两个不幸的孩子生在同一个家庭！猛地回过头去，那母子三人已经不见了，显然，他们已经下楼去了。

“你刚才怎么不告诉我？”

“当着人家的面儿，我咋好意思说？”

他是对的。我知道，那些自身有残疾的人，包括他们的亲人，都有着超乎常人的敏感和自尊，最忌讳的就是旁人指指点点，更不要说歧视和嘲弄。其实，在自尊的背后隐藏着的是自卑，因为上天没有赐予他们或者他们的亲人健全的身体，不能像其他人一样正常地生活。在他们看来，人生在世，哪怕再平庸，再贫贱，只要肢体健全，耳聪目明，就是幸福的了。但这些最基本的要求，对他们来说竟然是奢望。这位母亲带着两个盲童抛头露面，显然已经作好遭人冷眼的心理准备，不管她表面上如何平静，内心深处仍然十分脆弱，她多么希望健全人“忽视”她的孩子的残疾，哪怕装作没看见，就已经是对他们的尊重了。

可是，我却为自己刚才的视而不见而懊悔，小高都看到了，我怎么没注意呢？

“大姐，您……”小高迟疑地望着我。

“我想去找他们。”

“为什么？”

怎么跟他说清楚呢？一个母亲带着两个盲童来看海……作为一个作家和曾经的记者，我的心被触动了！他们来自哪里？有着怎样的身世？又是出于什么动力，让她作出这样的决定，风尘仆仆，路途遥遥，带着她的孩子奔着大海而来？而那两个孩子又明明什么都看不见啊！

“我想和他们交流，我想知道……”

“什么？”

“想知道他们的一切，也许我能够为他们做点儿什么？”我转过身去，招呼小高，“走，去找他们！”

“啊？上哪儿找去？”

“海边，他们一定又到海边去了！”

我们又回到海边。沙滩上，游人如织。正是学生放暑假的时候，很多家长带着孩子，踏着浸透了海水的细沙，看海，说海，留下一串串的脚印。胆子大的，蹚着水朝着深处走去，浪头打过来，发出惊喜的欢呼，也不管那海水还是浑的。人们哪，是这么热爱大海！

我和小高踏着沙滩，走过这道海湾长长的弧线，目光搜索着每一个人，尤其是女人和孩子。

“一个女人，当她开始孕育生命的时候，心就不再完全属于丈夫，而主要交给孩子了。她每天都在想象着，当这个小生命出世的时候，是个什么样子？可是，万万没有想到，她寄予全部希望的孩子，竟然什么也看不见。在那一刻，她几乎绝望了。但她没有抛弃孩子，和天下所有的母亲一样，用奶水，用心血，哺育着这个在黑暗中挣扎的小生命。两年之后，第二个孩子降生了，谁能想到，他的眼睛，还是什么也看不见……”

“大姐，”小高听得发愣，“咱们不认识她呀，您这是听谁说的？”

“没有人告诉我，”我说，“这是我想象的……”

“唉，真是老天不长眼啊，她的命也太苦了！”小高感叹着，似乎也随着我进入了想象，“哎，怎么没看见她的男人？也许……”

“也许，这是个寡妇……”

我想象着，这个孤独的女人，是怎样含辛茹苦，把这两个什么也看不见的孩子带大，领着他们度过漫漫长夜，又是怎样向孩子们描述这个世界？在她语言里，人间是一片黑暗，还是充满明媚的阳光？还有大海，她该怎么跟孩子说，大海是个什么样子？

在我的面前，大海波涌浪翻，越来越多的游人向大海聚拢来，奔跑着，赞叹着，嬉戏着，可是，在他们中间，并没有我要找的那母子三人。他们到哪里去了呢？

我和小高怅然而归。忽然想到，餐厅也是个人人必到的地方。对，在那儿一定会碰到他们！

午餐开始之前，我和小高就到了餐厅，吃饭的时候心不在焉，眼睛巡视着周围的人，一直等到最后的一桌客人离开，都没有看到那个女人和她的孩子。我向餐厅的服务员打听，她们也说没看见。服务员们的眼光很敏锐，见过几次面就已经认识我了，虽然不知道姓甚名谁，但常来的客人总记得住熟脸儿，那母子三人应该很容易留下印象的，可是却没有，这几天都没有。难道……难道他们连饭都不在这儿吃吗？

小高问我："大姐，咱们还接着找吗？"

我说："找！"

可是，上哪儿找去呢？我们总不能挨个儿去敲客房的门，像查户口那样找人吧？我们没有那个权利。对了，去找大堂前台，请求他们的帮助！

前台的接待人员听了我们的描述，问："您要找的客人，姓什么？叫什么？"

"不知道。"我如实回答。

"那……您和他们是亲戚，还是朋友？"

"都不是，没有任何关系。"

"对不起，"接待人员礼貌地但又是果断地回绝了，"我们不能提供客人的信息。"

小高急了，忙说："同志，这位大姐是……"

我朝小高摆摆手，让他不要着急，随即拿出自己的证件，请接待人员过目。"请您相信，我有必要找到他们。请帮助我！"

"您找他们的目的是什么？"

"帮助他们。我认识中国最好的眼科医生，也熟悉国家办的慈善机构！"

"噢！"接待人员把证件还给我，"请等一下！"

柜台前，几名接待人员聚拢来，分头查找三天以来的客人入住记录，重点是七楼背朝大海的房间。我等着，期待得到肯定的答复，哪怕只是一点儿线索。

良久，终于得到了回答："实在抱歉，查不到任何线索。在我们的记忆中，也没有这样三个人的印象。"

我只好作罢。她们已经尽力，只怪我无法提供更具体的信息，要在茫茫人海中寻找无名无姓的母子三人，真正是大海捞针！

又到海边，我望着夕阳下滚滚而来海潮，怅然若失。

“他们真的是母子吗？”我心里一动，问小高。

“嗯？”小高也疑惑了，“难说呢！我看那个女的，俩眼好好儿的，咋会俩孩子都是……”

他没好意思再次说出“瞎子”，以后恐怕再也不会说这两个字了。

“也许……”我思索着说，“也许是她收养了两个从小被遗弃的盲童，也许，她是他们的老师……”

是的，我更相信这是一位老师带着她的两个学生。那么，那是一所什么样的学校？这两个孩子又有着怎样的身世？不知道，或许，在孩子们的心中，老师就已经是妈妈了。

“小时候，妈妈对我讲，大海，就是我家乡……”她教他们唱歌，一首许多孩子都会唱的歌。

他们问她：“老师，大海是什么？”

她答：“大海是望不到边的水，是蓝色的……”

他们又问：“老师，什么是蓝色？”

她答不出了。她的这两个学生，从来就没有感受过光线和色彩。她只好换个角度，为他们描述大海：“大海汹涌澎湃，奔腾咆哮……”她也只能想到这些从书本上学来的词汇了。如果学生再追问什么是“汹涌澎湃”，什么是“奔腾咆哮”，她也答不出了，因为自己也没见过大海。于是，趁着暑假，她带着他们来了，来看真正的大海，却又赶上这个时候，台风过后的大海不是蓝色的，水是浑的，就像那两个孩子浑浊的眼睛。其实，他们并没有看见大海，准确地说，是在“听”海，听海的涛声，是怎样“汹涌澎湃”，怎样“奔腾咆哮”。如果我能遇上他们，一定会补充说，大海还会“呜咽”，因为千百年来，它阅历了世间太多的悲剧，感受了人类太多的忧伤！

涛声呜咽。我要找的人却再也不见踪影，他们只在我的眼前一闪而过，就永远地消失了。也许，他们只在这里停留了短暂的一晚，在“听”过大海之后就匆匆离去了。也许，他们根本就没有正式入住宾馆，只不过投亲靠友，来这里作了一次“旁听”而已。谁知道，现在他们在哪里？

内蒙访古：草原文明的辉煌

赵德润

壬辰之夏，内蒙古草原绿草无边，鲜花满地。由国务院参事室副主任方宁带队，中央文史研究馆舒乙、杨天石、赵仁珪、白少帆、尼玛泽仁、吴静山、赵德润七位馆员到内蒙古访古，就红山文化、蒙元文化和佛教文化研究保护等进行考察。考察团一行上红山、下辽京、观名寺、穿过金莲川、走进元上都。直面历史遗迹，不免发思古之幽情；行程数千公里，仍有意犹未尽之感慨。

草原上的世界文化遗产

此次文化考察，适逢内蒙古锡林郭勒盟正蓝旗境内元上都遗址，今年 6 月 29 日在俄罗斯圣彼得堡第 36 届世界遗产大会上，被列为世界遗产名录，成为我国第 43 处世界遗产、第 30 处世界文化遗产。位于正蓝旗上都镇东 20 公里的元上都遗址，是 750 多年前元太祖忽必烈创建的具有文化融合典范价值的草原都城遗址，是中国元代都城系列中创建最早、格局独特、保存完好的遗址。

走过千年生生不息的金莲川，九届全国人大常委会副委员长布赫所书“元上都遗址”五个大字赫然映入眼帘。右侧是元太祖忽必烈和文臣武将们巨型群雕。元上都和北京元大都的总设计师刘秉忠、郭守敬在群雕中格外引人瞩目。

元上都始建于 1256 年，由宫城、皇城、外城等组成。城址平面呈方形，坐北朝南，边长2200米，面积近5平方公里。元上都经历百年辉煌，曾和北京元大都同时成为元代政治中心，是当时著名夏都。1358年起毁于10年元末农民战争。废弃的遗址保存完整，宫城、皇城轮廓依稀可见，通过两道保存完好的城门似乎还能看到当年的风采。

元上都遗址作为规模最大的草原都城遗址，在历史上具有极为重要的政治、军事地位。元朝共有6位帝王在上都登基。元中期以后发生的“南坡之变”、“两都之战”、“上都兵变”等宫廷斗争、流血冲突也都发生在元上都。元上都以其地处中原农区与北方牧区交接地带的特殊地理位置，在游牧民族从军事征战转向王朝治理的过程中，见证了游牧与农耕两种文明的冲突与融合。作为农耕文明与游牧文化的精髓结合于一城的杰出范例，在世界文明史和城市规划设计史上拥有独特的地位。

内蒙古自治区文化厅副厅长、文物局长安泳锝说起内蒙古文物保护和元上都申遗，如数家珍。他说去年初我国向联合国教科文组织世界遗产委员会申报元上都遗址，当年8月世界遗产委员会专家到元上都遗址进行了实地考察评估，考察报告对元上都遗址给予高度评价。经过国际专家实地考察评估和当年9月对元上都遗址“9个询问”，以及今年4月“7个询问”的“考试”，元上都遗址顺利通过评审，列入世界遗产行列。考察途中，安泳锝提出如何看待蒙元时期文化艺术的发展，他和自治区文史研究馆馆员石玉平信手拈来的典故注解，引起各位馆员的兴趣。

蒙元时期不仅疆域广大，国力强盛，而且艺术繁荣，名家辈出。元曲是中华民族文化宝库中一朵奇葩，艺术成就独具特色，堪称与唐诗宋词鼎足并举，成为我国文学史上三座重要里程碑。关汉卿、白朴、马致远、郑光祖四位元代杂剧作家，代表了元代不同时期不同流派杂剧创作的成就，被称为“元曲四大家”。书画艺术更是宗唐宗晋，各有其妙。绘画有代表元代山水画主流的“元四家”。关于“元四家”，一说是指黄公望、王蒙、倪瓒、吴镇四人（见明代董其昌《容台别集·画旨》）。一说是指赵孟頫、吴镇、黄公望、王蒙四人，（见明代王世贞《艺苑卮言·附录》）。其画风各有特点，崇尚传统，重笔墨，尚意趣，对明清两代和后世影响很大。元代书法继承晋唐，崇尚复古。赵孟頫、康里巎巎、鲜于枢、耶律楚材等是这一时期的书家的代表。他们主张书画同法，注重结字的体态，以真、行、草书为书法主流。由此可见，蒙元时期的文化艺术上承唐宋，下启明清，也是中华文化艺术一个高峰。

红山文化体现多元文明

蒙冀辽三省区交汇处的赤峰市，因境内一座赭红色山峰而得名。红山海拔仅746米，方圆不过10平方公里，但它所代表的中国古代北方历史文化，可以上溯到8000年前的新石器时代，历史悠久，文化灿烂。全国重点文物保护单位红山遗址群，包括红山文化、夏家店文化、战国时期文化和契丹辽文化。红山文化的分布，其北界越过西拉木伦河，并有继续向内蒙古草原深入趋势；东界越过医巫闾山，到达下辽河西岸；南界东段可达渤海沿岸，西段越燕山山脉到达华北平原；西界目前可确定在河北张家口地区桑干河上游。从现有地域行政划分来看，内蒙古赤峰和辽宁朝阳两市区域内最为集中。内蒙古境内以聚落文化为主要特征的遗址和辽宁省境内以祭祀文化为主要特征的遗址，合起来才是完整的红山文化遗址。

红山文化聚落遗址、辽上京遗址和元上都遗址充分证明，北方草原文明是中华文明直接而重要的源头之一。1993年8月，第一届中国北方古代文化国际学术研讨会在赤峰市举行。北京大学考古系主任严文明教授发表了著名的“三系统”说，即中国古代文化有三个系统居于主要地位。一是以中原为核心的华北系统；二是以长江中下游为主体的东南系统；三是以辽河流域为中心的东北系统。史学界专家认为，黄河流域的仰韶文化、长江中下游地区的良渚文化和辽河源头地区红山文化是中国古代文化主要源头。“三系统”说、“三流域”说都强调中华文明的多元一统。

红山文化全面反映了中国北方地区新石器时代的文化特征。红山文化的坛、庙、冢等遗存，代表了中国北方地区史前文化的最高水平。红山文化一个鲜明特征就是已经创造出各种形状奇特的玉器。内蒙古翁牛特旗赛沁塔拉村出土的C形玉龙，高26厘米，由绿色岫岩玉圆雕而成，龙的吻部前伸，略略上翘，嘴紧闭，鼻端截平，有对称的双圆鼻孔，双眼突起呈梭形。龙体卷曲呈“C”形，龙的颈部长鬣上扬，刚劲有力，显现腾云驾雾的动感，这件墨绿玉龙被史学界称为中华第一龙，距今6000年至5500年。而内蒙古敖汉旗境内首次出现由猪首、鹿首和神鸟组合的“灵物图像”，考古界称之文化代表物为“中国第一神图和最早的透视画”，在意识形态和绘画艺术上具有划时代意义。

在红山聚落文化遗址与元上都遗址保护研究座谈会上，中央文史研究馆馆员同自治区文物局、赤峰和锡林郭勒盟两地负责人先后发言，就文物保护与研究进行深入讨论。一致认为，从红山文化到草原青铜文化，从契丹辽文化到蒙元文化，形成了灿烂辉煌的草原文化；草原游牧文明和中原农耕文明在这里交汇融合，推动了中国历史文化的发展进程；草原文明的历史遗存和文物的保护与研究意义重大，任重道远。

辽上京遗址是我国保存最好的古代都城遗址之一，是辽圣宗以前的统治中心。辽代共建有五京，其中上京城是营建最早，也是最重要的都城，是辽代的政治、经济、文化中心，也是我国古代漠北地区的第一座都城。上京作为辽都长达204年之久，先后有辽太祖耶律阿保机等9位帝王在此登基。太祖陵是耶律阿保机的陵墓，辽祖州城是守护和祭祀辽太祖陵墓的奉陵邑，是研究契丹历史的重要实物资料。

在巴林左旗辽上京博物馆，我们欣赏了辽墓壁画艺术。在中国美术史上，壁画艺术占有重要的一页，有着重要的艺术与历史价值。辽墓壁画的表现手法以线条为主，上彩绘制而成。画中人物生动传神，是辽代社会生活的真实写照，对了解我国古代历史、文化有着很大的作用。

一代名寺见证民族团结历史佳话

1961年初秋，老舍先生到内蒙古考察，在红山脚下流连忘返，赋诗一首："塞上红山映碧池，茅亭望断柳丝丝。临风莫问秋消息，雁不思归花落迟。"如今，舒乙先生挥笔写下了父亲半个世纪前的诗作，表达了热爱祖国河山讴歌民族团结的赤子之情。

我国北方草原文明具有悠久的历史、丰富的内涵和独特的风格，蕴含着现代文明赖以传承的优秀文化遗产、精神资源和思想源泉，对增强中华民族自信心和凝聚力，推动各民族的团结进步，具有重要意义。舒乙先生等还专程走访了锡林郭勒盟多伦县，这里的全国重点文物保护单位一代名寺汇宗寺、善因寺见证了清王朝固土封疆的雄才大略和各民族团结和谐的历史。

康熙二十七年（1688年），漠西准格尔部首领噶尔丹率兵入侵漠北喀尔喀地区，迫使土谢图汗、哲布尊丹巴胡土克图部众南移避难。康熙二十九年（1690年），37岁的康熙皇帝亲率大军在乌兰布通大胜噶尔丹。康熙三十年（1691年），康熙皇帝亲自召集漠南蒙古48旗扎沙克漠北36旗扎沙克，于多伦诺尔会盟。从此漠北喀尔喀三部正式并入清帝国版图，蒙古成为清帝国在北部疆域不设防的屏障。

多伦会盟期间，蒙古王公要求"建寺以彰盛典"。康熙尊重蒙古族信仰藏传佛教的习俗，敕令在多伦会盟处兴建故宫中和殿风格、规模宏大、金碧辉煌的汇宗寺。康熙多次到汇宗寺礼佛，题寺名、赐匾额、题写御制碑文。清廷"令蒙古各部落居一僧以住持"。雍正五年（1727年），雍正又敕令在汇宗寺西南新建宏伟壮丽的善因寺和行宫，雍正赐匾额题碑文，延请高僧大德二世章嘉呼图克图若必多吉主持善因寺宗教事务，协助清政府处理蒙藏事务，维护和巩固了清廷对蒙古社会的统治。每年春夏之际，两大寺院举行盛大庙会。多伦诺尔成为商号林立、贸易发达的重要商埠。

“西僧迎辇列香幡，击鼓吹螺动法门。番界从来知佛大，而今更识帝王尊。”清代诗人查慎行几次随康熙到访汇宗寺，他的这首诗，深刻道出了康熙的深谋远虑和一代名寺的政治使命。

考察临近结束的时候，我们应内蒙古文史研究馆馆长张建华之邀，访问了位于呼和浩特北郊的全国文史书画研究北方基地。短短三年时间，一座3000多平方米的砖红色文化小楼在大青山脚下悄然竖起，一大批精品书画和文史资料陈列其中，其功能集研究、创作、陈列、展览于一体，立足内蒙古，面向北方省区市组织区域性书画活动的理念也开始体现，成了名副其实的文史书画研究基地。各位馆员分别应邀题字、赋诗、作画，我写了一首《内蒙访古》：

内蒙访古七月间，草原圣地是红山。
玉龙灵动传千古，多元文明新史观。
辽京元都一时盛，中华文脉代代传。
北国兴替多少事，鲜花依旧金莲川。

中国画是静、慢、淡的艺术

程大利

“逸、神、妙、能”四格，逸之外其余三格没有原则的界限。如果要分的话，每个品种还分上中下呢，这需要是同时代的人才好比较。画论品评中多有点评，我不研究画史，故对“典型的代表人物”无大兴趣。孔子说“君子不器”，大约是指对“术”和“技法”不是看得太重。学生请教种地，孔子说“吾不如老农”。中国画中“道”的部分千载不移，而“术”的部分代代有变，这应验了石涛那句“笔墨当随时代”。变是自然的变，而不是刻意的变。形而上的认知，是历代中国画论提炼出来的共同部分。其中我们所谓的“逸”是宋之后，贯穿中国画精神的一个核心命题。如果仅仅把“逸”看作是“文人画”的产物，这认识是狭隘的。“逸”是笔墨文化成熟的标志。“逸”关乎才情，更关乎修为和境界。关于“逸”的历代论述很多，我把它概括为六个字：

不象——不愿拘泥于物象，“非不能也，实不为也”。实在是不屑于那个“象”。

自由——忠实于个人情感。不做，不刻，不雕，不期然而然地流露出来。如是做出来、刻出来的可能就是“妙”和“能”，在流和做之间的是“神”。

出尘——与“意识形态”无关，不为谁服务；不为时风左右、不顾大众需求。当然它又绝然不是仇视社会，它是通过内省而达至善；人们欣赏它得需要提升自己，修养到一定的功夫才能有所解悟。

“逸、神、妙、能”这四格往往不是截然分开的，“神”“妙”“能”里面也往往有部分“逸”的因素，但到“逸”格则是更突出了。历代画论称之为“标格特出”或“标致特出”，人们一看，会感觉它完全跳出来了，超尘绝俗。这与是否工笔或写意无关，与题材、体裁、形制、手法也无关，是效果，浸透着精神内涵的一种效果。仇英画得虽好，但不能称作“逸”，是妙品，有的可称神品。陈老莲是“逸”，八大是“逸”，石涛略显粗糙，也是“逸”。他的画作在“笔精墨妙”上要打点折扣。我也研究了原因，他在“出尘”上有点欠缺，还不是真的自由，放不下。真的逸格多为野逸之人、出世之人。没有出世的人有一颗求逸的心他也能做到，如董其昌、沈石田。而石涛呢，他心里头还是向往着入世，放不下，身在尘外，心在尘中，如此状态，在画上能看出来。观石涛的画，时见才华过人，时见浮烟涨墨；时见清奇脱俗，时见随世俯仰。这是一个矛盾着的石涛。他的画论却有极强的思辨能力，对中国画的本质把握入骨，认识可谓深刻，但“笔墨当随时代”被20世纪过度解读，成为标签，甚至成为肤浅作品找来的依据。

中国画的笔墨语言是随着观念来的。这个观念源自古典哲学，宋以后益发确定，成为笔墨内蕴。欧阳修《盘车图》曰：“古画画意不画形，梅诗咏物无隐情。忘形得意知者寡，不若见诗如见画。”能够“忘形得意”是很少的，意是大概，但又是精神实质。沈括在《梦溪笔谈》中谈到：“书画之妙，当以神会，难可以形器求也。世之观画者，多能指摘其间形象、位置、彩色瑕疵而已，至于奥理冥造者，罕见其人。然后他接着说，予家所藏摩诘画《袁安卧雪图》，有雪中芭蕉。此乃得心应手，意到便成，此难可与俗人论也。”“难可与俗人论”便是问题的实质。

中国画的笔墨观念一俟形成，就把自己跟世俗的审美观隔开了，这与文人士大夫的介入有关。在民间画中不这样，从彩罐到青铜器等一些实用美术中也不这样，民间艺术、原始阶段的美术更不这样，虽然它们的艺术成就也极高。而为什么到文人画的时候却强调“不与俗人论”呢？这到底是退步还是进步？我的结论是进步，进入了中国笔墨艺术更本质的状态。已脱离一般造型规律，有些疏离视觉艺术的常态。“得心应手”不只是熟练的意思，是独有心得，再造自然。“神会”是中国画的最高境界，这便注定心理修养和悟性的至关重要。恽南田《题石谷临九龙山人》云：“心忘方入妙，意到不求工。点拂横斜处，天机在其中。”按照庄子的思想，天机是“绝圣弃智”后的发现。清王昱说“坐破蒲团，静参默悟”方能“天机活泼，迥出尘表”。黄休复云“夫观画而神会者鲜也，不过视其形似而已”，明代项穆云“苟非达人上智，孰能玄鉴入神”。这样一来，许多人一辈子也进入不了笔墨状态了。

中国历代画论说脱出尘表，就是不为大众服务，跟社会品味拉开了距离。然而中国画又是最人性化的，因为它有两大功能：养心修身之术和知世悟道之功。只不过他对大众提出了一个门槛的要求——大众必须要先改造自己，而不是去改造中国画，要把自己提升成有文化的、有境界感的，有操守的人，才能进入中国画。中国画对画家有人文要求，要“人”、“文”双修。对欣赏者的要求同样也要有“文”，“文”是进入中国画创作和欣赏的门槛，也是沟通画家和社会的桥梁。

中国画之所以能为大众接受，是因为它的人性指归的“至善”。既然是养心修身之术，谁都不会排斥，是人性的需要。面对宋人山水，可游可居、可静心畅神，坐游万里、精骛八极，进而进入一种恬淡虚无，精神内守的状态，也即“入静”的状态。老子说：“静胜躁，寒胜热，清净以为天下正。致虚极，守静笃。万物并作，吾以观复。”中国画就是让人静下来的艺术，它不表现战争，不表现血腥，不表现暴躁，也极少表现焦虑。它追求至静至远，调和天人。这种艺术观念源自老子思想，无所谓消极积极。今天人类的生存环境中，生态恶化，空气污染严重、社会压力那么大乃至有人会跳楼，中国画不啻是一剂镇静剂，是慰贴人心的良药。

徐复观《中国艺术精神》有段话说得好：顺着现实跑，与现实争长短的艺术，对人生、社会的作用而言，正是“以水济水”“以火济火”，使紧张的生活更加紧张，使混乱的社会更加混乱，简直完全失掉了艺术所以成立的意义。

中国画启示人养心修身，知世悟道。孔子说“见山思仁，见水思智”，醉心于看画人远离势利，离善境更近。一时达不到，但能使人向而往之。“成教化、助人伦”，是艺术的社会功用。而最大的“教化”与“人伦”便是向善。

回到“逸”的悖论问题。有个叫赵汝珍的人写了篇古玩方面的文章《品玩》，其中说：“中国人对书画、文物的喜欢实系专制政体逼出的康庄大道。”在中国古代，文人“达则兼济天下，穷则独善其身”，独善其身无所谓积极或消极，即便是董其昌官居高位，他也雅好书画，闭门沉溺笔墨以调剂他入世的烦恼。

这便是“逸”之所以为“逸”，同时还有一种平衡的作用。

我认为艺术没有革新问题，也没有复古问题，“艺无古今”不是我说的，是谢赫说的。艺术无古今新旧，只有巧拙。《古画品录》云“迹有巧拙，艺无古今”。东西不必二元对立，古今也不必二元对立，非此即彼的判断，使我们困惑了将近一个世纪，做了很多傻事。黄宾虹，沟通了东西，也沟通了古今，这就是艺术的本质。中国画之所以19世纪末以来出现了“衰退”，是因为1840年鸦片战争后西方文化的始料未及的涌入。西方强势文化涌入中国以后，使国人动摇了对本民族文化的自信，有人甚至连汉字也怀疑。至于元以后中国画走向衰落的理论我认为是错误的，元明清是中国画继续的发展与成熟。“衰落”说是20世纪庸俗社会学的污染，二元论和阶级对立学说害了中国画。直到今天我们还在关心中国画是一级学科、二级学科。这种学科的划分就是西方思维。在柏拉图时代，学问是通的，孔子时代学问也是通的。没有什么一级学科和二级学科这种分类。我尊重人类所有的智慧。我尊重并欣赏西方艺术，但我更爱本质上的中国画，因为这个本质上的中国画与我的基因更贴紧。

时代精神无是非高下，艺术自有艺术的自身规律。科学带来发展也带来了诸多的烦恼，生态环境越来越差，资源越来越少，对自然山川的向往必然成为人类的共识。

“刻意求新”在我的文章里是个贬义词，尤其在中国笔墨文化里。一刻便有做痕，一做便落下乘，刻意打造往往走向问题反面，违背艺术规律。中国画最高境界就是“自然”二字，是因为“天人合一”的终极理想形成了自身的规律。中国画论没有“创新”这两字，有传承、继承、独到。人的基因有差异，准确地表达自己，个个都“独到”。正确地领悟前人的智慧，又能够在山川自然中有自己的感悟，便会“独到”，真实地表达了自己，肯定是新的，不是“创”的，也不是“求”的，是流出来的，下意识的，是“水到渠成”，“刻意”、“苛求”，终不是高境。

石涛在他的《苦瓜和尚话语录》特别标明：笔墨当随时代。在我看来，笔墨可以随时代，也可以不随时代。笔墨即是一种永恒的精神，表达自己就行了。山川永恒，在表达这个“永恒”的时候，因人而异，便有了所谓“个性”。但这个“个性”不是“贪奇”。昔人谓“笔墨贪奇，多造林丘之恶境”。纵观人类发展史，“时代总是短暂的”。“笔墨随时代”是后人回望观历史的时候发现的客观规律，而不是事先的“设计”，刻意追求“笔墨当随时代”，丢了真我，也丢了自然。佛教说“自在”，大约是我自己在，这是最自然的状态，笔墨的至高状态大约就是这个“自在”。

笔墨文化与人文关怀相连。培养独立人格，学会阅读思考，要有担当意识，要有自我反省意识。艺术家只知名利是狭隘的，人都喜欢权力和金钱，但权力和金钱腐蚀着艺术。中国传统士大夫精神有极可贵的担当意识，这是传统的重要部分。中正至大。人正笔才正，胸怀大了，笔墨自会不同。

沈宗骞在《芥舟学画篇》中说“从事笔墨者，初十年但得略识笔墨性情，又十年而规模粗备，又十年而神理少得，三十年后才可几于变化”，沈氏还为这三十年立下几条从艺的原则：一曰清心地以消俗虑，二曰善读书以明理境；三曰却早誉以几远道；四曰亲风雅以正体裁。具此四者，格不求高而自高矣。这简直不是在谈艺术，是在说如何成为一个君子。这就是中国画，就是中国笔墨的规律，这与西方人论画真是风马牛不相及。然而，这就是传统。

文征明说人品不高，落墨无法。人品与时代无关，我们自己说自己的时代精神多么伟大是没有用的，时代急功近利，并不影响我们个人的修为。当一个人具有自我反省和自我批判意识的时候，人格就渐渐独立了。独立人格是思考的基础，对传统的学习大约从这儿起步。

谈中国画不能离开书法，不只是技的层面，道的层面也一样。书法是中国文化的精髓，书法是中国人独特的文化基因，笔墨是中国人独特的“文化密码”。

林语堂在《吾土吴民》中说：“中国书法作为中国美学的基础，中国的各种门类……对韵律的崇拜，首先是在中国书法艺术中发展起来的。”王国维在《汉魏博士考》中说：“汉时教初学之馆，名曰书馆，其师曰书师，其书（课本）用《仓颉造字》《凡将》《急救》诸篇，其旨在使学童识字习字……汉人就学，首学书法，其业成者，得试为吏。”

现在很多中国画家说书法是书法，画画是画画，这很可悲。古代的书法是中国最基本的文化形态，也视为一切艺术的根基。蔡邕说“书，散也”，它自由，不受于形，书写的点画提按之中情感表达，自由自在，这观点来自于中国哲学、中国人特有的思维方式和情感，也因此造就了中国人特有的艺术。

把这个书法的观念引进入画中，就是直接天地的中正观，观照万物的通变观，深入万象的力度观。黄宾虹管书法叫力学，这个都得体现到画中去，这就是书法为画所用的地方。传统中国画一从思想入，二从书法入，中国画家一生都重涵养，是养出来的。中国画重藏不重显、重涵不重露，就是哲学观使然。

黄宾虹说画求内美，非常人所能见。明代画家恽向，画作备受众人称赞，回家便将此画撕了。他觉得自己画肤浅了，一眼让人看懂了。黄宾虹文中提及此事，认为恽向求内美，不务外观。而对内美作品的欣赏是需要时日的，炼得一双慧眼，如白石所说：“有眼应识真伪”，是需要修养和积累的。

傅雷的《观画答客问》也说：“一见即佳，渐看渐倦：此能品也。一见平平，渐看渐佳：此妙品也。初若艰涩格格不入，久而渐领，愈久而愈爱：此神品也，逸品也。（在这里，傅雷把逸与神并列，但逸还有更独特处）观画然，观人亦然。美在皮表，一览无余，情致浅而意味淡；故初喜而终厌。美在其中，蕴藉多致，耐人寻味，画尽意在；故初平平而终见妙境。若夫风骨嶙峋，森森然，巍巍然，如高僧隐士，骤视若拒人千里之外，或平淡天然，空若无物，如木讷之士，寻常人必掉首弗顾：斯则必神专志一，虚心静气，严肃深思，方能于嶙峋中见出壮美，平淡中辨得隽永。唯其藏之深，故非浅尝所能获；惟其蓄之厚。故探之无尽，叩之不竭。”这段话对中国画认识之深刻，在20世纪极少有人达到，今天的画家实在应把这段话作为座右铭。

中国园林景观建筑中的民俗观

陶思炎

摘要：中国园林建筑作为景观建设最重要的方面，以叠山、理水、造屋、铺路和莳花、植木展现着传统的抱合自然的哲学观和入世乐生的民俗观。园林建筑的民俗观主要表现为：刚柔相济，阴阳和顺；时空流动，内外交通；除凶纳吉，入世乐生；统一变化，彰显个性。园林建筑的民俗观借助建筑构件、门窗雕饰、脊饰瓦饰、花木配置、花街图案、山岛设置、神话传说，以及对景、借景等手法而得到象征性的表达。

关键词：园林艺术；景观建筑；民俗观

中国园林是中国文化的缩影，其景观建筑包容着天文观、地理观、阴阳观和人生观，作为艺术与生活的统一，构成了中国民俗的一个特殊的表现领域，也形成了中国园林景观建筑的独特风格。所谓“园林景观建筑”，包括楼台馆榭、亭房廊径、山石池泉、船桥栏靠、龙墙漏窗、奇花异木、嘉卉珍果、装饰摆饰等，涉及园林中的主体建筑、小品配置和细部装饰。所谓“民俗观”，则指风俗观、生活观，作为人的生活需要、理想追求、情感抒发和信仰寄托的象征表达，它们通过叠山、理水、造屋、铺路、装饰、摆饰、小筑、对景、借景、莳花和植木等造园手法，反映出寄寓在园林艺术中的文化传统、社会风尚、审美习惯和园主的个性风格。

中国园林景观建筑中的民俗观，作为生活与艺术的无声表达，主要表现出“刚柔相济，阴阳和顺”；“时空流动，内外交通”；“除凶纳吉，入世乐生”；“统一变化，彰显个性”等基本的文化特征。

一、刚柔相济，阴阳和顺

“刚柔相济、阴阳和顺”是大自然的法则，也是人生之道和中国的民俗传统。作为理想的境界和精神的家园，中国园林追寻着这样的法则和传统。在园林景观中，往往山水同在、曲直互见、虚实对应、强弱并用，表现为刚柔、阴阳的协调、和顺，人生与自然的呼应、偕同，以及不偏不倚、能屈能伸的心境与气度。中国古代的私家园林多为园主隐入“城市山林”的别业，他们曾经为官或经商，崇文而知礼，大多信天理、重人伦、爱自然、读诗书，讲求人文与天文的交并、人道与天道的统一。

在和谐、统一的宇宙观与人生观的潜移默化下，园林景观的建筑往往带上了哲学应用的意味。例如，在中国园林的建造中，人们总少不了运用叠山、理水的基本造园方法，而山、水正好给人以刚柔、阴阳对照的直观印象和相反相成的哲学联想。山石的高耸、坚挺，带上了阳刚气息，而池水的静谧、幽曲和轻缓的涟漪则成了阴柔的象征。

关于石与山的相互关系和文化判断，在中国古代文献中多有著述。《说文》曰：“石，山石也。”《释名·释山》曰：“山体曰石。石，格也。坚捍格也。”《经籍纂诂》卷十五引《周礼·大司徒》注曰：“积石为山。”因此，中国园林中的片石或叠石大多有“山”的取意。古人认为，山能布气调神，为“阳精德泽所由”，故被视作“阳”的象征。至于水为“阴”之说，也屡见于中国汉代的古籍。《论衡·顺鼓》曰：“水，阴也。”《白虎通·五行》曰：“水者，阴也”，“水者，盛阴者也。”《淮南子·天文训》曰：“阴气为水。”

其实，山、石在古人看来，本也具有阳、阴之性。《春秋公羊传注疏》卷十七云："山者，阳精德泽所由，生君之象。"《春秋穀梁传注疏》卷十三引汉许慎之说云："山者，阳位，君之象也。"山因雄健高峻、与天相接，被视作"阳"的象征。《尔雅》云："山西曰夕阳，山东曰朝阳。"此说强调了山的东西两面均与"阳"相关。然而，"石"却又被古人视作阴类之物。《经籍纂诂》卷第一百引《汉书·五行志》云："石，阴类也。"又引《春秋穀梁传》云："石者，阴德之专者也。"因石为"山物"或"山体"，往往隐没山中藏而不露，故古人又有"阴类"的联想。实际上，山本身也有"阴阳"的因素，山之南称之为"阳"，山之北称之为"阴"，阴阳同在的认知，构成山"吐生万物"的信仰基础。唐代欧阳询《艺文类聚》卷七引《韩诗外传》曰：

山者，万物之所瞻仰也。草木生焉，万物植焉，飞鸟集焉，走兽休焉，吐生万物而不私焉，出云导风，天地以成，国家以宁。

"天地以成，国家以宁"是和谐世界的最高表现，也是刚柔相济、阴阳和顺的内力驱动。

此外，水也联系着阴阳，所谓"水之南为阴、水之北为阳"，乃从河的南北岸受光与背光的不同联想到"阴"与"阳"的对应，以及它们之间的互联互通。

可见，"山"、"水"在文化观念中各有"阳"、"阴"的深层意蕴，其自身及彼此间又因阴阳同在而自然、和顺。叠山与理水手法的并用就在于追求"阴"、"阳"的同在与和顺，从而为园林提升美感，并营造安宁的气氛。

在中国园林中，不仅在地上植有石峰、石山或片石，人们更在池中水际立石为岛，以象征的、模拟的方式追仿海上五神山或三神山的神话意境，从而使园林景观带上了神话哲学的成分。此外，园林建筑与配物还采用多重对应关系来表达阴阳的相伴相随与调和一统的立意。例如，建筑的立柱和墙体都是笔直的，但屋面、角脊则是弯曲的；厅堂、房室、水榭等建筑的平面一般讲求方正，但路经、迴廊、池岸则多取曲折；园中的树木，以松木为刚劲，以池柳为柔弱；

等等。这些对应的配置，除了增加视觉上多重变化的赏景效果，更在于从功能上表达刚柔相济、阴阳和顺的造园主题。

二、时空流动，内外交通

中国园林有“虽由人作，宛自天开”的审美定势和文化追求。园主虽因辞官或歇商而揖别尘世，遁居别业，却思接千载，心连天下，常怀抱合四时，交通内外之想，欲在时空驾驭和内外通达的幻想中实现精神的自由。拿扬州个园中的四季叠石来说，其园以笋石为“春山”，以太湖石为“夏山”，以黄石为“秋山”，以宣石为“冬山”，表现出一日之内、一园之中的四时之景和相互间的映照、连接与流动。主人或坐春山，或登秋山，可在夏山纳凉，可临冬山赏雪，如此叠石，营造出了季节更迭、空间流动的景观。园主坐拥四季石山，便一扫蜗居的闭塞和困顿，从而得到逍遥于人世与宇宙之间的快乐。

在园林中，厅房楼馆与石山、迴廊等虽有平面上的高差，但在造园过程中却往往能做到相互衔接，通连变化，这除了在技艺上表现出造园者们独运的匠心，也在观念上表现出他们对园景时空相贯、彼此流动意境的心向神往。时空衔接、彼此流动的造园思想本来自宇宙法则的启示，也来自人们对传统民俗生活的观察和体验。人生礼俗中的生死相连和阴阳两界间的交通转换；岁时民俗中神秘的时令观念和周而复始的再现特点；神话和传说中有关物物相通、时空生成与变化从无序到有序的循环往复，以及神们上下于天、来去无碍、神人相感的叙说；建筑民俗中“上梁正逢黄道日，立柱巧遇紫薇星”之类的吉语应用，以及在“天似穹庐”的建筑宇宙观影响下产生的“五月不上屋”的禁忌，等等，都能诱发时空流动的联想，进而体现在园林的景观设计中。

中国园林的一些造园手法还旨在突破园墙的阻隔，追求内外的交通，把园内小天地与园外大世界勾连起来，从而扩大赏景的视觉空间和想象的心灵空间。除了园墙的花窗、漏窗的设置，园林墙角、墙边常见小筑和花木，以改变实墙的沉重和单调，并以窗外对景的形式实现空间的变化与延伸。至于“借景”手法，在造园中也多有运用，其目的就在于突破园林中有限的赏景空间，并从视觉到感觉实现内外的交通。明人计成《园冶》中有“借景”之法，他所说的“萧寺可以卜邻，梵音到耳；远峰偏宜借景，秀色堪飧”，就是要从听觉和视觉上拓展园景的感受空间，打破园墙内外的无奈分隔，达到在园内外心驰神往的自然交通的目的。

在中国园林中常见有船形屋、石舫一类的构筑，例如，在扬州的汪氏小苑中有船形屋的建造，在南京煦园水池中有石舫的砌筑等。船屋、石舫作为景观建筑，所表现的是水陆的相通，内外的相连，显示出园主虽在园内，却能乘船远行，并使想象的能游走景外的交通功能得到有效的发挥。

三、除凶纳吉，入世乐生

民居建筑为“居有所安”，多有镇物与祥物的应用，以退避凶殃、纳吉迎祥，营造吉宅瑞屋的气氛。中国园林建筑亦是如此，也借助构件、装饰、配物、摆饰等表达园主长乐未央、入世乐生的情怀。

所谓“镇物”，又称“禳镇物”、“辟邪物”、“厌胜物”，作为传承性器物文化，它发轫于人类社会发展的低级阶段，并随着人类生存空间的拓展、创造手段的丰富及生命意识的增强而愈来愈曲奇庞杂。镇物以有形的器物表达无形的观念，在心理上帮助人们面对各种实际的灾害、危险、凶殃、祸患，以及虚妄的神怪、鬼祟，以克服各种莫名的困惑和惶恐。镇物所辟克的对象多为鬼祟、物魅、妖邪、精怪、阴气、敌害之类，具有神秘的俗信色彩。由于这种功用的间接性同对象的虚无性、方式的象征性、效果的模糊性和形制的驳杂性并存，因此，镇物历来就显得奇奥而神秘。

镇物作为心化的器物，或物化的精神，是一定历史时期人们的生活实录和心理陈述，也是人们对己身趋吉避祸心态所作的艺术的与哲学式的表达。虽然它联系着神话思维、巫术观念和宗教信仰，但作为一种文化的形态，一种风俗应用的工具，一种寓意明确的象征，表现为对生命、生活的热爱，对现世幸福的憧憬，以及对未来岁月的祈愿。

镇物在园林景观中多有所用。诸如，园门前的石雕门当，以形似大鼓，声似雷霆以除妖；大门内的土地小庙，护佑宅室人口平安；建筑正脊上所做的鸱尾或蚩吻，借助来自印度的河神摩羯以吞火怪；角脊上的神兽和瓦将军，以及带有虎头、八卦等图纹的瓦当和滴水，檐下斜撑的狮子木雕、地下阴沟的古钱纹盖板等，都具有除凶镇辟的文化功能。它们或吞火怪，或阻阴邪，或驱鬼祟，以艺术装饰的方式在美化园景的同时，旨在维护园宅的平静和安宁。

而用以纳吉的祥物，在园林中更是处处可见，俯拾即是。所谓"祥物"，又称"吉物"、"吉祥物"，系由原始崇拜物、巫具、宗教法具等而衍生出的福善、嘉瑞的象征物品，它借取自然物、人工物及其他文化形态，遵循物物、物事、物人相感的原始逻辑，在礼俗应用中表达明确而强烈的祈福纳吉的功利追求。"祥物"的名称在汉代已经出现，《后汉书·明帝纪》有载："祥物显应，乃并集朝堂。" 祥物的构成体系，包括日月星辰、山水云气、神佛仙道、动物植物、神兽灵物、日用器具、武器工具、乐器珍玩、经籍图画、文字符籙等，即一切被赋予祥瑞嘉庆意义的自然物、人工物及其文化符号。由于祥物多用类比的、象征的、联想的方式而承传、应用，故而含蓄委婉、曲奇多趣。

园林景观建筑中的祥物也多彩多趣。门窗、裙板、栏板、墙壁、地面、梁柱上的木雕、砖雕、石雕、彩画作品，大多为各类吉祥图案，常见的有盘长纹、卐字纹、方胜纹、万寿纹、冰裂纹、葫芦纹，等等。园中建筑所配的楹联大多为写景抒情的吉祥话语；园内各门的砖雕雕题额多为"通幽"、"入胜"、"赏心"、"揽月"、"和风"一类的风雅和吉祥的语词；室内摆设以瓶、镜表"平静"，以三星的瓷像表福禄寿进门；而建筑上的装饰图案以卐字纹、长寿纹、团寿纹、梅花纹、蝙蝠纹、鹿纹、鱼鳞纹等为多，均有纳吉迎祥的取义。

四、统一变化，彰显个性

园林景观的设计将建筑、山石、水池、花木、路径、小桥、石舫等部分有机地整合在一起，形成一个错落有致、相互衔接、风格统一、独具个性的整体。园林设计讲求统一中有变化，共性中显个性，从而展现园主的文化素养和艺术风格。

中国园林的建筑不仅有体量尺度、几何平面、屋脊形式、回廊复道的变化，还有位置、标高、花木配置、衬景、对景、借景、路径通连等考虑，一般均讲究景到随机，步移景换。例如，园墙一般都坚实、高厚，以营造出一个远离市井尘嚣的“城市山林”，但墙体又不可显得过于沉重和单调，于是人们在墙体前植花木、立石峰、砌小筑、修半亭；此外，还将墙头砌为龙脊，以曲线来改变直线的单一，并产生静中有动的视觉感受。

中国园林的门窗变化多样，是构成园林景观的一个重要方面。门有长方形、圆形、六角形、葫芦形、宝瓶形等做法，而窗扇，尤其是墙体的漏窗，更是图纹多样、造型各异。园林中的木窗或石窗，除了方形、圆形的基本造型，还见有扇形、书卷形、梅花形、六角形、树叶形、寿桃形等多种样式。这些门窗形制的变化旨在打破园林景观的单一，显现统一而变化的特征。

再拿园景中以卵石铺设的“花街”说，它除了改变地面的质地与色彩，也铺就题材不一的吉祥纹样，诸如：仙鹤、回头鹿、菊花、梅花、方胜、盘长、“五福捧寿”、“平安富贵”、“必定如意”、“福在眼前”、“鱼跳龙门”等等，成为园林中又一道既统一，又变化的民俗景观。它呼应并衬托着园中的建筑与花木，在渲染吉祥气氛的同时，又成为不同景观建筑的有机连接与自然过渡。

从上述民俗观在园林中应用的简略讨论，我们不难得出这样的认识：中国园林景观的建设不仅是建筑与技术的问题，也是民俗与文化的问题。其中的哲学思考、美学法则、功能追求、文化背景等都有民俗传统的影响，反映了民俗观对园林景观建筑具有潜隐而实在的作用。

论网络文学之网

梁晓声

友人命我笔谈对网络文学的看法，违命失敬。友人之所谓友人，就是你总该为那份友情做些违愿之事的。何况，他又不是要我做不正派的事。更何况，他是友人非是官。而且，是我一向視为知己的友人。

但我的眼已经多年没瞥向电脑了。新浪的一位青年编辑曾为我的微博服务过一个时期——我每次写好字纸文章由打字社传给他，他实行把关，审阅是否符合网络发表条例。我中断了它，乃因它后来被污言秽语所侵犯。不甚严重，然令我嫌恶。我視我的微客为自己的一处小小写作间——写作间可以同时是客厅，在我这儿却绝不允许它被当成公共厕所，被少数惯于“随地大小便”的野狗般人闯入过几次也不行。我对文学场有“卫生”原则。

我从没觉得我不上网于是便沦为一个跟不上时代的人了。

接触过许许多多沉湎于网络的人，给我的印象是他们知道得越多，他们头脑的独立思想能力反而越退化。思想是需要脑空间的。谁的脑空间都是有限的。正如一个整天吞吃垃圾食品的人不可能不生胃病。仅生胃病那还是幸运的。

我这么好脾气，从不愿对青年们恼火起来的人，竟也偶而不给他们好脸色了。原因是——我接受采访纯粹是出于对青年记者们的工作的支持和工作压力的体恤。我真的心疼他们。但当他们向我发问时，我的好脾气顿时变得不好了——因为那些问题几乎全是他们从网上信手拈来的。在他们之前我每被记者问过多遍了，也回答过多遍了。

我不认为一次能提出新一点儿，深一点儿的问题的采访对我有什么重要性。

但那对年轻的采访者很重要是不言而喻的。

我不当面言之，他们分明不喻，有时我当面坦言，看去他们仍不喻。

他们的大脑仿佛被网络之网罩住了，好比枝上的青果被网套扎住了。对于那样的青果，网套多大，它便只能长到多大。它的果皮上以后将永远呈现着网套的罩痕。自己的文化背景被同化了而不自知的青年，几乎就丧失了与众不同一点儿的前提。

从网上知道了新事物和自己的头脑中产生了新思想是根本不同的两件事。别人的知识和思想即使公开在公开空间了，终归还是别人的。一味接受的头脑不太容易再成为具有产生能力的头脑。

具体说到网络文学，我认为——对执着于文学创作的青年们，网络肯定是功不可没的。倘无网络这一平台，他们之创造激情的释放，显然不会像现在这样受到关注。

我认为连小学生都应视自己的每一篇作文为作品。

没有这种意识作文接近是强加之事。

而有了这种意识，作文的过程便是创作的过程了。

我认为不应对小学生的作文写作要求有大人们所谓的“思想意义”，他们的创作愉快便是意义。

但我认为对于初中生作文，一定要开始“意义”的启发。

而对于高中生作文，“意义”之有无，当作为评价的重要方面。

我虽不上网，亦知网上事。

我认为目前中国的网络文学在所谓技巧、文字、想象力方面，其实都并不多么辜负“文学”二字。

就我个人而言，不喜欢炫技巧的文学。古今中外关于文学的那点儿技巧从来不是文学作品怎样的第一标准，炫技巧本末倒置。

我认为80后90后们的文学感觉，比我这代人是文学青年时好得多。

我认为他们的想象力远在同龄时的我们之上。

他们的作品所缺的，也许是文学作品理应重视的“意义”。

他们认为想象力、技巧、文字才是文学作品纯粹的意义。他们最不以为然的是思想、情怀、价值观这些文学元素。他们特反感接受这些要求，尤其反感的是对思想意义和价值观的审视。

为什么他们会这样呢？

乃因从小学到高中的作文写作，经常被不当的，呆板的，自以为是的成人们认为的思想意义和价值观主张所折磨。而且，他们那些就看到过，成年人们自己并不信的，口是心非，说一套做一套。

但我还是要强调——文学作品的思想、情怀、价值观取向确乎更是其品质怎样证明。

谁也不可能永远是青年，文学青年也不可能。每个文学青年终究，甚至可以说你不经意间就会成为中年创作者，老年创作者。读者不会接受中老年作者一味只炫技巧和文学的作品。大多数有阅读品味的青年也不会。想象力、技巧、文字水平皆是文学之思想价值和情怀意义的体现本领——当想象的翅膀托起思想：技巧提升情怀，个性化的文学表达出直抵读者心灵的人生或社会思想，那则好上加好。

为什么不呢？

当然这里所言是网络文学，而不是泛滥的网上文学。

至于有人只想通过网络写作早获名利，因而仅为商业目的写作，其实我也特理解。

那肯定是因为太缺钱了。

但挣够花了想回到有秉持的文学时，不妨考虑一下文学也该有的普世思想、情怀、价值观……

“独立之精神 自由之思想”与大学精神

陈 来

一个大学必有其自己的文化，一个有较长历史的大学，必有其传统和精神。一个大学在其历史上曾提出或出现的学术理念，是这个大学重要的精神资源，注意开发这些资源，诠释、宣传这些理念，对大学精神和文化的建设来说是一件具有根本性的工作。

早在清华学堂建立的前几年，王国维就在其《人间词》中发出了“殷勤唤起，大地清华”的召唤，预示了清华的诞生。在清华建立发展的过程中，老清华国学院的导师对大学的文化都作出了重要贡献。梁启超在清华学校时期，化用《周易》乾坤两卦的象辞，为学校提出了“自强不息，厚德载物”校训，一直以来得到了清华从上至下的共同认同，对清华大学的大学精神建设起到了不可替代的作用。同样，陈寅恪在清华国学院时期提出的“独立之精神，自由之思想”，它所代表的学术精神和理念，在清华建设世界一流大学的今天，也越来越得到大家的重视。

一、

1929 年 6 月 3 日，在王国维自沉于昆明湖两年之日，清华大学国学研究院立纪念碑予以纪念，碑上刻有国学研究院导师陈寅恪所撰的《王观堂先生纪念碑铭》，全文如下：

海宁王静安先生自沉后二年，清华研究院同仁咸怀思不能已。其弟子受先生之陶冶煦育者有年，尤思有以永其念。佥曰，宜铭之贞珉，以昭示于无竟。因以刻石之词命寅恪，数辞不获已，谨举先生之志事，以普告天下后世。其词曰：士之读书治学，盖将以脱心志于俗谛之桎梏，真理因得以发扬。思想而不自由，毋宁死耳。斯古今仁圣同殉之精义，夫岂庸鄙之敢望。先生以一死见其独立自由之意志，非所论于一人之恩怨，一姓之兴亡。呜呼！树兹石于讲舍，系哀思而不忘。表哲人之奇节，诉真宰之茫茫。来世不可知也，先生之著述，或有时而不彰。先生之学说，或有时而可商。惟此独立之精神，自由之思想，历千万祀，与天壤而同久，共三光而永光。

碑文的铭词一开始就说，“士之读书治学”，这就开宗明义地指明，碑铭通篇的思想是针对“读书治学”而言的。“士”在这里即指大学师生。而全篇的思想，就是强调，大学师生在学习和研究上，要秉持独立之精神、自由之思想。并认为这种精神、思想具有永恒的价值。可见，碑铭文中的“独立之精神、自由之思想”是陈寅恪提出的一种大学的学术精神，而不是指社会的、政治的或其他的追求。一切离开学术精神而对这八个字的解说，都是出于不同的需要所做的各种不同发挥，并不是陈寅恪的本来意旨。这是必须要说明的。

“俗谛”即世俗的、既有的、流行的成见，这些在碑文作者看来，是妨碍真理的探求的，而大学师生的天职就是自由探求和发扬真理。在作者看来，坚持“独立之精神、自由之思想”需要一种意志，这种持守独立自由的意志，对于寻求真理、发扬真理是最重要的。马克思在《资本论》第一版序言中说：“任何的科学批评的意见我都是欢迎的。而对于我从来不让步的所谓舆论的偏见，我仍然遵守伟大的佛罗伦萨诗人的格言：走你的路，让人们去说罢！”陈寅恪所说的“俗谛”也就是马克思所说的“舆论的偏见”。马克思所强调的，正是一种科学研究上的独立精神和意志。

二、

1953年中国科学院准备调时在中山大学任教的陈寅恪到北京任职，委派其学生、北京大学历史系教师汪篯南下带去邀请。12月1日，为了表达自己的学术主张并回复中国科学院的邀请，陈寅恪以口述的方式，对汪篯详细地说明了王国维纪念碑铭的思想。他说：

“我的思想、我的主张完全见于我所写的王国维纪念碑中。王国维死后，学生刘节等请我撰文纪念。当时正值国民党统一时，立碑时间有年月可查。在当时，清华校长是罗家伦，是二陈（CC）派去的，众所周知。我当时是清华研究院导师，认为王国维是近世学术界最主要的人物，故撰文来昭示天下后世研究学问的人。特别是研究史学的人。我认为研究学术，最主要的是要具有自由的意志和独立的精神。所以我说‘士之读书治学，盖将以脱心志于俗谛之桎梏’。‘俗谛’在当时即指三民主义而言。必须脱掉‘俗谛之桎梏’，真理才能发挥，受‘俗谛之桎梏’，没有自由思想，没有独立精神，即不能发扬真理，即不能研究学术。学说有无错误，这是可以商量的，我对于王国维即是如此。王国维的学说中，也有错的，如关于蒙古史上的一些问题，我认为就可以商量。我的学说也有错误，也可以商量，个人间的争吵不必芥蒂。我、你都应该如此。我写王国维诗，中间骂了梁任公，给梁任公看，梁任公只笑了笑，不以为芥蒂。我对胡适也骂过。但对于独立精神，自由思想，我认为是最重要的，所以我说‘惟此独立之精神，自由之思想，历千万祀，与天壤而同久，共三光而永光’……”

就谈话中的事实部分来说，王国维死于1927年6月2日，罗家伦来主清华在1928年9月，王国维纪念碑立于1929年6月3日。王国维的自沉，就其直接原因而言，本来是出于他对北伐和湖南农民运动中某些激进行为的担忧，所谓“义无再辱”，梁启超在王国维死时就指出了这一点。在这个意义上说，陈寅恪认为王国维之死因只在于坚持学术自由，这种理解有过度诠释之嫌。事实上，他的所说，已经超出了对王国维之死的具体诠释，而独立地具有其自己思想主张的意义。换言之，这更多地反映了陈寅恪自己对国民革命军北伐之成功对于大学学术独立自由可能带来的影响的一种担忧，具体地说就是对国民党用三民主义统一学术的担忧，故提倡独立精神和自由思想。应该说，当时在政治上是有进步意义的。

在这个谈话的记录中，陈寅恪自己对他的王国维纪念碑文作了清楚的、明确的说明："我认为研究学术，最主要的是要具有自由的意志和独立的精神。"亦即，他在碑文中所说的独立精神、自由思想，是指"研究学术"而言。他认为"没有自由思想，没有独立精神，即不能发扬真理，即不能研究学术。"他的这些主张是用来昭示"研究学问的人"。可见陈寅恪这里所说的独立自由不是就社会、政治而言，乃是强调学术研究的独立自主，其所主张的是学术的独立和自由。因此，我们今天重温这个碑文的核心命题，可以忽略其特殊的语境和具体的背景如王国维之死等，而提炼、抓住其具有普遍意义的大学的学术精神，集中从这个角度对"独立精神、自由思想"加以诠释和发扬。事实上，不仅在清华早期提出了这样的大学精神，北大亦然。蔡元培先生五四时期为北大奠定的"兼容并包，思想自由"的精神，今天仍然是北大推崇的大学精神与学术传统；蔡元培 1919 年提出的大学应独立于教育管理部门的官僚体制的思想，今天也仍然有其价值。

三、

在当代社会文化的语言使用中，也有不少把独立自由作为人格操守的特征予以弘扬，其中将"自由思想"和"独立人格"联结一起，是最常见的。以党报和中央媒体为例，如："当更多的个体以自由思想与独立人格，真正走进社会践行公共责任，追求真诚善良与公平正义，就可以为这个时代书写出更加美好的内心史。也只有积极生活，才能让这个社会更自由。"（《人民日报》2012 年 1 月 5 日议言广场）"作为有知识、有骨气、有责任感的文人，无论世事怎样变迁，应始终以一个知识分子应有的独立、清醒、良知、理性和人文操守来对待，不随波逐流，不患得患失，始终保持起码的独立人格、自由思想、批判精神。"（《报社总编受贿获刑给文化人的警示》，中国共产党新闻网，2011 年 11 月 25 日）这些是就个人而言提倡自由思想与独立人格。同时，个体意义上的独立自由是要和公共责任、真诚善良相结合起来的。

另外，把大学作为自由思想的园地，把独立精神、自由思想作为大学精神，近年来也渐渐成为社会文化的共识，如“中国教育学会副会长、新教育改革发起人朱永新说，什么样的大学造就什么样的大学学生会。大学本来应该是一个相对民主、自由、宽松、自治的机构，这样一个机构才能保证大学成为一个自由思想的发源地，应该淡化大学的行政色彩。”（中国共产党新闻网，2011 年 11 月 4 日转载的工人日报文章《步步精心争干部　是是非非学生会》）“公众向往的高校应该充满着自由思想、人文情怀。”（人民网，2011 年 12 月 5 日转载广州日报评论文章《大学门不必武装成衙门》）“大学正是在对求学者的教育和训练中完成知识与文化的传承，知识与文化又在师生间的‘教学相长’中得到提升。大学所具有的独立精神和自由思想，确保大学的教师和学生能够潜心地研究高深学问、不断地追求和认识客观真理，并在这个基础上传承和创新文化，这正是大学的生机和活力所在。”（上海交通大学校长张杰在 2011 级新生开学典礼的讲话，2011 年 9 月 19 日《光明日报》）顾秉林校长近年来更是多次提出，要大力发扬“独立之精神、自由之思想”的学术品格，这代表和体现了清华大学对于总结百年大学文化和精神的高度重视。

独立自由也是马克思终生坚持的价值。陈寅恪所说的独立之精神、自由之思想，与马克思主张的“自由个性”、“自由发展”、“从宗教解放出来的自由”是相通的。就连与蔡元培、陈寅恪同时的非马克思主义者胡适也说过：“这种人根本就不懂得维多利亚时代是多么光华灿烂的一个伟大时代。马克斯（马克思）、恩格尔（恩格斯），都生死在这个时代里，都是这个时代的自由思想、独立精神的产儿。他们都是终身为自由奋斗的人。”（《个人自由与社会进步——再谈五四运动》）可见，在这一点上，把“独立”、“自由”当成话语的禁区，是不符合马克思主义的。即使在当代政治层面，我们也必须承认自由是社会主义民主的内涵之一，党报说得好："公民对公共事务充分、自由地表达意见，是民主政治的本质要求，不但是国家政治文明的体现，也是社会包容的标志。十七大对'表达权'的强调，有力地证明了中国社会的政治进步和政治文明。"（2011年11月16日人民日报《政府应尊重公民说话的权利》）当然，这些"独立"、"自由"的语词使用，都不是陈寅恪撰王国维纪念碑文的本来意思，而是"独立精神，自由思想"在现代社会作为一个普遍的思想命题在多种意义上被具体运用的例子。

2009年11月13日温家宝总理在北京中南海与部分国务院参事、中央文史馆馆员座谈，发表了《努力建设有中国特色的高水平政府咨询机构》的讲话，其中说："要提倡独立思考、敢讲真话的精神。曾任中央文史研究馆副馆长的陈寅恪先生说过，学术研究的精髓就是'独立之精神，自由之思想'。要提倡独立思考、敢讲真话，反对人云亦云、照抄照转。"2011年4月14日温家宝总理在中南海主持国务院参事、中央文史研究馆馆员座谈会，在听完文史学者的发言后，他又说："上次座谈会我讲话时，引用了陈寅恪先生的'独立之精神、自由之思想'，这是我一生都崇尚的格言。"（《讲真话 察实情——同国务院参事和中央文史研究馆馆员座谈时的讲话》，新华网2011年4月17日电）显示出在教育、学术之外，"独立之精神，自由之思想"在现代社会中已经深入人心，在现代文化中获得了更广大的影响和运用空间。

回到陈寅恪在王国维纪念碑碑文提出的"独立之精神、自由之思想"，我们认为，清华校训"自强不息、厚德载物"，是就人生的道德态度而言；"独立精神，自由思想"是就大学的学术精神而言。前者指示了大学育人的方向，后者倡扬了学术研究的精神，这两者都是今天我们创办世界一流大学所要大力发扬的。应当说，在中国各大学中，清华前辈学人提出的这两句话，是最好的校训、最好的大学精神的表达。在现代中国，还没有任何其他一所大学的校训或大学精神表述语能与这两句话相比。因此，对于清华来说，这两句话具有特别重要的意义，也具有永久的价值，我们要加倍珍惜。胡锦涛总书记在清华大学建校百周年纪念大会的讲话充分肯定了“鼓励独立思考、自由探索、勇于创新”的教育追求，为我们在教育、学术领域发扬清华传统的学术精神指明了方向。清华人应该理直气壮地在学术追求上发扬这种“独立之精神，自由之思想”，在学术研究和科学探索上大胆创新、追求卓越，为国家的发展壮大、社会的公正和谐、人民的生活幸福，奋力做出自己的积极贡献。

馆长馆员书画作品选

天边　冯远

锦鸡　刘继瑛

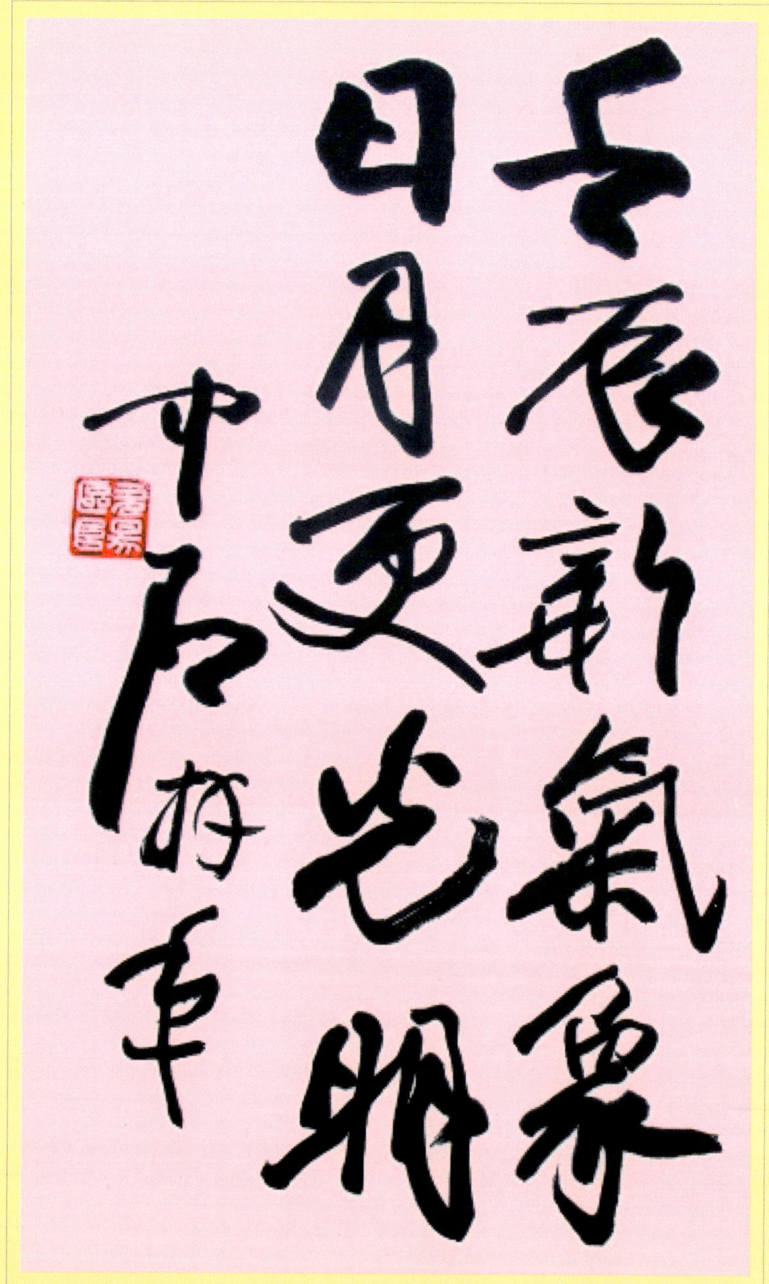

壬辰新气象　日月更光明　欧阳中石

故乡情　沈鹏

山水　侯德昌

培培　靳尚谊

国际笔会记忆　舒乙

癸巳年二月見北京霧霾有感
綠萼添妝亭春風寒宵自作多情夢雲影花光乍吞吐濃淡由他霧霾中
七十七叟海右人美林其時客次北京之梨園鎮上

雾梅　韩美林

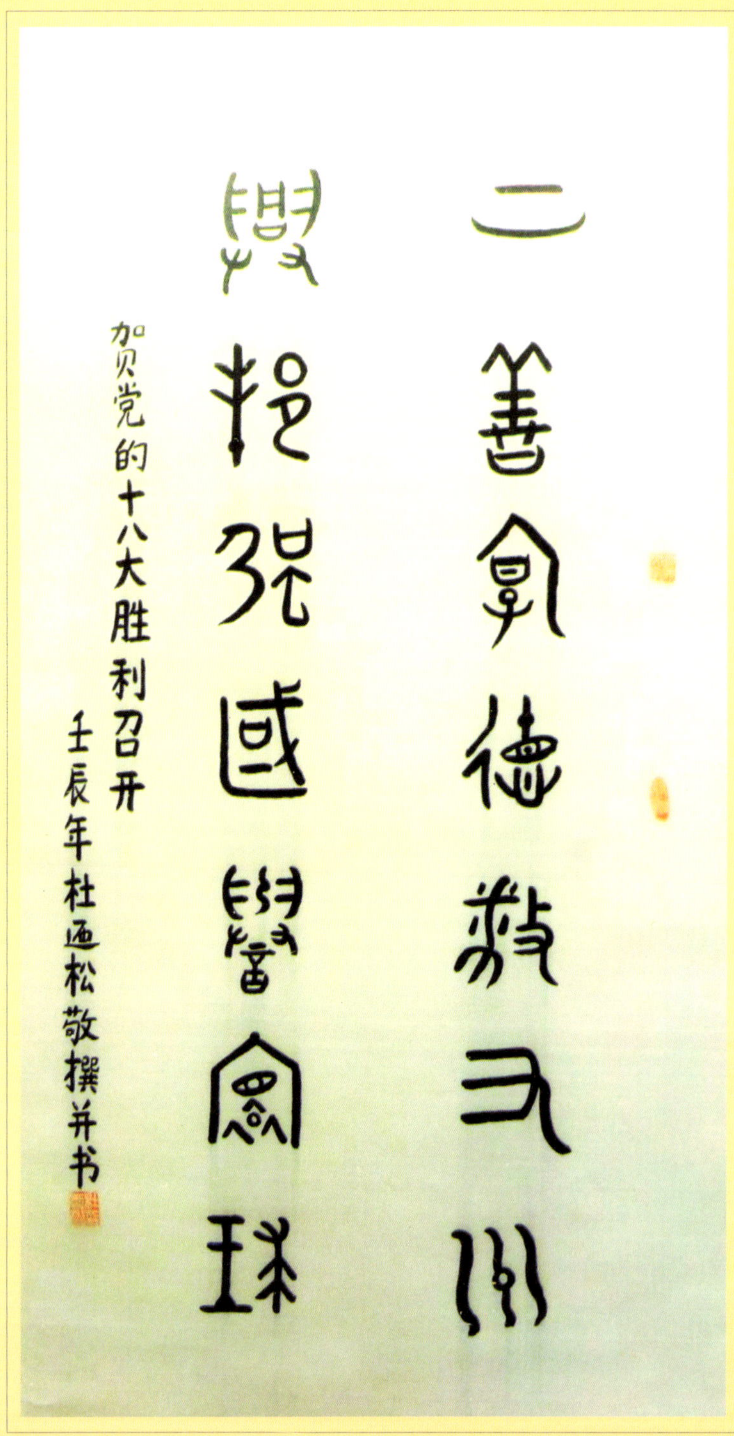

贺党的十八大胜利召开　杜廼松

香远益清　金鸿钧

秋江烟霭　程熙

清奇石怪　杨延文

荷花　张立辰

长夏　金默如

吉祥雨　马振声

罗霄山花　郭怡孮

河西　宋雨桂

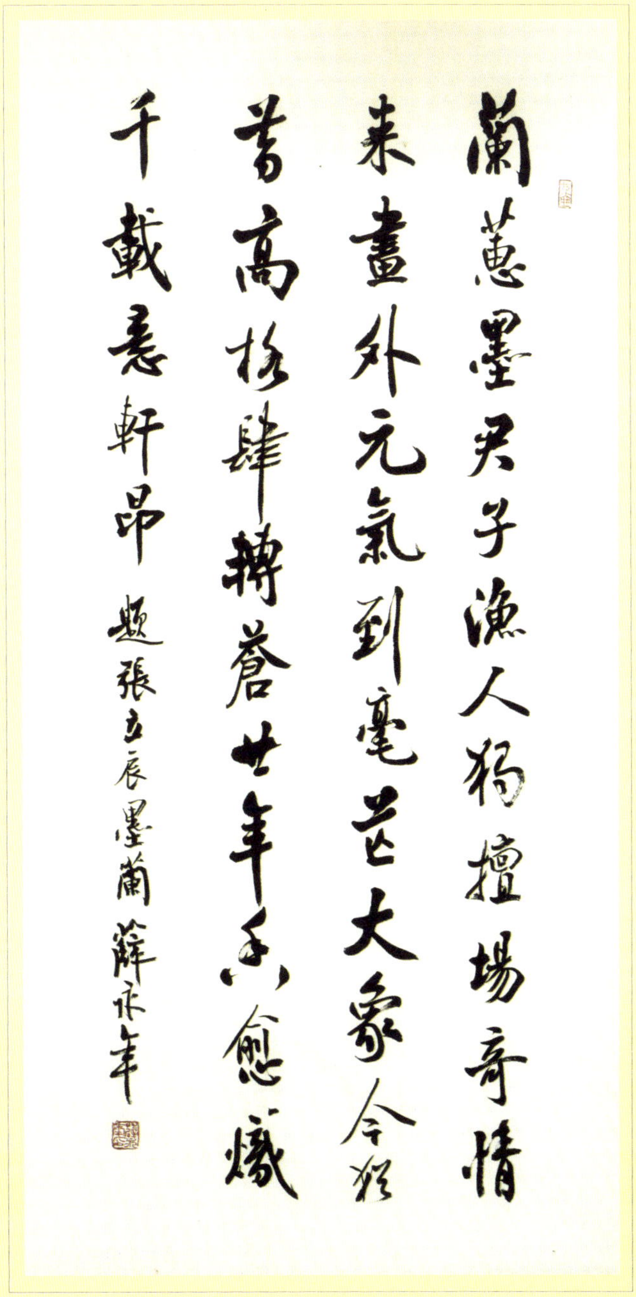

题张立辰墨兰　薛永年

安居　杨力舟

和平起飞图　李燕

康定情歌　尼玛泽仁

黄山归来不看岳　李小可

海螺沟写生局部　程大利

日内瓦湖畔古城堡　龙瑞

荷趣　潘公凯